FÉDÉRATION NATIONALE

DES

COOPÉRATIVES DE CONSOMMATION

Siège social : 85, Rue Charlot, PARIS (3e)

TREIZIÈME CONGRÈS NATIONAL

TENU A LILLE

SALLE DES AMBASSADEURS

:: :: Square Dutilleul :: ::

LES 13 ET 14 MAI 1926

PARIS
L'ÉMANCIPATRICE (IMPRIMERIE COOPÉRATIVE)
3, Rue de Pondichéry, 3

1926

TREIZIÈME CONGRÈS NATIONAL

TENU A LILLE

SALLE DES AMBASSADEURS

:: :: Square Dutilleul :: ::

LES 13 et 14 MAI 1926

FÉDÉRATION NATIONALE
DES
COOPÉRATIVES DE CONSOMMATION
Siège social : 85, Rue Charlot, PARIS (3e)

TREIZIÈME CONGRÈS NATIONAL

TENU A LILLE

SALLE DES AMBASSADEURS

:: :: Square Dutilleul :: ::

LES 13 ET 14 MAI 1926

PARIS
L'ÉMANCIPATRICE (Imprimerie Coopérative)
3, Rue de Pondichéry, 3

1926

Fédération Nationale des Coopératives de Consommation

85, Rue Charlot, PARIS-3e

TREIZIÈME CONGRÈS NATIONAL

Tenu à Lille

PREMIÈRE SÉANCE, JEUDI 13 MAI 1926 (matin)

La séance est ouverte à 9 h. 30, salle des Ambassadeurs, à Lille.

OUVERTURE DU CONGRÈS

POISSON. — Au nom du Conseil Central, je déclare le XIIIe Congrès ouvert. Le Conseil Central vous propose, pour cette séance, de désigner le bureau suivant : président, notre ami M. Charles Gide; assesseurs, nos camarades Delabaère, de l'*Union des Coopérateurs de l'Arrondissement de Lille*, et Notermann, de l'*Union de Lille*.

S'il n'y a pas d'opposition, je demanderai à ces camarades de prendre place au bureau.

LE PRÉSIDENT. — La parole est à Gaston Prache, secrétaire de la Fédération Régionale du Nord et du Pas-de-Calais.

Discours de Gaston PRACHE

Gaston PRACHE. — C'est une grande joie pour la Fédération Régionale du Nord et du Pas-de-Calais que d'avoir à accueillir aujourd'hui, dans cette cité de Lille, les délégués au XIIIe Congrès National des Coopératives. C'est pour moi un honneur non moins grand que d'avoir à vous adresser ici le salut fraternel des Coopérateurs du Nord et du Pas-de-Calais. Dans les murs de notre vieille cité flamande, soyez tous les bienvenus.

Vous avez, pour venir, méprisé la distance, vous avez défié l'entêtement boudeur d'une saison capricieuse, et, venus des provinces les plus lointaines de notre cher pays, comme des confins mêmes de notre région, vous êtes ici nombreux, mes chers Camarades. Soyez-en cordialement remerciés.

Nombreux aussi sont nos frères étrangers venus de Finlande, de Belgique, comme aussi de l'Union des Républiques Soviétiques. Ils prouvent, par ce geste, toute la sollicitude et tout l'intérêt qu'ils portent à notre mouvement coopératif national. Qu'ils reçoivent ici l'expression de notre fraternel accueil et de notre fraternel salut.

Vous êtes venus nombreux, mes chers Camarades, et vous avez bien fait. Certes, le Congrès qui s'ouvre aujourd'hui porte en soi un intérêt largement suffisant pour motiver ici votre présence. Mais quand je vous dis que vous avez bien fait de venir, ce n'est pas de ce seul point de vue que je me place. Heureuses de vous accueillir, la Fédération Régionale et la ville de Lille en particulier, sont, croyez-le, dignes de la marque d'estime que vous leur donnez. Vous êtes ici, j'ai déjà eu l'occasion de vous le dire, dans la vieille cité de l'émancipation ouvrière, dans le berceau de la classe ouvrière où les luttes de tout temps furent âpres et violentes, mais toujours inspirées par la plus belle des générosités. La région du Nord est une des plus vaillantes régions qui soient — excusez cette immodestie, mais le pays a déjà tant souffert et il a aussi tant travaillé!... Ce sol lourd et gras que des mains paysannes retournent courageusement chaque jour, ce sol creusé de galeries infernales, où de hardis travailleurs, sous le danger constant qui menace leur vie, peinent pour gagner le pain quotidien, ces multiples usines du textile et de la métallurgie qui couvrent toute la région et où des milliers d'autres travailleurs peinent non moins, tout cela, voyez-vous, jusqu'à ce ciel souvent terne et pluvieux, toute cette nature mélancolique mais laborieuse et qu'un peuple ardent, courageux, sait vivifier et égayer, tout cela mérite d'être connu. C'est pourquoi votre présence ici nous va droit au cœur.

Lille, c'est aussi le berceau de la Coopération ouvrière dans notre région. J'insiste sur ces mots, Coopération ouvrière, parce que la Coopération prend dans la région lilloise un caractère tout particulier.

Lorsque, il y a plus de quarante ans, dans les cités de Roubaix et de Lille, les coopératives sont nées, elles ont été créées de toutes pièces par les représentants de la classe ouvrière; de ce fait elles ont ouvertement pris un caractère bien spécial. Les militants qui ont ici forgé le mouvement n'avaient certes pas la même conception coopérative que celle que nous pouvons avoir dans notre majorité actuelle; mais enfin, ils l'ont fait avec un désintéressement, ils ont agi et travaillé avec une abnégation et un dévouement tels, qu'il me plaît ici, devant le XIIIe Congrès, de leur rendre l'hommage qu'ils méritent.

Ah! Samson, Delory, nos vieux et chers disparus, que je voudrais vous voir ici, pour dire à nos Camarades congressistes toute la peine que vous avez éprouvée dans vos débuts, toute la joie que vous avez ressentie et toute la fierté aussi lorsque le succès a couronné vos efforts.

Ces chers Camarades ne sont plus. Leur mémoire plane sur nous, et je ne puis me dispenser de dire avec émotion que c'est dans leur exemple, source inépuisable de dévouement et de sacrifice, que nous, les jeunes générations, puisons chaque jour et puiserons encore longtemps toute l'énergie et tout l'encouragement nécessaires pour vivifier notre action.

Le mouvement coopératif dans la région du Nord, mes chers Camarades, vous en avez déjà entendu parler suffisamment pour le connaître. Il aurait été convenable peut-être que je puisse verbalement vous tracer, à l'imitation de notre ami Brot, l'an dernier, à Nancy, l'inventaire coopératif de la région du Nord. Vous m'excuserez si je m'en dispense, parce que tout à l'heure cet inventaire vous sera fait, imparfaitement, il est vrai, mais d'une façon plus vivante et suffisante aussi pour que vous ayez un aperçu de ce que nous avons réalisé.

Il y a quelques jours, la Fédération Régionale du Nord a eu l'idée d'éditer, en l'honneur du XIIIe Congrès National, un film de la Coopération dans le Nord. Sur ce film que vous verrez tantôt, quelques explications vous seront données. Vous trouverez également quelques renseignements sur notre mouvement coopératif régional dans le programme qui vous a été remis.

Croyez bien, Camarades, que les Coopérateurs du Nord et du Pas-de-Calais, groupés au nombre de 150.000 dans plus de 100 sociétés, envisagent l'avenir avec confiance et mettent en leur mouvement régional le plus bel espoir. Je ne parle pas seulement de ces chères régions qui semblent être des terres bénies de la Coopération : je veux dire le Cambrésis, l'arrondissement de Douai; les Flandres, ces Flandres vaillantes où depuis quelques années nos camarades font véritablement des prodiges; mais je parle même aussi de cette région lilloise. Un nouveau courant coopérateur se réveille ici : une nouvelle phalange, composée de vieux militants et de nouveaux, se crée qui, aujourd'hui, sonne le ralliement coopératif. Vieux et jeunes se trouvent réunis, et je dois dire que nous mettons notre plus grande confiance dans l'action qui est menée par eux, pour arriver à donner à la région lilloise et à la cité de Lille en particulier, le rang coopératif qu'elles méritent.

Ce sont nos Camarades de l'Union des Coopérateurs des Flandres qui ont pris à tâche — une rude tâche, croyez-le — de coopératiser cette région. Ils y viennent avec toute leur énergie, toute leur vaillance, tout leur dévouement. Qu'ils me permettent ici, au risque de blesser leur modestie, de les saluer et de leur donner notre encouragement et notre hommage public.

Je ne voudrais pas, chers Camarades, vous tenir plus longtemps. Nous avons à entendre nos amis de l'étranger. L'heure est tardive et vous savez qu'à midi une réception nous attend à l'Hôtel de Ville.

En terminant, donc, je me permettrai seulement de vous dire, au nom de la Fédération Régionale, que celle-ci met tout son espoir en ce Congrès, et qu'elle croit fermement que celui-ci prendra place dans l'histoire du mouvement coopératif, non seulement comme un des plus importants, mais comme un des plus beaux et des plus féconds.

La Fédération Régionale vous invite, dans les discussions qui vont suivre, à faire preuve du meilleur esprit de camaraderie, à éviter les longs et inutiles palabres, afin que s'accomplisse ici une action utile, qui puisse porter ses fruits.

Discours de M. Charles GIDE

Il y a un mois, en lisant le très aimable article par lequel le camarade Prache nous a invités à Lille et par lequel il nous promettait le beau temps, j'ai été ému par la dernière phrase, disant qu'il se donnerait au diable si la promesse du beau temps n'était pas réalisée. Je n'ai donc cessé de regarder le ciel avec appréhension, me demandant si nous retrouverions ici le camarade Prache. Il y est encore, heureusement. Mais il l'a échappé belle — et la journée n'est pas finie! Qu'il prenne garde. Le ciel de Lille n'est pas le ciel de notre Midi, le mien et celui des camarades de Marseille et de Nîmes que je vois devant moi.

Et puis, à Lille, lors même que le ciel est bleu, la terre est noire. C'est un fait qui m'a toujours frappé — peut-être aucun de vous n'y a-t-il pensé — que le royaume du charbon s'arrête où commence le royaume du soleil. Il n'y a que peu de mines de charbon dans le Midi de la France, il n'y en a pas en Italie, il n'y en a pas en Espagne, il n'y en a pas en Afrique. Il semble qu'il y ait comme une jalousie entre ces deux grandes puissances : le soleil et le charbon.

Mais qu'importe à la Coopération? La Coopération n'est pas comme la fleur du tournesol qui s'oriente toujours vers le soleil; elle se plaît au contraire dans les pays noirs; elle se tourne du côté où est le travail — et il faut bien avouer que le travail, hormis d'honorables exceptions, est plus intensif dans les pays du Nord, dans les pays sombres, que dans les pays bleus.

S'il en est ainsi, la Coopération doit trouver à Lille un milieu singulièrement propice, ici où le ciel est voilé de fumée, où les décombres des mines étouffent l'herbe verte, où le bruit des marteaux et l'appel des sirènes ne cessent de se faire entendre. Lille devrait donc être un des foyers les plus actifs de la Coopération. Cependant, vous venez de dire vous-même qu'il y avait à cet égard bien des progrès à réaliser.

Hier soir, dans la réunion pubique où vous nous avez convoqués, j'ai parlé des ouvriers du mouvement coopératif à Lille : il était alors séparé de celui de l'Ecole de Nîmes par certaines divisions. Les Coopératives du Nord s'appuyaient tout naturellement sur les camarades socialistes de Belgique; mais cela ne nous a pas empêchés d'apprécier leur effort. J'ai rendu hier hommage, comme vous venez de le faire vous-même, à la mémoire du camarade Samson, avec lequel j'aurais été heureux de sceller l'union en échangeant une poignée de main fraternelle.

Ce Congrès marque donc une époque dans notre histoire coopérative. Il y a eu ici un Congrès des Coopératives Socialistes, mais c'est la première fois qu'un Congrès National se réunit à Lille. Il marque donc vraiment l'unité reconstituée du mouvement coopératif français. Ecole de Nîmes, Ecole de Lille, Ecole de Saint-Claude, tout cela aujourd'hui ne fait qu'un.

Nous espérons donc, comme vous venez de le dire, que cette jeune phalange que vous représentez tout particulièrement, cher Camarade, et qui vient de s'affirmer en inaugurant un nouveau journal, va reprendre la tâche des vétérans de la Coopération lilloise et va nous donner, en France, une troisième grande Fédération Régionale.

Et maintenant, après avoir remercié les Coopérateurs de Lille, je voudrais m'adresser à tous les Coopérateurs ici réunis et, pour rompre le rite un peu monotone de ces discours annuels, j'aurais voulu vous donner une chronique des faits intéressants de l'année. Mais je dois dire que je n'y ai pas trouvé grand'chose.

L'année qui vient de s'écouler n'a pas marqué de grands changements. Je disais, Il y a deux ans, au Congrès du Tréport, que la Coopération était étale. C'est parce que nous étions dans un port de mer. Mais aujourd'hui je dirai, pour employer un mot à la mode, qu'elle semble stabilisée.

Dans le rapport qui est soumis au Congrès, j'ai cherché les chiffres qui sont donnés annuellement sur le mouvement des Fédérations Régionales et des Coopératives; je ne les ai pas trouvés cette année, de sorte que je ne peux établir de comparaison avec les années précédentes. Mais je crois que quand ces chiffres paraîtront dans notre prochain Annuaire, ils ne marqueront pas un grand progrès. En tout cas, pour ceux du Magasin de Gros, qui ont été publiés, il y a un petit recul et qui serait plus fort si on tenait compte de la dépréciation du franc.

A quoi peut tenir cette période sinon régressive du moins stationnaire? Peut-être bien à la crise générale de dépréciation de la monnaie qui se traduit par une hausse des prix, laquelle entraîne à son tour un resserrement des achats, laquelle, à son tour, a pour conséquence une diminution des ristournes. Certaines grandes Sociétés, comme l'U. D. C. de Paris, suppriment cette année toute ristourne. Au reste la grande Coopérative de Genève a dû faire de même.

Or, si nos camarades les Coopérateurs communistes sont satisfaits quand il n'y a pas de ristourne, la masse des Coopérateurs n'a pas la même bravoure et se détache un peu. C'est une infirmité, si l'on veut, et contre laquelle nous tâchons de réagir, mais qu'il faut constater.

Il y a une autre cause aussi qui diminue la ristourne : c'est l'augmentation des impôts. Toute l'année a passé dans une lutte incessante pour tâcher d'obtenir l'exemption sur le chiffre d'affaires. Mais on n'a obtenu qu'un moratoire. Cela me rappelle le temps très lointain — près de trente-cinq ans — où déjà cette lutte avait commencé à propos de la patente. Dès cette époque-là, et depuis lors, j'ai toujours pensé que le mieux pour les Coopératives c'est de payer les impôts qu'on leur demande. Ce n'est pas à dire que je pense qu'elles les doivent : nullement! Je pense même qu'il est contradictoire et absurde de demander à des Coopératives — qui ont pour but de supprimer le commerce, de supprimer les bénéfices commerciaux — de payer des impôts commerciaux. C'est comme si l'on demandait à une ligue de tempérance de payer les impôts sur la consommation de l'alcool qu'elle supprime.

Mais il y a une chose qui est plus précieuse pour les Coopératives que les exemptions d'impôts : c'est l'opinion publique; or celle-ci est choquée par tout ce qui apparaît — même à tort — comme une espèce de privilège.

Souvent il est d'une sage politique de payer des dettes — même quand on ne les doit pas; voyez, par exemple, notre dette vis-à-vis des États-Unis : je pense que nous ne la devons pas en équité et pourtant j'estime que le mouvement créé en ce moment contre le payement de cette dette est un très grand danger.

Mais ne faisons pas de politique et revenons à la Coopération. Si elle n'a pas fait, cette année, de progrès au point de vue des affaires, elle prend une place de plus en plus considérable dans la vie publique.

Cette année-ci, toute les fois qu'on a créé quelque institution ou quelque conseil extra parlementaire, qu'il s'agisse du Conseil Supérieur du Travail, du Conseil National Economique, du Comité pour l'amortissement de la dette publique, du Comité chargé de recueillir les contributions facultatives, du Conseil Consultatif des Chemins de fer — j'en oublie et ce n'est pas fini, partout, les Coopérateurs, en tant que consommateurs, ont été appelés à y prendre place. C'est tout naturel, parce que la consommation est la fin de toute chose. Dès qu'on s'occupe d'une question quelconque, notre vigilant secrétaire de la Fédération se dresse et dit : « Une place pour les consommateurs, s'il vous plaît! ».

Et certes, il est intéressant pour les coopératives de penser que leur action grandit ainsi, qu'elle sort de l'enceinte du magasin pour devenir un organe de la vie nationale.

Cependant, ce programme que je ne qualifierai pas d'impérialiste, mais que je pourrais appeler pan-coopératiste, c'est-à-dire appliquant la Coopération à toutes choses, ne laisse pas que d'entraîner certains dangers.

Nous devons nous rappeler qu'en Italie, c'est à la suite d'un programme coopératiste, peut-être un peu prématuré, que la Ligue Nationale des Coopératives a eu à subir de terribles désastres — et, à cette occasion, permettez-moi d'envoyer à notre ami Vergnanini, qui ne sera pas ici aujourd'hui, notre hommage dans la douloureuse épreuve qu'il subit.

Mais il n'y a pas lieu de considérer que notre Fédération, en France, ait à subir de pareilles épreuves, parce que ceux qui ont l'honneur de la représenter ont soin de ne pas s'inféoder à tel parti politique et savent veiller à ce que la Coopération conserve son caractère propre, qui est d'avoir sa politique à elle et qui lui suffit, politique de transformation sociale et économique par ses propres moyens.

Dans quelques jours doit avoir lieu la Semaine qui réunit les représentants des coopérateurs et les députés ou sénateurs qui s'intéressent à la Coopération. Parmi ces députés et sénateurs, il y en a de tous les partis et, à la table où ils seront réunis, on verra des rouges, des blancs et des bleus. Mais s'ils sont un peu étonnés de se trouver de couleurs si différentes autour de la même table, ils se sentiront à l'aise quand ils verront — il faudra le mettre dans le verre de chacun ou le peindre sur la carte du menu — ce petit drapeau aux sept couleurs qui est le nôtre.

Et ne dites plus, Camarades communistes, que le drapeau de la Coopération est incolore. Il n'est pas incolore, il est omnicolore, ce qui est tout différent!

Mais les organisateurs de ce Congrès nous ont avertis que les heures étaient comptées, le programme que nous avons à remplir étant très chargé. Je m'arrête donc en faisant tous les vœux pour que ce Congrès marque une étape nouvelle dans le mouvement de la Coopération du Nord et dans celui de la France, et je vais donner la parole aux délégués étrangers, et pour commencer au camarade Serwy, qui représente nos voisins les Coopérateurs belges.

Discours de Victor SERWY

Chers Coopérateurs, c'est en 1901, voilà vingt-cinq ans, que se tint à Lille le Congrès de la Bourse des Coopératives de France. C'était dans la salle de l'Union de Lille qui venait d'être inaugurée, je pense, que les délégués, au nombre d'une centaine, s'étaient réunis. J'apportais les saluts de notre jeune Fédération des Sociétés Coopératives, et, le dernier jour du Congrès, comme aujourd'hui, les congressistes se rendaient visiter la Maison du Peuple à Bruxelles et constituer un Congrès coopératif franco-belge.

Les relations d'amitié d'alors sont restées empreintes du même esprit de cordialité et d'estime mutuelle. Nous avons l'un à côté de l'autre, dans une saine émulation, connu un très sérieux développement de notre mouvement. L'unité coopérative s'est réalisée en France et votre Fédération est devenue l'organe le plus puissant des consommateurs de France. A la conception de la coopération qui s'était fait jour à cette époque, a succédé, en votre pays comme en le nôtre, une conception plus large et nous pouvons ajouter plus profondément sociale.

La coopération a pu être, à un moment déterminé, il y a un demi-siècle, à Gand, en Belgique, dans le Nord, à Paris, en d'autres lieux de votre pays, un moyen pour les travailleurs de se grouper et d'être appelés à prendre conscience de leur état d'infériorité sociale, de leur subordination au capitalisme. Aujourd'hui, la coopération est une des formes fondamentales de l'organisation économique des travailleurs.

Jadis, ici, comme de l'autre côté de la frontière, nous créions des Coopératives pour donner un local aux ouvriers qui rêvaient d'émancipation par leurs propres moyens, pour récolter sou par sou des capitaux, pour lutter sur le terrain politique, sur le terrain électoral, et enfin pour apporter, par la ristourne accumulée, quelque soulagement dans la vie des ménages.

Tout cela, nous le faisons encore en Belgique, mais depuis vingt-cinq ans, notre horizon s'est condidérablement élargi. Oui, nous faisons tout cela et davantage.

Ristournes, oui, soutien des travailleurs dans toutes leurs luttes contre le capitalisme, oui, encore, mais aussi, par la coopération organiser nationalement toute la consommation, c'est-à-dire substituer à tout le commerce de détail privé les magasins coopératifs, à tout le commerce de gros la Fédération Nationale ou le Magasin de Gros, à toute l'industrie de compétition l'industrie appartenant à la collectivité des consommateurs outillée pour la satisfaction de leurs besoins, à la banque en laquelle réside toute la puissance d'exploitation et de domination du capitalisme, les organisations de crédit constituées par les épargnes des travailleurs.

Voilà ce que nous apercevons dans la Coopération. C'est ce qui explique l'évolution de tout notre mouvement depuis ces dernières années.

Au lieu de deux cents et quelques Sociétés d'avant 1914, nous n'avons plus, sur tout le territoire belge, qu'une cinquantaine de sociétés dont une dizaine à succursales multiples, telles vos Sociétés de développement. Nous croyons devoir suivre les méthodes d'évolution économique et les adapter à notre mouvement avec l'esprit d'altruisme, de solidarité qui le caractérise.

Pour l'année dernière, nos Sociétés coopératives adhérentes à l'organisme national, au nombre d'une soixantaine, comptaient 280.000 membres et faisaient un chiffre de ventes d'un demi-milliard de francs.

En ristournes et en œuvres d'éducation et d'aide, il était consacré une somme qu'on peut évaluer à 25 millions de francs.

De plus en plus, nous croyons que c'est par l'instruction et par l'éducation que nous modifierons les mentalités et que nous tuerons l'égoïsme qui sépare les hommes et les peuples. Aussi, c'est dans cette voie que les militants de la coopération belge s'efforcent de conduirent leurs œuvres.

Dans le domaine de la production, pendant de longues années, nous n'avons connu que des entreprises chétives, malingres, créées dans l'enthousiasme et la foi, mais aussi dans la pauvreté des moyens financiers et techniques. Ces temps sont révolus. Aujourd'hui, la Coopération de production se base sur la consommation.

D'où notre *Société Générale Coopérative* qui fut à l'origine l'œuvre de l'Union Coopérative de Liége et qui, aujourd'hui, là-bas aux environs de Liége, possède tout un ensemble d'usines et d'ateliers : confitureries, confiserie, chocolaterie, margarinerie, fabrique de chaussures, de chapeaux de paille et de feutre, fabrique de cigares et de tabac, dont le chiffre d'affaires atteint annuellement environ 12 millions de francs et qui, demain, englobera d'autres productions aujourd'hui autonomes.

Les efforts des coopérateurs belges se sont dirigés vers la concentration de la production basée sur la consommation et aussi vers celle des épargnes des travailleurs. C'est ainsi qu'est né le *Comptoir de Dépôts et de Prêts* appelé à devenir la Caisse d'épargne de tous les travailleurs et la banque de toutes les Sociétés coopératives ouvrières de Belgique.

Grâce à l'unité des travailleurs, nous avons pu réaliser une œuvre économique déjà importante et, grâce à cette unité dirigée contre le capitalisme, nous espérons que partout dans le monde, les coopérateurs en confiant tous leurs achats à leur société coopérative s'empareront de la production et aussi de la banque et inaugureront le régime auquel aspirent les masses.

Nous souhaitons aux coopérateurs français qu'ils mettent pour toujours toute l'ardeur, tout l'enthousiasme dont ils sont riches au service de notre idéal commun. La coopération, doctrine de bien-être et de paix, s'élevant sur les ruines du capitalisme, source de misère et de guerre.

Voilà les sentiments qu'éprouvent les représentants ici présents de la Coopération belge, et, en leur nom, nous disons : « Que les délibérations de votre Congrès apportent le progrès à votre organisation, que par toute la France et dans tous les domaines se multiplient et s'élèvent les coopératives et leurs œuvres, ce sera pour nous un stimulant, le stimulant qui fera que nous nous efforcerons d'atteindre au plus tôt l'idéal des vingt-huit Pionniers ».

Le Président. — La parole est à notre ami Keto, représentant l'Union Centrale des Coopératives Finlandaises.

Discours de KETO

Camarades, j'ai l'honneur de présenter, de la part des nouvelles organisations centrales coopératives finlandaises, Union Centrale des Coopératives de Consommation, appelée K. K., et Magasin de Gros Coopératif, appelé C. T. K., mes remerciements les plus sincères de l'aimable invitation de participer au Congrès National des Coopérateurs français. C'est pour moi un grand plaisir de vous transmettre à cette occasion les salutations fraternelles des coopérateurs progressistes de Finlande. Vous savez peut-être que notre pays, quoiqu'il ait une vaste superficie, a une population clairsemée. Il n'y a que 33 millions d'habitants. Bien que le mouvement coopératif finlandais ne compte qu'un quart de siècle, il peut déjà montrer des résultats remarquables. Toutes les coopératives de consommation de notre pays comptaient, à la fin de l'année passée, 381.000 sociétaires environ, ce qui signifie que presque la moitié de la population de notre pays est déjà organisée au point de vue coopératif. Malheureusement, les coopérateurs finlandais travaillent en deux groupes différents à partir de l'année 1916. Les organisations que mes camarades et moi représentons ici, sont des organisations centrales des coopératives de consommation dites progressistes, auxquelles se sont affiliés les ouvriers salariés des villes et des centres industriels et les petits fermiers de la campagne. Dans ces coopératives de consommation, il y avait, à la fin de l'année dernière, près de 200.000 sociétaires. L'augmentation des sociétaires fut très importante justement l'année dernière. Le chiffre d'affaires des coopératives de consommation progressistes était l'année passée de 1.063 millions de marcs finlandais, dont elles ont acheté pour 656 millions de marcs finlandais ou 61,2 % au Magasin de Gros Coopératif (C. T. K.). De ces coopératives de consommation, un tiers environ sont des sociétés de développement, qui ont même un nombre d'établissements de production, comme des boulangeries, des fabriques de boissons rafraîchissantes, des fabriques de saucisses et — ce qui est rare pour les coopérateurs français — des cafés et des restaurants.

Il est naturel que la coopération de consommation de notre pays ait aussi ses côtés faibles. Son point le plus faible est le manque de fonds propres. Ceci dépend de ce que la loi en vigueur a rendu jusqu'ici pratiquement impossible toute augmentation des parts sociales dépréciées. Certes, la plus grande partie du bénéfice est versée aux fonds, mais cependant les coopérateurs ont été obligés de recourir pour une grande partie au crédit étranger. Pendant les dernières années un moyen s'est pourtant offert, dans le mouvement des Caisses d'épargne, aux coopératives de consommation, de s'affranchir considérablement des instituts financiers privés. Les Caisses d'épargne se sont beaucoup développées, de sorte que l'année dernière les dépôts des sociétaires aux caisses d'épargne des coopératives de consommation progressistes montaient à 140 millions de marcs environ, ce qui veut dire près d'un tiers du capital de roulement nécessaire à toutes les coopératives de consommation progressistes.

Enfin, je tiens à mentionner que, excepté une association d'assurances incendie, les coopératives de consommation progressistes ont, à partir de l'année 1923, un établissement d'assurance sur la vie à elles, dont l'activité, malgré la grave concurrence, s'est beaucoup développée.

Le mouvement coopératif progressiste de Finlande suit, dans son activité, les mêmes principes qui animent aussi les coopérateurs français. Nous cherchons à réaliser, dans le domaine économique, les principes élevés que la grande Révolution française a réalisés sur le terrain politique. Même dans cette contrée lointaine du Nord, nous cherchons à réaliser, au point de vue économique et social, la liberté, l'égalité et la fraternité. Notre but est de faire des consommateurs les maîtres de la vie économique et de rendre ainsi possible aux masses travailleuses de bénéficier des possibilités de la culture moderne. L'échange d'expériences avec les coopérateurs des autres pays est de nature à faciliter considérablement ce travail. C'est avec un très grand plaisir que nous avons accepté l'invitation des coopérateurs français et envoyé des représentants à votre Congrès, car nous savons que le mouvement coopératif de notre pays a aussi besoin de l'enthousiasme et de l'esprit de sacrifice pour la grande cause, qui caractérisent le mouvement coopératif français dans la lutte pour son but élevé.

Vous remerciant encore une fois de votre aimable invitation, j'ai l'honneur d'exprimer l'espérance que le Congrès réussira pleinement dans ses travaux.

LE PRÉSIDENT. — Je donne la parole à Maurice Camin qui va lire le discours de Khintchuk, qui doit venir à Lille, mais qui est retenu à Douvres en raison du défaut des moyens de transport.

Discours de KHINTCHUK

Permettez-moi de vous transmettre de la part de la Direction du Centrosoyus et de tout le mouvement coopératif de la Fédération Russe des Républiques Soviétiques Socialistes, les salutations fraternelles les plus sincères. Je suis vraiment heureux de pouvoir participer à votre Congrès et de vous exprimer les sentiments de solidarité des dix millions d'ouvriers et de paysans de notre Union soviétique adhérents à notre mouvement coopératif.

Je crois qu'il vous serait intéressant d'entendre quelques mots sur le développement de notre mouvement coopératif, surtout pendant la période d'après la révolution d'octobre.

Le pouvoir soviétique lutte pour l'abolition complète du commerce privé et pour l'établissement du socialisme; il crée le milieu le plus favorable pour le développement de la coopération. En même temps, notre Union soviétique cherche à soutenir la paix et a prouvé maintes fois ses tendances pacifiques. Les organisations coopératives de notre République partagent de leur côté le point de vue du Gouvernement soviétique. Dans nos organisations coopératives, nous prêtons la plus grande attention aux problèmes du socialisme. Nous construisons notre système coopératif en commun avec les syndicats et le Parti communiste, et sous la bienveillance du Gouvernement; et alors, nous avons obtenu que le chiffre d'affaires de la coopération atteigne plus de vingt pour cent du commerce entier de l'U. R. S. S. Nous travaillons systématiquement à la régularisation et l'abaissement des prix et nous avons forcé les commerçants à tenir compte de nos prix.

Comme preuve, je me permettrai de citer quelques chiffres. Pendant l'exercice 1922-23 (mil neuf cent vingt-deux, vingt-trois), le chiffre d'affaires des coopératives ne constituait que 12 % (douze pour cent) du chiffre d'affaires du commerce total de l'U. R. S. S. En 1923-24 (mil neuf cent vingt-trois, vingt-quatre), il faisait 15 % (quinze pour cent). En 1924-25 (mil neuf cent vingt-quatre, vingt-cinq) 20 % (vingt pour cent). Dans les magasins coopératifs, les prix sont de 10 (dix) à 12 % (douze pour cent) moindres que ceux des magasins privés. De 1923 (mil neuf cent vingt-trois) à 1925 (mil neuf cent vingt-cinq), le nombre d'actionnaires des coopératives est passé de 5 millions 3/4 (cinq millions trois quarts) à 10 (dix) millions. Le nombre de Sociétés coopératives primaires s'est élevé de 15 (quinze) à 25 mille 1/2 (vingt-cinq mille et demi); le nombre de magasins de 25 1/2 (vingt-cinq et demi) à 51 mille (cinquante et un mille); le capital par actions accrût de 6 (six) à 27 (vingt-sept) millions de roubles et le chiffre d'affaires de 800 millions (huit cents millions) à 4 (quatre) milliards de roubles-or.

Il faut noter de même les travaux menés par la coopération soviétique dans le domaine de l'éducation, les travaux pour l'enrôlement des femmes dans le mouvement coopératif, etc... Les chiffres que je viens de citer vous donneront une juste idée de la rapidité avec laquelle s'est développé, pendant ces deux dernières années, notre mouvement coopératif.

Permettez-moi de vous tracer en quelques mots les relations établies entre la coopération française et la coopération soviétique.

Les liens amicaux entre le mouvement coopératif français et le mouvement coopératif de l'U. R. S. S. qui datent de l'époque de la visite à Moscou du camarade Poisson et du professeur Charles Gide, ont fait naître des relations d'affaires. Pendant l'exercice 1925 (mil neuf cent vingt-cinq) les affaires conclues entre nos deux mouvements se chiffrèrent par 3 (trois) millions et demi de francs. De même une base favorable fut créée pour les relations avec la Banque des Coopératives de France. Si nous prenons en considération les affaires que nous traitons avec les organisations coopératives anglaises et qui se chiffrèrent, pendant l'exercice dernier, par

85 (quatre-vingt-cinq) millions de francs (sans compter la somme qui résulte des opérations avec le blé), nous trouverons peut-être les affaires traitées avec la coopération française quelque peu modestes; mais nous espérons que nos relations avec vous se consolideront et se développeront de plus en plus.

Vous n'ignorez certainement pas que la coopération soviétique adhère depuis quatre ans déjà à l'Alliance Coopérative Internationale. Nous l'avons fait, d'une part, pour obtenir l'unité universelle du mouvement coopératif, bien que notre mouvement se diffère de beaucoup des mouvements coopératifs de l'Europe Occidentale, et, d'autre part, pour établir une collaboration étroite entre la coopération et les syndicats, ainsi que les partis prolétariens, afin que la coopération s'unisse au mouvement ouvrier contemporain, qu'elle se base sur la solidarité ouvrière internationale, et qu'elle lutte contre le capital jusqu'à la victoire définitive.

Afin que le mouvement coopératif international obtienne une véritable importance et occupe la place qu'il devrait occuper d'après sa valeur, afin que le mouvement coopératif puisse résister aux trusts commerciaux et bancaires, afin qu'il représente en effet les intérêts des masses des consommateurs prolétariens et leur serve d'appui pendant la crise économique actuelle de l'Europe, qui se manifeste par le nombre inoui des sans- travail, atteignant cinq millions d'ouvriers, par les lock-outs, laissant des milliers d'ouvriers sur le pavé, par des tentatives d'abaisser les salaires et d'augmenter les heures de travail, par l'accroissement des prix, pendant la période des armements gigantesques, des tentatives d'étouffer les mouvements libérateurs dans les contrées coloniales et semi-coloniales : il est nécessaire que la coopération s'unisse étroitement avec les syndicats et les partis prolétariens, et lutte en commun avec eux contre la nouvelle offensive du capital.

A la fin du dix-huitième siècle, la grande Révolution française a fait appel aux ouvriers et paysans de la France pour solutionner les questions politiques et sociales.

Il y a plus d'un demi-siècle, la Commune de Paris a fait un effort pour réédifier la vie sur les principes communistes.

A présent, nous voyons que les idées pour lesquelles le peuple ouvrier de France a lutté pendant des siècles se réalisent dans la Russie lointaine.

Permettez-moi de saluer une fois de plus le mouvement coopératif français et d'exprimer l'espoir que les liens entre la coopération française et la coopération soviétique se resserreront de plus en plus.

Vive le mouvement coopératif français!

Vive l'unité du mouvement coopératif international!

Vive la solidarité de la coopération et du mouvement ouvrier!

Le Président. — La parole est à Cabut, représentant de la Chambre Consultative des Associations Ouvrières de Production.

Discours de CABUT

Empêché par des engagements antérieurs, notre ami Briat, secrétaire général de la Chambre Consultative des Coopératives de Production, m'a prié de bien vouloir le remplacer, l'excuser et venir dire à la Fédération Nationale des Coopératives de Consommation, ainsi qu'à ses représentants autorisés, combien notre groupement était sensible à l'aimable invitation que vous lui avez adressée. Je vous prie donc de recevoir les remerciements de tous mes collègues pour l'occasion que vous nous fournissez de participer à vos travaux.

Ceci nous prouve que vous voulez, comme nous, resserrer davantage les liens qui unissent nos deux Fédérations.

C'est avec le plus grand intérêt que nous suivons votre développement toujours croissant et, personnellement, je me réjouis des bons rapports qui existent entre nous. Je ne souhaite qu'une chose, c'est que ces rapports continuent et que nous puissions joindre nos efforts pour le plus grand bien de la Coopération, qu'elle soit de consommation ou de production.

Je serais tout à fait heureux si je voyais ces relations s'établir individuellement entre vos Sociétés et les nôtres, et ceci me semble facilement réalisable.

De notre côté, nous poussons nos affiliés à se servir aux seules coopératives de consommation, de même j'adresse un pressant appel aux représentants de ces coopératives pour leur demander de ne pas oublier de s'adresser à nos coopératives de production chaque fois qu'elles ont des travaux à exécuter.

Notre union sera ainsi plus constante et plus efficace et c'est par ce seul moyen que nous arriverons les uns et les autres à nous dégager de la classe capitaliste, contre laquelle nous devons lutter sans cesse si nous voulons que nos efforts ne restent pas vains.

Le Président. — La parole est à M. Peysonnerie, représentant la Fédération Nationale de la Mutualité et de la Coopération Agricoles.

Discours de M. PEYSONNERIE

Camarades, je vous apporte l'expression de la vive sympathie de la Fédération Nationale de la Mutualité et de la Coopération Agricoles pour vos institutions coopératives.

Depuis longtemps, nos deux Fédérations entretiennent des relations amicales qui n'ont cessé de se resserrer au cours des dernières années.

Aujourd'hui, ce n'est plus seulement à l'occasion de nos Congrès nationaux que se traduit la cordialité de nos sentiments. Au Comité d'entente des formes de la coopération, au Groupe parlementaire de la coopération, au sein du Conseil National Economique, enfin en de nombreuses manifestations de notre activité quotidienne, nous avons appris à apprécier mutuellement l'utilité économique et sociale de nos grandes organisations et à nous convaincre de la nécessité de coordonner en maintes circonstances nos efforts, d'harmoniser notre action dans l'intérêt commun des buts que nous poursuivons.

N'avons nous pas d'ailleurs, Camarades, des points de ressemblance nombreux qui échappent parfois aux observateurs superficiels, mais qui doivent en réalité nous rapprocher?

Vos Sociétés si agissantes forment par leur cohésion la grande ligue des travailleurs manuels et intellectuels qui demandent à l'association et aux principes moraux et de solidarité, dont s'inspire l'enseignement du Maître Charles Gide, la solution des difficultés économiques qui ont de si graves répercussions au foyer de chacun de nous.

Nos Syndicats agricoles considèrent de leur côté, comme entrant dans leurs attributions, l'achat en gros et la vente au plus juste prix à leurs adhérents des produits nécessaires à l'exploitation du sol : semences, machines, engrais, etc... Administrés gratuitement, visant à la suppression d'intermédiaires et à la moralisation du commerce, on peut dire avec M. Gide que dans ces groupements le caractère syndical se confond avec le caractère coopératif.

Certains syndicats désirant d'ailleurs se consacrer exclusivement à la défense des intérêts moraux de leur membres, renoncent à leurs opérations d'achats et constituent à côté d'eux de véritables coopératives de consommation dont l'objet est strictement limité aux besoins de la profession agricole. Et ainsi fonctionnent maintenant dans les régions de culture, soit en conservant le statut syndical, soit en adoptant la forme coopérative, des milliers d'associations professionnelles groupant plus d'un million de chefs d'exploitation et effectuant chaque année un chiffre d'affaires qui, au total, dépasse 700 millions de francs.

La coopération en agriculture ne se limite pas à ce seul objet.

Dans un pays de petites propriétés comme la France, où le développement des exploitations familiales est le principal remède à la désertion des campagnes, elle a une œuvre immense à remplir pour multiplier la puissance de production des cultivateurs isolés, pour permettre aux moyens et aux petits exploitants, soit d'utiliser en commun un matériel perfectionné, rendu indispensable par la pénurie de main-d'œuvre (et qu'ils ne pourraient acquérir avec leurs seules ressources), soit aussi de transformer et de vendre en commun les produits de leurs exploitations pour obtenir un rendement plus complet des récoltes de leurs adhérents et supprimer des intermédiaires.

Plus de 450.000 exploitants, la plupart chefs de famille, sont ainsi réunis en 3.700 coopératives agricoles (caves, distilleries, laiteries, etc...), véritables sociétés de personnes reposant sur les principes d'une stricte mutualité et qui sont devenues aujourd'hui le complément indispensable de la petite propriété paysanne.

Mais il est bien certain, Camarades, que recrutant la majeure partie de ses adhérents parmi les éléments les plus modestes de la population rurale, la coopération agricole ne pourrait atteindre le but qu'elle se propose — et qui est en somme l'industrialisation de l'agriculture — si elle n'avait à sa disposition de larges facilités de crédit.

Une organisation financière, à base essentiellement coopérative, et dont il n'existe peut-être pas à l'étranger d'exemple similaire, lui sert de banquier : c'est le Crédit agricole mutuel, institution extrêmement souple (que couronne l'Office national du Crédit agricole, dont M. Louis Tardy est l'éminent directeur général) et qui pousse ses racines jusque dans les campagnes les plus reculées, recrutant dans ses 4.000 Caisses locales, fédérées en 98 Caisses régionales, un nombre d'adhérents de plus en plus élevé et aspirant à devenir, par la variété de ses opérations et les services qu'elle rend aux cultivateurs (prêts à court terme, prêts à moyen terme, prêts à long terme à taux réduit, dépôts en comptes courants, placements des emprunts d'Etat), la banque de la démocratie rurale.

Les Syndicats, les Caisses de crédit et les Coopératives, de même que les Sociétés d'assurances mutuelles des risques agricoles (incendie, mortalité du bétail, accident de travail, grêle), que notre Fédération a contribué à créer et qui garantissent aujourd'hui, moyennant des cotisations modiques, plusieurs milliards de risques, fonctionnent souvent côte à côte dans le même immeuble que nos paysans appellent : Maison de l'Agriculture. Inspirées par le même idéal, ces organisations se complètent et s'articulent parfaitement.

Leurs fonds de réserves, produit de l'épargne librement consentie et réalisée en commun, forment, à côté de la propriété individuelle, à laquelle les cultivateurs restent fidèlement attachés, une propriété collective se superposant à la première, et qui se développe sans cesse, non pour la satisfaction d'intérêts particuliers, mais pour la réalisation d'œuvres d'intérêt collectif, de solidarité et d'éducation sociale : centres d'enseignement, journaux professionnels, subventions aux familles nombreuses, diffusion des méthodes culturales modernes, etc...

La fréquentation de ces Associations habitue d'autre part le paysan à sortir du cercle étroit dans lequel il se cantonnait volontiers jusqu'à ces dernières années.

Le rural s'intéresse maintenant aux questions économiques et aux études sociales.

L'évolution de la vie moderne et l'industrialisation de l'agriculture lui ont créé d'ailleurs des besoins nouveaux. Il n'est plus, comme autrefois, un simple producteur, il est devenu un gros consommateur.

A côté du syndicat ou de la coopérative d'approvisionnement pour l'achat des produits indispensables à l'exercice de sa profession, à côté de la Caisse de crédit, de la Société d'assurance mutuelle, de la cave ou de la laiterie coopérative, il reconnaît maintenant l'utilité de la coopérative de consommation.

Ainsi, Camarades, bien loin de dresser l'une contre l'autre la coopérative agricole de production et la coopérative de consommation, il est désirable de combiner leurs efforts en vue de favoriser l'établissement d'ententes directes et permanentes entre groupements organisés de producteurs et de consommateurs pour arriver à limiter les exigences des intermédiaires et à enrayer la hausse continue et déconcertante du coût de la vie. Tel est l'objet de la proposition de loi Chanal, dont la Fédération Nationale de la Mutualité et de la Coopération agricoles, en plein accord avec votre Fédération, demande le vote rapide par le Parlement.

Il m'est agréable, Camarades, d'évoquer, en terminant, cette identité de sentiments entre nos grandes organisations sur un point commun de leur programme respectif. Je suis en la circonstance l'interprète fidèle du grand animateur de la Fédération de la Mutualité agricole, notre secrétaire général M. Paul Vimeux, dont l'inlassable activité et la foi profonde en la vertu souveraine de la Coopération sont connues de tous.

En son nom et au nom de notre éminent Président M. Fernand David, je vous exprime les vœux sincères que forment nos association agricoles pour le succès de vos travaux et le triomphe de la Coopération.

Le Président. — La parole est à M. Louis Tardy, directeur général de l'Office national du Crédit agricole.

Discours de M. Louis TARDY

M. Louis Tardy. — Je tiens à mon tour à remercier la Fédération des Coopératives de consommation et particulièrement ses secrétaires généraux, nos amis Poisson et Camin, de la cordiale invitation qu'ils nous adressent tous les ans. Ils n'oublient pas, en effet, que l'Office national du Crédit agricole contribue autant qu'il le peut à développer l'idée de coopération, non seulement dans la production agricole, mais aussi pour tout ce qui concerne l'achat en commun et la consommation.

C'est pour moi un plaisir toujours nouveau que de revoir réunis dans vos congrès les coopérateurs qui ont toujours été à l'avant-garde pour le développement de l'idée coopérative et d'y retrouver aussi les représentants des principales coopératives de consommation étrangères.

En venant ainsi dans vos assemblées annuelles nous indiquer ce qu'ils font, en échangeant des vues avec vous à ce sujet, on hâte sans doute l'avènement d'une organisation meilleure des échanges, qui est si désirable, et dont M. Albert Thomas parlera dans une prochaine réunion.

C'est aussi avec un véritable plaisir que je retrouve comme président de vos congrès mon ancien maître Charles Gide, pour qui tous ses anciens élèves ont conservé une affectueuse vénération, non seulement pour les idées généreuses qu'il nous a enseignées et que nous essayons de développer à notre tour, mais en même temps pour l'exemple qu'il nous donne de sa verte vieillesse, de son activité inlassable s'efforçant jusqu'au bout de propager ses idées et de les réaliser.

Je me réjouis aussi des efforts de plus en plus grands que fait la Fédération des Coopératives de Consommation pour tâcher d'unir et de coordonner toutes les formes de la coopération et de faciliter les ententes entre les coopératives de production agricole et les coopératives de consommation.

C'est qu'en effet les agriculteurs, à l'heure actuelle, tendent de plus en plus à spécialiser leur culture et deviennent par conséquent des acheteurs de plus en plus importants. On n'en est plus à l'époque où le cultivateur tâchait de produire dans son exploitation tout ce qui était nécessaire à la vie de sa famille. En spécialisant ses cultures, il est obligé d'acquérir un plus grand nombre de produits, d'où la nécessité pour lui de créer des coopératives d'achat et de consommation ou d'adhérer à celles qui existent déjà.

D'ailleurs, la situation du petit cultivateur est loin d'être aussi brillante qu'on se l'imagine parfois dans les villes, et c'est ce qui explique que nos campagnes se dépeuplent de plus en plus et que les cultures même les plus traditionnelles, comme la culture du blé, se raréfient dans des proportions telles que, depuis dix ans, la surface cultivée en blé a diminué d'un sixième.

Comment pourrait-il en être autrement lorsqu'on constate des faits comme ceux que je vous demande la permission de vous citer et qui ont été publiés déjà dans un certain nombre de journaux agricoles.

C'est ainsi que dans le nord de la Manche, dans les environs de Cherbourg, région de culture maraîchère, un wagon de choux expédié de Tourlaville aux Halles centrales de Paris a été vendu 1.145 francs. Sur ces 1.145 francs il a été payé, pour frais de transport, d'expédition, d'abri, de commission du mandataire, 996 fr. 10. Il est ainsi resté au cultivateur 148 fr. 90, alors que la commission du mandataire aux Halles se montait à elle seule à 102 fr. 50, c'est-à-dire un chiffre presque égal à celui du producteur.

Cet exemple n'est pas isolé. Une expédition d'un panier de haricots de 7 kilogs 500 et de cinq paniers de carottes de 80 kilogs faite de Sully-sur-Loire a été vendue au total 33 fr. 25. Sur ces 33 fr. 25, les frais de transport et de vente se sont élevés à 28 fr. 35, de sorte qu'il n'est resté que 4 fr. 90 au cultivateur.

Un exemple plus caractéristique encore nous est donné pour une expédition faite de Châtillon-sur-Cher. Seize colis de pommes triées — qui avaient demandé par conséquent une certaine main-d'œuvre

— pesant 190 kilogs ont été vendus 95 francs. Les frais de transport et de vente se sont élevés aussi à 95 francs, de sorte qu'il n'est rien resté au producteur.

Je pourrais vous citer de nombreux exemples semblables. Je connais un cultivateur de l'Yonne qui a dû laisser ses cerises sur les arbres devant l'impossibilité de les vendre à un prix suffisant pour payer les frais de récolte et de vente.

Les sommes constituant ainsi la part des intermédiaires dépassent, on le voit, considérablement celles qui représentent la part des producteurs, et je n'ai pas envisagé le prix de vente en détail aux consommateurs; par exemple, en ce qui concerne le vin, un article reproduit par divers journaux, a signalé qu'en avril 1924, alors qu'il se vendait à la propriété 90 francs l'hectolitre, les grossistes parisiens le revendaient aux détaillants 140 francs l'hectolitre; de même en février 1925, alors que son prix ne dépassait pas 50 francs à la propriété, il se maintenait encore à Bercy au prix de 140 francs l'hectolitre.

Il y a tout de même quelque chose à faire pour organiser de façon meilleure les échanges entre producteurs et consommateurs, et le meilleur moyen semble bien de réaliser des ententes entre producteurs et consommateurs, de les grouper, de les organiser de façon à réduire le nombre des intermédiaires.

C'est ce programme que nous tâchons de réaliser dans la mesure où nous le pouvons à l'Office national du Crédit agricole. Nous nous efforçons d'intensifier la production agricole et d'enrayer l'exode rural qui, si on n'y remédie pas, aura des effets désastreux.

Pour cela nous nous efforçons également, comme le disait tout à l'heure Peyssonnerie, de développer la petite propriété. Pourquoi? Parce que, quand le travailleur est propriétaire de tous ses moyens de production il travaille davantage et avec plus de soin : ainsi il améliore non seulement sa situation personnelle, mais, en augmentant la richesse nationale, il sert en même temps l'intérêt général du pays.

Mais la petite propriété sans la coopération ne pourrait pas subsister. Il faut par conséquent que les petits cultivateurs s'associent pour transformer et pour mieux vendre leurs produits.

C'est ainsi qu'à l'Office national du Crédit agricole, depuis cinq ans, nous avons aidé à la constitution de 31.000 petits propriétaires, dont 8.500 mutilés de guerre, et à la création de 1.800 coopératives de production, et qu'en même temps, dans l'ensemble des sociétés de crédit agricole qui nous sont affiliées, on a fait pour plus d'un milliard de francs d'opérations.

On reproche parfois au Crédit agricole d'être trop riche avec sa dotation de 700 millions. Vous voyez cependant qu'elle serait tout à fait insuffisante pour faire les opérations des Caisses de crédit agricole qui, ainsi que je viens de le dire, ont dépassé un milliard l'année dernière.

On a pu faire face à ces besoins que parce que les cultivateurs eux-mêmes ont apporté leurs épargnes dans les caisses de crédit. C'est ainsi que ces dépôts ont dépassé 400 millions l'année dernière.

J'ai lu ce matin le rapport de vos secrétaires généraux, qui font remarquer l'élévation du prix du papier et la nécessité extrêmement grave de réduire la publication et l'importance d'un organe comme *l'Action Coopérative*. Peut-être des rapports pourraient-ils être utilement établis, à cette occasion, avec la Société coopérative de Papier paille, fondée par des cultivateurs dans l'Eure-et-Loir?

Je vois ici, devant moi, les représentants du Var, qui sont à la fois membres de coopératives de consommation et de coopératives de production. Dans le Var, les coopératives de vinification produisent la moitié du vin du département; là encore, des échanges pourront être établis utilement entre coopératives de consommation et coopératives de production agricole.

L'an dernier, au Congrès de Nancy, on a étudié la nécessité de fixer les principes généraux de la coopération. Des travaux importants ont été réalisés depuis à ce sujet. Je dois toutefois signaler que les coopératives agricoles ont fait certaines réserves sur le projet élaboré qui tend à créer une forme nouvelle de société. Les coopératives agricoles tiennent en effet à la forme de société civile à laquelle elles sont habituées. Mais il est en tout cas des principes sur lesquels tout le monde est d'accord. On pourrait peut-être se contenter pour l'instant d'un projet de loi qui fixerait les caractères généraux de la coopération sur lesquels tous les coopérateurs sont d'accord, c'est-à-dire : intérêt fixe et limité au capital, répartition des bénéfices au prorata des affaires faites par les coopérateurs avec la société coopérative, en cas de dissolution affectation de l'excédent d'actif à une œuvre d'intérêt général.

Si l'on arrivait déjà à faire fixer ces principes dans une loi, on pourrait alors se défendre d'une façon efficace contre les fausses coopératives, vis-à-vis desquelles nous sommes actuellement désarmés.

En ce qui concerne la question fiscale, les agriculteurs y attachent une importance que l'on considère parfois peut-être comme exagérée, mais on doit dire qu'il n'entre pas dans leur pensée de revendiquer un privilège et qu'ils se placent simplement au point de vue de la justice sociale. Ils n'arrivent pas à comprendre pourquoi 500 petits agriculteurs faisant 50.000 hectos de vin, par exemple, paieraient des impôts que ne paie pas le gros propriétaire faisant 100.000 hectos. Ils sont tout prêts à accepter de nouveaux impôts, mais à condition qu'ils s'appliquent aux agriculteurs isolés comme aux cultivateurs associés.

Ils voient un autre danger cependant, au point de vue coopératif, à être astreints à l'impôt sur les bénéfices industriels et à la taxe sur le chiffre d'affaires. C'est qu'en assimilant les sociétés coopératives aux sociétés commerciales, il est à craindre que les premières perdent leur caractère coopératif et ne se transforment en sociétés commerciales.

Quand on parle d'égalité devant l'impôt, il faut, en effet, envisager aussi l'égalité de situation. Si les commerçants acceptent de ne donner qu'un intérêt fixe au capital, de répartir les bénéfices au prorata des opérations faites par les acheteurs et d'affecter en cas de dissolution de la société l'excédent d'actif à une œuvre d'intérêt général, les sociétés coopératives agricoles sont prêtes à accepter les mêmes impôts que le commerce.

D'ailleurs, si un tel résultat était obtenu, l'idée coopérative serait assez généralisée pour que nous n'ayons plus à faire de propagande. Malheureusement, nous sommes encore bien loin d'un tel résultat.

Je m'excuse d'avoir retenu ainsi votre attention; je tiens seulement à ajouter que nous sommes pleinement d'accord avec vous en ce qui concerne les revendications faites dans le rapport de vos secrétaires généraux qui demandent que la déclaration à l'Enregistrement, prévue par les articles 62 à 65 de la loi du 13 juillet 1925, ne soit pas applicable aux coopératives de consommation.

Nous sommes également d'accord en ce qui concerne l'école d'apprentissage et l'enseignement de la coopération que nous nous efforçons de répandre, notamment dans les cours de mutualité et de coopération agricoles organisés par le Ministère de l'Agriculture et l'Office national du Crédit agricole.

Nous faisons dans ce cours une part à la coopération de consommation et nous conduisons nos élèves au Magasin de Gros et à la Fédération Nationale des Coopératives de Consommation, que je remercie encore du cordial accueil qu'ils veulent bien nous réserver.

En terminant, permettez-moi d'exprimer le vœu que l'entente entre les différentes formes de la coopération soit de plus en plus étroite et nous conduise vers cet idéal de fraternité auquel nous aspirons tous et à une meilleure organisation des échanges qui mettrait un frein à la vie chère dont les producteurs et les consommateurs souffrent tous.

LE PRÉSIDENT. — La parole est à Camin.

Maurice CAMIN. — Le Secrétariat vient de recevoir de notre ami H.-J. May, secrétaire général de l'Alliance Coopérative Internationale, le télégramme suivant :

Londres. — Regrette infiniment mon absence à votre Congrès due à la maladie. Vous prie d'exprimer les salutations cordiales de l'Alliance Coopérative Internationale aux Congressistes et nos meilleurs souhaits pour le succès de votre mouvement.

Je pense être l'interprète du Congrès en proposant d'adresser à notre ami le télégramme suivant :

Le Congrès de la F. N. C. C., réuni à Lille, vous exprime sa vive sympathie et formule ses vœux pour votre prompt rétablissement.

LE PRÉSIDENT. — Je pense qu'il est inutile de mettre cette proposition aux voix. Elle est l'expression de la pensée unanime du Congrès.

Maurice CAMIN. — L'Union Coopérative Britannique avait désigné MM. Mac Giff et Laing pour la représenter à notre Congrès. Ils nous ont adressé ce matin le télégramme suivant :

Rappelons que la crise industrielle nous prive d'assister au Congrès de Lille. Vous prions de transmettre au Congrès, de la part de l'Union Coopérative Britannique, nos sincères salutations et nos meilleurs vœux de succès.

D'autre part, nous avons reçu les excuses de nombreuses organisations :

Le Magasin de Gros des Coopératives de Manchester s'excuse de ne pouvoir se faire représenter et nous dit :

J'ai porté à la connaissance du Comité d'administration votre lettre du 9 février 1926, nous invitant à nous faire représenter à votre Congrès à Lille.

En même temps qu'il m'a prié de vous remercier pour cette invitation, le Comité m'a demandé de vous exprimer tous ses regrets; en effet, étant donné ses engagements présents et ceux qu'il a pris — notamment durant la période où votre Congrès est convoqué — il ne lui sera pas possible de déléguer des représentants pour y assister, ainsi que cela avait été fait les années précédentes.

Le Comité, se souvenant du bon accueil qui a toujours été réservé à ses délégués, espère cependant qu'il lui sera possible, à l'avenir, d'assister à vos futurs Congrès.

L'Union des Coopératives du Nord de l'Espagne nous dit :

Nous avons bien reçu votre aimable invitation à assister au Congrès qui se tiendra à Lille les 13, 14, 15 et 16 mai prochain.

Par suite des circonstances spéciales que traverse la Coopération en Espagne, nous avons décidé cette année de n'assister à aucun Congrès étranger, mais nous ne vous en remercions pas moins très vivement pour votre invitation. Nous espérons que nous ne tarderons pas à pouvoir tenir un Congrès en Espagne et vous pouvez croire que vous serez parmi les premiers invités.

Nous vous adressons tous nos vœux pour le succès de la Coopération et pour celui de la Coopération française en particulier.

La Hangya de Budapest regrette de ne pouvoir se faire représenter et écrit comme suit :

Nous vous remercions beaucoup de votre cordiale invitation à votre Congrès National qui aura lieu à Lille du 13 au 16 mai prochain. Cependant, il nous est à présent impossible d'envoyer des délégués à votre Congrès, parce que la grave situation économique dans notre pays nous force à une stricte économie.

Nous vous prions donc de vouloir bien exprimer aux participants du Congrès les salutations cordiales des coopérateurs hongrois réunis dans notre organisation, ainsi que leurs meilleurs souhaits de progrès et prospérité pour votre mouvement.

De même l'*Union du Canada* s'excuse et nous dit :

Je suis en possession de votre lettre du 9 février, par laquelle vous invitez aimablement notre Union à se faire représenter au 13e Congrès de votre Fédération qui se tiendra à Lille en mai prochain.

Au nom de notre Union, je vous exprime ses remerciements pour votre courtoisie. Néanmoins, c'est avec beaucoup de regret que je dois vous informer qu'il ne nous est pas possible d'accepter votre invitation.

J'espère que votre réunion aura un gros succès et contribuera au développement du mouvement coopératif dans votre pays.

La Fédération Nationale des Coopératives du Portugal s'excuse en ces termes :

En réponse à votre lettre du 9 février, nous portons à votre connaissance que les circonstances ne nous étant pas favorables, nous ne pouvons pas accepter votre cordiale invitation et nous vous remercions chaleureusement. En tous cas, nous accompagnerons en esprit et suivrons avec le plus grand intérêt le travail de votre 13e Congrès, regrettant beaucoup de n'y pouvoir envoyer un représentant.

L'Union Suisse des Sociétés de Consommation s'excuse de ne pouvoir se faire représenter et elle dit :

Nous vous accusons réception de votre lettre du 9 février 1926, nous invitant à votre Congrès du 13-16 mai prochain, à Lille.

Nous vous remercions bien sincèrement de votre invitation, regrettant cependant de ne pas pouvoir envoyer une délégation cette année à votre Congrès.

Nous nous permettons donc de vous transmettre par la présente nos meilleurs vœux pour une bonne réussite de votre Congrès.

Le Comité Central des Sociétés Coopératives Danoises nous écrit et s'excuse comme suit :

Nous vous remercions pour votre aimable invitation à assister au 13e Congrès de la Fédération Nationale des Coopératives de Consommation, qui se tiendra à Lille les 13, 14, 15 et 16 mai. Nous regrettons cependant de devoir vous informer qu'il ne nous sera pas possible de déléguer des représentants à cette occasion. Nous vous prions d'exprimer au Congrès nos meilleurs vœux pour une bonne réunion et une bonne année pour votre Association.

L'Union Centrale des Coopératives de Consommation allemandes regrette de ne pouvoir se faire représenter et nous dit :

Nous avons bien reçu votre lettre du 9 février nous invitant à nous faire représenter à votre prochain Congrès qui se tiendra à Lille du 13 au 16 mai prochain. A notre grand regret, nous sommes obligés de vous informer qu'il ne nous sera pas possible de nous y faire représenter, car à la même époque les Assemblées générales de nos Unions de revision ont lieu, et tous les membres de nos divers Comités de direction sont dans l'obligation d'y assister.

Nous regrettons infiniment cette malheureuse coïncidence, mais les circonstances sont plus fortes que notre bonne volonté.

Permettez-nous de vous exprimer par cette lettre nos meilleurs vœux pour la bonne réussite des délibérations de votre Congrès.

Nous espérons que votre Congrès marquera une étape nouvelle dans le développement du mouvement coopératif français, déjà si florissant, et que, de succès en succès, votre mouvement se rapprochera toujours davantage de l'idéal poursuivi par les Equitables Pionniers de Rochdale, et que les Coopérateurs du monde entier travaillent à atteindre.

Le Magasin de Gros finlandais nous écrit en ces termes :

Nous avons bien reçu votre lettre du 9 février, dans laquelle vous avez bien voulu inviter notre organisation à assister au 13e Congrès de la Fédération Nationale des Coopératives de Consommation, qui aura lieu à Lille les 13, 14, 15 et 16 mai prochain.

Nous vous prions de bien vouloir nous excuser, mais il nous est impossible de déléguer quelqu'un de notre organisation.

En vous remerciant, nous vous prions de bien vouloir dire nos souhaits de succès pour votre Congrès.

De même, l'*Union des Coopératives de Consommation finlandaises* nous dit :

Nous avons bien reçu votre lettre du 9 février, dans laquelle vous avez bien voulu inviter notre organisation à assister au 13e Congrès de la Fédération Nationale des Coopératives de Consommation, qui aura lieu à Lille les 13, 14, 15 et 16 mai prochain.

Nous vous prions de bien vouloir nous excuser, mais il nous est impossible de déléguer quelqu'un de notre organisation.

En vous remerciant nous vous prions de bien vouloir dire nos souhaits de succès pour votre Congrès.

Le Magasin de Gros des Sociétés Coopératives de Consommation tchéco-slovaque s'excuse de ne pouvoir se faire représenter et nous dit :

Nous avons l'honneur de vous remercier de votre aimable invitation du 9 écoulé, laquelle a été présentée à notre Comité Exécutif qui nous a autorisés à vous informer qu'il nous est absolument impossible de prendre part à votre 13e Congrès à Lille.

A cette occasion, nous vous présentons nos meilleurs vœux de succès et nous sommes persuadés que ce Congrès des Coopérateurs français aura une grande importance, non seulement pour votre mouvement, mais pour toute l'organisation coopérative internationale.

L'Union des Sociétés Coopératives de Lithuanie s'excuse dans les termes suivants :

Nous avons bien reçu votre lettre du 9 février 1926 relative au 13e Congrès de la Fédération Nationale des Coopératives de Consommation, qui aura lieu à Lille les 13, 14, 15 et 16 mai prochain.
Nous vous remercions très vivement de votre cordiale invitation et c'est avec regret que nous constatons l'impossibilité d'envoyer notre représentant au Congrès de Lille, étant donné qu'aucun de nos membres ne pourra entreprendre ce long voyage au mois de mai.
En vous souhaitant beaucoup de succès dans vos travaux, nous vous prions de bien vouloir être notre interprète auprès du Congrès et de lui transmettre les salutations les plus cordiales de la part des coopérateurs de la Lithuanie.

L'Union Coopérative et le Magasin de Gros des Coopératives de Suède s'excusent en ces termes :

Nous vous remercions de l'aimable invitation à assister à votre Congrès à Lille les 13, 14, 15 et 16 mai prochain.
Comme le Kooperativa Förbundet a décidé, cependant, de ne pas se faire représenter aux Congrès à l'étranger cette année, nous regrettons de vous dire que nous n'avons pas l'occasion d'envoyer des représentants à votre Congrès.

L'Union et le Magasin de Gros des Coopératives Polonaises de Consommation s'excusent de ne pouvoir se faire représenter et nous disent :

Nous avons reçu votre invitation cordiale du 9 février pour votre 13e Congrès à Lille, les 13, 14, 15 et 16 mai prochain.
Nous avions espéré jusqu'à présent que nous pourrions envoyer nos délégués pour présenter au Congrès les salutations les plus sincères des coopérateurs polonais. Malheureusement, la situation créée par la mort de notre directeur en chef, M. R. Mielczarski, et les préparations au Congrès de notre Union ne nous permettent pas de prendre part à vos délibérations.
Nous vous prions d'exprimer au Congrès nos salutations les plus sincères et les meilleurs souhaits pour le progrès et le développement de votre mouvement.

La Ligue Coopérative des Etats-Unis nous écrit comme suit :

Nous avons reçu votre aimable invitation à nous faire représenter à votre Congrès coopératif. Nous aurions été heureux de nous faire représenter, mais malheureusement aucun représentant officiel de notre Ligue ne se rendra en Europe cet été avant le mois de juin. Nous savons que nous pourrions tirer le plus grand profit en étant en relations plus étroites avec vous et particulièrement avec les leaders de votre mouvement.
Dans l'impossibilité d'être présents en personne, nous vous adressons nos plus sincères salutations et nos meilleurs vœux pour la prospérité continuelle de votre œuvre coopérative.

La Fédération Régionale des Coopératives de Catalogne nous a écrit :

Je donne la parole au Secrétaire de la Fédération Nationale.

En réponse à votre aimable invitation d'assister au Congrès de la Fédération Nationale des Coopératives de Consommation qui doit être tenu à Lille du 13 au 16 mai courant, nous vous adressons par ces quelques lignes les plus sincères vœux de succès de la Fédération Régionale des Coopératives de Catalogne, et notre entière adhésion aux principes coopératifs qui sont représentés par votre organisation.
Veuillez transmettre au Congrès, chers camarades, notre fraternelle salutation au nom de la Coopération de Catalogne.

L'Organisation Nationale Esthonienne nous a télégraphié ainsi :

Dans l'impossibilité de donner une suite favorable à votre invitation, nous vous prions de présenter au 13e Congrès de la Fédération Nationale, avec nos remerciements, les salutations les meilleures et les vœux de réussite des Coopérateurs esthoniens.

Réponse de Charles GIDE

Je ne puis me dispenser de remercier les délégués qui ont bien voulu nous apporter ici des paroles d'encouragement, ainsi que les représentants de la coopération agricole et de la coopération de production dont la fidélité à revenir à chacun de nos Congrès nous est le gage qu'un jour, plus ou moins prochain, leur effort pour l'union sera suivi par la masse agricole dont ils sont les leaders éminents.

En ce qui concerne les coopérateurs étrangers, ils sont en petit nombre cette année, car je ne puis compter comme tels les Belges, car la frontière administrative qui sépare les Flandres françaises et les Flandres belges n'existe pas pour les coopérateurs. Et quant aux coopérateurs britanniques, je ne puis que déplorer l'absence des délégués, due, vous le savez, à la grève des Trade-Unions. Depuis 1885, date du premier Congrès des Coopératives françaises, où ils étaient représentés par les deux coopérateurs illustres d'alors, Vansittart Neale et Holyoake, donc depuis quarante-neuf ans, les délégués anglais n'avaient pas manqué une seule fois de venir nous exprimer les sentiments affectueux des coopératives anglaises.

Mais nous avons les Coopératives finlandaises. Je les remercie d'avoir envoyé de si loin cinq délégués nous apporter leurs vœux. Le pays des mille lacs, comme on le nomme, est aussi le pays des mille coopératives. C'est le pays d'Europe où la coopération, par rapport au chiffre de la population, représente la proportion la plus élevée. Si nous avions en France la même proportion, nous aurions 5 à 6 millions de coopérateurs.

Je voudrais dire aussi un mot de remerciement — quoiqu'il ne soit pas encore arrivé : c'est la grève aussi qui l'a retardé — au camarade Kintchuk. Quoique je ne sois pas communiste, tout le monde le sait — je sais gré au Gouvernement des Soviets d'avoir fait de la coopération le plus grand facteur de reconstitution de ce vaste empire qui se nomme aujourd'hui de ce nom un peu barbare, l'U. R. S. S. Après tant d'épreuves, après quatre ans de guerre, trois ans de famine et de guerre civile, c'est la coopération qui a, dans une large mesure, relevé la Russie. Et quel que soit l'avenir destiné au régime politique actuel, je suis persuadé que le travail qu'a fait la coopération russe restera, et qu'il nous donnera cette République Coopérative que Poisson et moi avons annoncée depuis longtemps, mais sans la réaliser.

Poisson. — Nous avons à nommer la Commission de Vérification des mandats.

Voudriez-vous désigner cinq camarades pour la composer? Je vous propose, pour composer cette Commission, nos camarades Prache, Fauconnet, Jevais, Wilks et Jouhannet.

Le Président. — La parole est à Meyer.

Meyer. — Je demande la parole au nom d'un certain nombre de Sociétés coopératives; nous demandons à ce qu'on prenne parmi les membres de la Commission de Vérification des mandats un camarade de la minorité.

Au VIIe Congrès Nationale de Strasbourg, nous n'avions que vingt mandats; au VIIIe Congrès, à Lyon, nous en avions cinquante-deux; à Marseille, nous en avions davantage. Mais ce n'est qu'au Congrès du Tréport, voyant l'influence que nous avions eu l'année précédente, au Congrès de Bordeaux, que nous avons demandé à avoir un représentant dans la Commission de Vérification des mandats. Mais notre camarade Poisson a dit que c'était une formalité et que nous ne pouvions avoir aucune raison de manquer de confiance en nos camarades, membres de cette Commission.

Nous pensons que la coopération, expression économique de la classe ouvrière, doit représenter toutes les tendances; et, puisque parmi ces tendances il y a la nôtre — la tendance révolutionnaire — qui représente dans ce Congrès des dizaines de milliers de coopérateurs, nous estimons qu'on pourrait cette fois joindre, à nos camarades de la Commission de Vérification des mandats, un camarade de la minorité.

Au Congrès de Nancy, Poisson répétait, pour que nous ne fassions pas partie de cette Commission, que c'était une simple formalité et que c'étaient les secrétaires régionaux et fédéraux qui votaient.

Nous posons alors cette question : S'il en est ainsi, à quoi bon une Commission de Vérification des mandats?

Mais, s'il y a une Commission de Vérification des mandats, pourquoi, puisque la doctrine coopérative est sœur jumelle de la doctrine syndicaliste, pourquoi empêcher la minorité d'y être représentée?

Je demande donc, au nom de la minorité, à avoir un représentant dans la Commission de Vérification des mandats.

Poisson. — Il n'y avait pas besoin de tout un discours pour une une réclamation de ce genre à laquelle il est facile de donner satisfaction. Je demande qu'on ajoute, aux cinq camarades désignés par le Congrès, un camarade de la minorité.

Plusieurs délégués. — Meyer!

Poisson. — La Commission se réunira cet après-midi, à 13 h. 45.

Le Président. — La parole est à Camin.

Maurice Camin. — Le Conseil Central vous propose de réduire le nombre des membres de la Commission des Résolutions. Statutairement, cette Commission devrait se composer de 191 membres, ce qui est beaucoup trop. Nous proposons de réduire à 43 le nombre de ses membres.

Cette Commission se réunira ce soir, à l'issue de la séance du Congrès.

La séance est levée à 11 heures.

DEUXIÈME SÉANCE DU JEUDI 13 MAI

La séance est ouverte à 14 h. 30, sous la présidence de Gaillard, assisté de François Lefebvre, député, et de Richard.

Le Président. — Je donne la parole au rapporteur de la Commission des Mandats.

Fauconnet, *rapporteur de la Commission.* — La Commission de Vérification des Mandats s'est réunie; aucune contestation ne lui est parvenue. Des vérifications auxquelles elle s'est livrée, il résulte que le Congrès réunit 480 délégués, disposant de 6.084 mandats.

Le Président. — Quelqu'un a-t-il des observations à présenter sur le rapport de la Commission de Vérification des mandats?

Je mets ce rapport aux voix. Il est adopté.

RAPPORT DU CONSEIL CENTRAL

Le Président. — Je donne la parole à Poisson, Secrétaire général de la F. N. C. C.

Poisson. — Le Conseil Central a été appelé à examiner dans quelles conditions pouvait avoir lieu la discussion de son rapport. Or, un grand nombre de camarades ont déjà demandé la parole sur cette question, et sans doute en est-il d'autres qui vont encore se faire inscrire. Ceux qui sont inscrits sont déjà, à ma connaissance, au nombre de quatorze.

Nous avons pensé, afin que la discussion puisse se poursuivre utilement, pour ne pas écourter le débat et afin que le rapport du Conseil Central soit discuté avec toute l'ampleur nécessaire, qu'il ne serait pas possible d'examiner cet après-midi la question du capital propre des sociétés coopératives, sur laquelle notre camarade Georges Yung doit nous faire un rapport.

Mais ce n'est pas tout. Il faut que nous quittions la salle à 6 heures, de sorte qu'il nous reste un peu plus de trois heures pour la discussion du rapport du Conseil Central. Le Conseil demande, pour son rapporteur, quarante minutes. Et pour que tous les orateurs inscrits aient la possibilité de se faire entendre, nous vous proposons que le surplus du temps soit divisé entre tous les orateurs inscrits, ce qui leur fera à chacun, au maximum, dix minutes. Ce n'est pas beaucoup; mais c'est tout de même suffisant pour exposer une idée, sans prononcer un discours.

Je demande à l'Assemblée si elle est d'avis d'adopter cette méthode de travail : dix minutes pour chacun des orateurs inscrits et quarante minutes pour le rapporteur.

Le Président. — Quelqu'un a-t-il des observations à présenter sur la proposition de Poisson?

Maranne. — Je pense qu'il n'est pas possible de discuter en dix minutes un rapport de l'importance de celui du Conseil Central. Je demande donc que le minimum de temps de parole soit porté à vingt minutes.

J'ai l'impression qu'on s'est efforcé de faire inscrire un certain nombre de camarades, pour éviter que ceux qui veulent discuter sérieusement le rapport du Conseil Central puissent le faire avec le minimum de développement indispensable.

Poisson. — Nous ne savons pas ce qu'on a voulu; nous constatons qu'il y a quatorze orateurs inscrits et qu'ils ont tous droit à un temps égal. Que les camarades qui veulent parler se fassent inscrire. Malgré tout, en dix minutes, on peut présenter ses observations.

Le Président. — Il est impossible de supprimer le droit de parole de certains camarades. Le temps étant limité, il faut, par conséquent, le partager entre tous ceux qui se font inscrire. Je pense donc qu'il est indispensable d'accepter la proposition de Poisson et qu'il n'y a pas lieu de la discuter plus longuement.

Guillon. — C'est une innovation qui est faite cette année, précisément sur le rapport moral. Jamais, les autres années, dès l'ouverture de la séance, le Conseil Central n'est venu nous dire qu'il y avait un certain nombre d'orateurs inscrits pour discuter le rapport moral et qu'il fallait limiter le temps de parole. Il est tout de même extraordinaire qu'à l'ouverture d'un Congrès — car en réalité c'est en ce moment que s'ouvre le Congrès — la première proposition du Conseil Central soit pour limiter le temps de parole des orateurs. Je ne sais pas s'il y a des camarades qui viennent ici uniquement pour se promener; mais j'en connais qui viennent pour travailler. Il n'est pas admissible qu'on demande par avance au Congrès de ne pas les entendre ou de ne leur accorder qu'un temps de parole insuffisant pour qu'ils puissent développer leur pensée. Les camarades qui ont l'habitude d'assister à des congrès savent qu'on fait fréquemment des séances de nuit; puisque nous avons un ordre du jour particulièrement chargé, je propose qu'au lieu de limiter le temps de parole on décide de siéger ce soir.

Plusieurs délégués. — La clôture!

Le Président. — La clôture est demandée. Je la mets aux voix.

La clôture est prononcée.

Je mets aux voix la proposition soumise à l'Assemblée par Poisson.

La proposition est adoptée.

En raison de cette règle des dix minutes que le Congrès vient d'adopter, je demanderai à tous les congressistes de s'abstenir d'interrompre les orateurs, afin de ne pas réduire le temps accordé à chacun.

Je donne la parole à Brot, de la Fédération des Coopératives de Lorraine et des Ardennes.

Intervention de Marcel BROT

Marcel Brot. — Je voudrais simplement, à propos du rapport du Conseil Central, reprendre les observations que faisait l'année dernière notre camarade Foucaut en ce qui concerne le journal de la Fédération Nationale et, en général, au sujet de la presse coopérative.

Notre camarade Foucaut avait constaté qu'il était né un peu partout des journaux coopératifs, soit dans les sociétés de développement, soit dans les fédérations régionales, et il s'était demandé s'il n'était pas urgent, au lieu de laisser naître cette poussière de petits journaux, d'envisager la création d'un organe à format plus important, avec une teneur plus complète que l'*Action Coopérative* actuelle.

La nécessité d'un journal mis à la disposition des sociétés coopératives n'est, je pense, pas à démontrer. Dans les sociétés de développement, il nous est impossible de nous en tenir seulement à la propagande commerciale, à la publicité que de plus en plus on peut faire, comme les maisons commerciales, pour attirer cette foule de consommateurs qui ignorent la Coopération et qui ne sont encore sensibles qu'à ces arguments. Il faut que nous complétions cela par l'éducation des consommateurs que nous embrigadons dans nos sociétés. C'est cela seulement qui constituera la véritable force des sociétés coopératives. Si nous nous contentons d'attirer à nous par des avantages simplement commerciaux les consommateurs, cette force sera, dans une certaine mesure, plus apparente que réelle. N'oublions pas qu'il y a en face de nous des sociétés capitalistes qui ont pour elles d'abord le passé, c'est-à-dire des réserves et des amortissements importants, et qui, de plus en plus, devant l'extension et la concentration du mouvement coopératif, sont poussées à se concentrer, à se concerter en tout cas entre elles, et il est possible que région par région elles puissent, avec des arguments aussi forts que les nôtres au point de vue commercial, nous livrer de véritables batailles, comme nous en avons déjà vu dans ces dernières années.

Nous avons pour nous ce qu'elles n'ont pas : la possibilité de faire valoir des raisons d'ordre moral et d'ordre social. Cette force, il ne faut pas que nous la négligions, car ce sera, dans les heures difficiles, le moyen de maintenir la fidélité des consommateurs que nous aurons attirés.

Ce travail, vous le savez tous, est un travail ingrat; la propagande orale ne peut consister qu'à répéter des milliers de fois des choses extrêmement simples. Eh bien! il faut que par la voie du journal nous allions trouver régulièrement le coopérateur à son domicile et lui faire parvenir, puisqu'il ne vient pas aux réunions, les arguments que nous avons à lui donner.

Il n'y a pas de société qui n'ait, à un moment de sa vie, à défendre son attitude, sa politique commerciale, ses variations de bénéfices, ou qui n'ait à justifier telle ou telle ristourne discutée dans le public, ou qui n'ait à faire comprendre la nécessité de constituer des réserves, ou de suivre une politique déterminée en ce qui concerne les prix.

Tout cela, il faut que ce soit dit au moment voulu, dans chaque société, et non pas dans des articles généraux; ce n'est pas seulement par des articles sur les principes qu'il faut traiter ces questions-là, mais aussi par des articles adaptés à l'actualité, aux circonstances du moment, dans la société ou dans la fédération dont il s'agit.

Je voudrais que, tenant compte de ces nécessités, nos camarades des sociétés qui ont des journaux ne continuent pas l'éparpillement des efforts qui s'est dessiné ces années dernières.

L'*Action Coopérative* avait inauguré une formule qui nous paraissait heureuse; c'était la division du journal en deux parties. Dans la première, la partie générale, nous trouvions des articles théoriques, des monographies de sociétés, des renseignements sur le mouvement coopératif à l'étranger, des enquêtes sur les différents points importants et actuels de la situation économique du pays. Et puis, une seconde partie, la dernière page du journal, exclusivement consacrée aux problèmes particuliers de la région et de la société.

Nous avons vu, depuis, des camarades de sociétés importantes quitter cette formule pour créer chez eux leur petit journal. Eh bien! je les lis, les journaux de tous nos camarades qui ont fait cela, et je constate qu'ils se sont contenté pour la plupart de recopier textuellement tout ce qu'ils ont trouvé dans l'*Action Coopérative*. Ce n'était vraiment pas la peine de faire un petit mouvement de séparation pour en arriver là et copier à huit jours d'intervalle ce qu'on aurait pu envoyer huit jours plus tôt aux lecteurs; je ne crois pas, au surplus, que cette façon de procéder soit de nature à donner de brillants résultats.

Songez à ce que nous pourrions faire si toutes les sociétés de développement, avec leurs dizaines de milliers de sociétaires, voulaient coordonner leurs efforts.

Je sais bien qu'on nous dira que le journal coûte cher. Il n'y a qu'un moyen de nous en tirer, c'est de rechercher des ressources compensatrices. Vous avez déjà vu que la Fédération Nationale, qui éditait jadis un agenda, a vu se dresser en face d'elle une caricature d'agenda de la Fédération Nationale; une entreprise commerciale, reproduisant jusqu'aux fautes typographiques de notre agenda, a pu, en mettant de copieuses publicités, réaliser une affaire qui est évidemment fructueuse, puisque cela continue.

Eh bien! il ne faut pas nous laisser faire, et tant en ce qui concerne l'agenda, puisque maintenant la Fédération doit éditer quelque chose d'important, qu'en ce qui concerne le journal, nous pouvons réaliser quelque chose.

Je dépose donc le vœu suivant :

Le Congrès donne mandat au Conseil Central d'envisager, avec les Sociétés ou Fédérations possédant un journal, les diverses formes sous lesquelles la concentration des efforts pourrait se réaliser dans ce genre de propagande.

LE PRÉSIDENT. — La parole est à Fauconnet.

Intervention de FAUCONNET

A. FAUCONNET. — Mon intervention, au moment où l'on discute le rapport sur l'activité de la Fédération Nationale, n'a pas pour objet d'apporter soit des critiques soit des observations au rapport qui nous est présenté. A la vérité, je suis mandaté par le Conseil d'administration de la Fédération des Coopératives de la Région Parisienne, pour présenter au Congrès un ordre du jour vous demandant de vous prononcer sur l'attitude prise par certaines sociétés coopératives lors de la grève des commerçants, le 3 mars dernier.

Lorsque, à cette date, les commerçants ont décidé de faire une protestation contre les impôts Loucheur, ils ont indiqué que leur protestation avait surtout pour objet de prendre en mains la défense des consommateurs. A la vérité, cette manifestation, vous le pensez bien, avait un tout autre objet; elle venait de ce que les commerçants n'avaient pas la possibilité de récupérer sur leurs clients ces impôts rétroactifs. S'ils avaient su que ces impôts pouvaient être incorporés dans les prix de vente, il est probable que leurs cris n'auraient pas été aussi perçants.

Or, les commerçants n'étaient pas très sûrs d'avoir l'opinion publique avec eux. Aussi ont-ils procédé par sondages, et c'est ainsi que bien avant le 3 mars, des commerçants, dans les quartiers luxueux de Paris, des maroquiniers, des parfumeurs, des orfèvres, ont cru devoir commencer à organiser leurs manifestations en fermant leurs boutiques; ils voulaient sonder l'opinion publique et savoir si cette manœuvre pourrait être élargie.

Mais, par la suite, ils ont rencontré un concours inespéré de la part de sociétés coopératives qui ont cru devoir joindre leur action à celle de ces commerçants.

Nous avons été profondément émus, à la Fédération des Coopératives de la Région Parisienne, par une semblable attitude. Jamais nous n'aurions supposé que des sociétés coopératives pourraient se joindre à ceux qui, tous les jours, essayent de détruire l'action du mouvement coopératif, à ceux qui réclament d'une façon permanente de nouveaux impôts de consommation et qui sont contre les impôts directs. Nous avons pensé que de tout temps le mouvement coopératif s'était prononcé contre les impôts indirects et nous ne croyons pas que le moment soit venu d'abandonner cette manière de voir pour aller appuyer nos adversaires.

Ce qui aggrave le plus la position de ces sociétés coopératives, c'est qu'elles ont essayé de légitimer leur action en indiquant que le petit commerce parisien était composé d'éléments semi-bourgeois qui commençaient à se prolétariser, et qu'il fallait les aider dans leur action.

Lorsqu'on songe qu'à Paris le plus petit fonds de commerce coûte 60 et 80.000 francs, et qu'il faut mettre dans la boutique au moins 30 ou 40.000 francs de stocks, il faut tout de même convenir que ces prolétaires-là ont sérieusement commencé leur émancipation, et nous ne pensons pas que ce sont les consommateurs groupés dans les coopératives qui doivent aller au secours de ce prolétariat d'un nouveau genre.

Aussi la Fédération de la Région Parisienne vous propose-t-elle l'ordre du jour suivant qu'elle va déposer à la Commission des Résolutions :

La Fédération des Coopératives de la région parisienne, par l'organe de son Conseil d'Administration, réuni les 14 mars et 11 avril 1926, a eu à connaître de la grève des commerçants et de ses rapports avec le mouvement coopératif.

Elle approuve sans réserves la position prise à cet égard par la Fédération Nationale des Coopératives de Consommation, ainsi que les raisons sur lesquelles elle s'appuie pour la justifier.

La Fédération des Coopératives de la région parisienne, de même que la Fédération Nationale des Coopératives de Consommation, ne saurait considérer les commerçants comme les défenseurs des consommateurs et n'entend s'associer, en aucune manière, à une action qui a, nécessairement, un tout autre objet.

Elle constate qu'en cette circonstance, la Fédération Nationale des Coopératives de Consommation a traduit très exactement le sentiment de la grande généralité des Sociétés coopératives de la région parisienne, en se refusant à identifier l'intérêt des consommateurs à celui des commerçants. Condamnant à la fois dans leur principe et dans leurs modalités tous les impôts de consommation, les Sociétés coopératives, organismes naturels de défense des intérêts des consommateurs, ne peuvent admettre qu'à un moment quelconque, leur opposition à l'injustice fiscale puisse être exploitée au bénéfice et encore moins être mise au service des intérêts des commerçants.

La Fédération des Coopératives de la région parisienne regrette que des Sociétés coopératives adhérentes aient cru devoir s'insurger contre ces principes élémentaires du mouvement coopératif en prenant une attitude différente de celle indiquée par la Fédération Nationale des Coopératives de Consommation. Elle n'accepte aucune solidarité dans l'action dissidente de ces Sociétés, action quelle condamne comme étant inspirée de mobiles étrangers à la Coopération et comme ne pouvant, à aucun titre, servir l'intérêt des consommateurs.

GUILLON. — Je demande la parole.

LE PRÉSIDENT. — A votre tour. Vous demanderez tout à l'heure qu'on écoute vos camarades, et je ferai effort pour qu'ils ne soient pas interrompus; mais l'ordre de la discussion se déroulera comme l'a décidé le Congrès.

Je donne la parole à Ramadier.

Intervention de RAMADIER

Paul RAMADIER. — L'an dernier, le Congrès de Nancy a eu à se préoccuper, au cours d'une longue séance, de la refonte de la législation coopérative. Je voudrais, aussi brièvement que possible, vous dire où en est aujourd'hui ce problème, les efforts qui ont été faits et les résultats auxquels on est à la veille d'aboutir. Après la décision du Congrès de Nancy, préconisant l'établissement d'une loi organique pour toutes les formes de la coopération, la Semaine parlementaire réunie a pris une décision analogue et a demandé au groupe parlementaire de charger une Commission composée pour une part de députés et de sénateurs, et pour une autre part de juristes désignés par les différentes organisations coopératives, d'établir une loi assez large, assez libérale pour permettre à toutes les tendances, à toutes les formes de l'action coopérative de se manifester; mais en même temps, fidèle aux principes, strict sur ces principes, éliminant par conséquent les fausses coopératives de la forme nouvelle créée pour les vraies.

La Commission s'est réunie; elle a longuement travaillé et préparé un projet qui comprend deux parties.

Dans la première partie sont tout d'abord posés les principes coopératifs, ceux auxquels on distingue les vraies coopératives des fausses. La détermination de ces principes a été assez délicate, car il fallait comprendre sous les mêmes règles des sociétés dont les buts sont parfois très divergents. Les coopératives agricoles, les coopératives de consommation, les coopératives de production sont toutes des coopératives, et cependant elles servent les unes les intérêts des producteurs, les autres les intérêts des agriculteurs, les autres les intérêts des consommateurs.

Sur d'autres terrains, on peut chercher à les concilier. Sur le terrain juridique, il nous a fallu dégager ce qu'il peut y avoir d'analogue dans leur fonctionnement, de règles identiques dans leur manière de procéder.

Nous y sommes, je crois, assez bien arrivés, et nous avons pu dégager, en effet, quelques règles à la fois simples et précises, tenant seulement à deux principes.

Le premier, c'est la règle de l'organisation démocratique de la coopération : égalité de tous les coopérateurs, de tous les usagers de la coopérative; égalité de droits dans la gestion de la société. Par conséquent, unité de vote.

Il a fallu sans doute, sur ce point, apporter quelques précisions qui ne sont point à proprement parler des atténuations, pour tenir compte de certaines formes coopératives où ce ne sont point des personnes, des individus qui coopèrent, mais des entreprises par exemple agricoles ayant des importances diverses, ayant, par conséquent, dans la coopérative des intérêts qui sont non point exactement égaux, mais proportionnels à l'utilisation que fait chaque entreprise des services coopératifs.

Nous avons voulu, en second lieu, poser d'une manière, précise et détaillée en même temps, le principe que la coopérative ne peut avoir pour objet à aucun degré de produire des profits au bénéfice de ceux qui ont apporté des capitaux. L'élimination du profit individuel est, parmi les caractères de la coopération, l'un de ceux qui sont le plus constants et doivent être le plus fidèlement respectés.

Là encore il nous a fallu ménager la liberté la plus grande dans l'utilisation des bonis, et si nous interdisions d'une manière absolue l'établissement du profit, nous permettions d'employer les trop-perçus tantôt pour les coopératives ayant une tendance idéologique dans un but politique ou religieux; tantôt, lorsqu'il s'agit de coopératives ayant un objet strictement économique, à des ristournes aux usagers des services coopératifs, ou à des réserves formant entre les mains de la coopérative un capital collectif et impersonnel.

Ces principes nettement établis, nous avons ensuite dressé une sorte de schéma général, une forme que peuvent revêtir toutes les organisations coopératives, qu'elles soient agricoles, de production ou de consommation.

Notre effort sur ce point n'a pas été très laborieux au point de vue technique, les formes étant à peu près les mêmes pour toutes les coopératives.

Nous avons cependant rencontré, en dernière analyse, quelques difficultés, car certaines organisations coopératives, certaines formes de la coopération hésitent à rompre avec les formes auxquelles elles sont habituées, avec la législation sous laquelle elles se sont développées.

J'espère cependant que les divergences de vues qui ont pu se produire à ce sujet, soit au sein de la Commission, soit entre les organisations coopératives, s'aplaniront à l'heure des dernières discussions et que, dans un avenir prochain, la Commission juridique désignée par la Semaine parlementaire pourra présenter un projet complet donnant à la fois assez de garanties pour la fidélité aux principes, assez de liberté dans l'usage et assez de souplesse pour la pratique de chaque jour.

Le Président. — La parole est à Wilks.

Intervention de WILKS

Wilks. — Je n'aurai pas grand' chose à dire. Dans le rapport du Conseil Central, nous avons remarqué, à propos de la Commission de l'Enseignement, un paragraphe « Offices cinématographiques régionaux ».

Nous pensons que la Fédération Nationale devrait activer la création de ces offices régionaux surtout dans les régions où la propagande n'est pas assidue.

Il y a, dans la région lyonnaise, un Office régional du Cinéma éducateur. Il n'appartient pas à la Coopération. Mais, tout de même, nous avons pensé que cet Office régional du Cinéma éducateur, quoique indépendant de la Coopération, pouvait rendre des services aux sociétés coopératives.

Nous avons donc pénétré dans cet Office régional du Cinéma éducateur et nous avons pu, avec le concours de la municipalité et des conseils généraux de divers départements, avoir des films gratuits.

C'est donc, pour la Fédération Lyonnaise, une économie. Et si nous n'avons pas de films coopératifs, cela tient à ce que les sociétés, encore pauvres, ne peuvent pas les payer.

Nous avons pu voir, aujourd'hui, le film de la région de Lille; il pourrait peut-être faire l'objet d'éditions nouvelles qui seraient répandues dans les offices régionaux. Nous demandons que les secrétaires fédéraux insistent auprès de la Fédération Nationale pour avoir des films coopératifs et en même temps faire de la propagande dans toutes les régions pour créer dans chaque département, ou tout au moins dans chaque fédération, un Office du Cinématographe éducateur basé sur les mêmes principes que celui de Lyon, en s'attachant à l'éducation des enfants et en leur insinuant la coopération par le film coopérateur.

J'ose espérer que la Fédération Nationale et les secrétaires fédéraux auront assez de force de persuasion pour faire comprendre aux sociétés coopératives qu'il est urgent, par le film, d'éduquer les coopérateurs qui, malheureusement, ne le sont pas suffisamment.

LE PRÉSIDENT. — La parole est à Peckstadt.

Intervention de PECKSTADT

PECKSTADT. — Mon intervention sur le rapport du Conseil Central a trait à la question du travail de nuit dans les boulangeries, qui est traitée à la page 23 du rapport.

Vous savez que depuis assez longtemps les organisations syndicales des ouvriers boulangers mènent une lutte inlassable pour obtenir la suppression complète du travail de nuit.

Il y a d'abord eu une loi en 1919, interdisant le travail de nuit pour les ouvriers boulangers, mais laissant subsister le travail de nuit pour les patrons boulangers. De cette façon, la loi est devenue inefficace, parce que le patron, lorsqu'il travaille, fait fonction d'ouvrier et empêche la réalisation complète de la loi.

En 1924, à la suite d'un rapport bien étudié à l'Office technique de la Fédération, on invoqua la gêne que cela pouvait occasionner pour les boulangeries industrielles; mais malgré tout le rapport concluait à la suppression du travail de nuit, telle qu'elle était prévue par la loi de juillet 1925 votée par la Chambre et actuellement pendante devant le Sénat.

Mais un certain nombre de grosses sociétés ayant des boulangeries industrielles et qui seraient gênées par une telle interdiction, sont venues demander à la Fédération d'intervenir pour demander que les boulangeries industrielles soient placées en dehors de l'interdiction du travail de nuit.

Quand les ouvriers boulangers demandent la suppression du travail de nuit, ils ne le font pas par esprit de chicane; ils ne le font pas non plus par plaisir. Ils le font parce qu'ils savent que le travail de nuit est nuisible à leur santé, nuisible aussi à la santé publique, parce que le pain est nécessairement plus mal confectionné : quand on fait de mauvais coups, c'est la nuit qu'on les fait.

Le secrétariat de la Fédération, lorsqu'il a présenté au Conseil Central la demande des sociétés ayant des boulangeries industrielles, et qu'il lui a demandé de revenir sur le vote de 1924, ce n'est pas non plus par esprit de taquinerie contre les organisations ouvrières qu'il l'a fait et qu'il a demandé d'adopter les amendements que vous trouverez à la page 24 du rapport. C'est parce que ces sociétés sont adhérentes à la Fédération et qu'en même temps d'autres sociétés avaient également fait des réclamations; jusque même devant la Convention de Genève, elles avaient demandé à ce que la boulangerie industrialisée soit placée dans la catégorie des usines à feu continu.

Malgré toutes les explications qu'ils ont fournies, techniques et morales ou encore d'ordre hygiénique, la convention de Genève a couclu à la suppression complète de toute panification la nuit.

Et alors, la propagande a continué. Il y a entente complète entre les organisations syndicales, que ce soit la Confédération Générale du Travail, la vieille, que ce soit la C. G. T. U., tous donnent des réunions en commun, tiennent des meetings en commun, et le plus grand meeting auquel il m'ait été donné d'assister s'est tenu à la salle Wagram, où non seulement des organisations ont fait entendre leurs raisons pour la suppression du travail de nuit, mais où elles avaient obtenu la présence de M. Justin Godard, ancien ministre du Travail et ancien président du Groupe coopératif au Parlement.

M. Justin Gorard déclara qu'en effet le travail de nuit dans les boulangeries n'est pas quelque chose d'absolument nécessaire et que, par conséquent, on peut le supprimer.

Je voudrais avoir une éloquence que je n'ai pas pour faire appel à nos camarades des grandes sociétés. Ce matin, j'entendais avec plaisir le camarade Prache dire, en souhaitant la bienvenue aux délégués de ce Congrès : « Vous êtes ici dans le berceau de la Coopération ouvrière ». Eh bien! si ces camarades avaient le beau geste de retirer la lettre qu'ils ont adressée à la Fédération pour déposer ces amendements, ils ne mettraient pas le mouvement coopératif dans cette situation de s'opposer à une revendication prolétarienne, à une revendication ouvrière.

Ces amendements placent le mouvement coopératif en contradiction même avec un grand nombre de patrons boulangers qui sont venus au meeting Wagram déclarer qu'ils s'associaient à la revendication des ouvriers, et s'ils étaient retirés, il est bien évident que le mouvement coopératif ne serait pas dans la situation où il se trouve actuellement, de combattre, avec les autres patrons boulangers, la suppression du travail de nuit.

Il n'est dans la pensée de personne de vouloir faire quelque chose qui nuise aux coopératives. Mais on ne peut pas faire de lois sociales, on ne peut pas faire de réformes sociales sans que cela touche quelqu'un; c'est une gêne momentanée qu'il faut accepter; on prendra d'autres dispositions. Les boulangeries d'Allemagnes et de Belgique, quelques boulangeries de France ont bien trouvé le moyen d'adopter d'autres méthodes et de se dispenser de travailler la nuit. Eh bien! je pense que le Congrès pourrait prendre position dans le sens que je lui demande. J'ai préparé une résolution dans ce sens, et je demande qu'elle soit renvoyée à la Commission des Résolutions avec avis favorable.

Les sociétés coopératives et les fédérations y trouveront leur compte : elles recruteront davantage quand on saura que le mouvement coopératif ne combat pas les revendications ouvrières.

Le Président. — La parole est à Prache.

Intervention de PRACHE

Gaston Prache. — Je ne disposerai pas des dix minutes qui me sont accordées, parce que j'apprends que notre camarade Foucaut se propose de faire lui-même une intervention sur la question principale qui doit vous être soumise par la Fédération du Nord et du Pas-de-Calais.

Cette question concerne la création d'un service juridique et technique de la Fédération Nationale des Coopératives de Consommation.

A la suite des propositions déjà faites l'an dernier par nos camarades du Laonnois, concernant la création d'un service spécial de propagande et de publicité, le Congrès avait été saisi d'une autre question par notre Fédération du Nord et du Pas-de-Calais, relativement à la création de ce service juridique et technique.

Le Conseil Central, puis la conférence des secrétaires de fédérations régionales avaient cru devoir joindre ensemble ces deux questions et reconnaître que, pour l'instant, il n'était pas possible de leur donner une suite favorable.

Nos amis du Laonnois reviennent à la charge cette année, et je crois que toutes les sociétés ont reçu un exemplaire du rapport complet qu'ils ont établi.

C'est au nom de la Fédération régionale que je remercie vivement nos camarades du Laonnois du travail intéressant qu'ils ont fourni. Nous reconnaissons comme eux la nécessité d'intensifier, avec une méthode de centralisation autant que possible, les moyens de propagande et de plublicité pour l'ensemble des sociétés coopératives, mais nous ne nous rallions tout de même pas à la première partie de leur vœu qui demande au Congrès de Lille de décider la création immédiate d'un service de propagande et de publicité, parce que, selon nous, avant que cette création soit décidée, la question vaut d'être étudiée.

Elle vaut d'être étudiée à divers degrés, dans toutes les sociétés coopératives, et, pour les sociétés de développement, dans leurs sections, où nos dévoués militants peuvent avoir des idées intéressantes. Mais nous demandons, nous aussi, que la question des moyens de propagande coopérative et d'éducation des consommateurs soit portée à l'ordre du jour du Congrès national de l'année prochaine.

J'avais l'intention de vous parler également de l'*Action Coopérative*. Notre ami Brot, avec qui je n'avais pas eu le plaisir d'en causer préalablement, l'a fait avant moi. Je me rallie à son point de vue, qui est aussi celui de notre Fédération. Il faut que le journal coopératif national devienne vraiment un instrument d'éducation pour les consommateurs.

La Fédération Nationale est déjà entrée dans cette voie, du fait qu'elle a supprimé dans son organe la partie purement juridique ou administrative. Elle a remplacé cette partie par un *Bulletin de Renseignements*, qui est édité au fur et à mesure des circonstances. C'est là certainement un progrès notable, et nous devons remercier l'organisation centrale d'être entrée dans cette voie.

Toutefois, je demanderai encore à nos camarades de la Fédération Nationale de bien vouloir envisager une présentation particulière de ce *Bulletin de Renseignements*. Le numéro 2, le dernier paru, est vraiment copieux; toutes les choses qu'il contient sont extrêmement intéressantes; mais je me fais l'interprète de camarades de nombreuses sociétés, particulièrement de petites sociétés — et même de grandes, puisque Bricout, de l'*Union des Coopérateurs du Cambrésis*, m'en parlait aussi — pour dire que, lorsqu'on a besoin d'un renseignement particulier, on ne sait exactement où le trouver dans un texte aussi long; on peut commencer par le titre et ne trouver que tout à la fin le renseignement que l'on désire, après avoir vainement lu de nombreuses pages.

Je demanderai donc à nos camarades d'étudier une présentation simple et claire, faisant ressortir les principales parties d'une façon bien nette, avec des sous-titres suggestifs et explicites.

Sur la question du service juridique et technique, notre camarade Foucaut aura la parole; j'en ai, par conséquent, terminé pour ma part.

Le Président. — La parole est à Bugnon.

Intervention de BUGNON

Bugnon. — C'est de l'enseignement de la Coopération que je veux vous entretenir, en complétant les quelques renseignements parus dans le rapport du Conseil Central.

Nous avons continué et nous continuons à suivre les directives des Congrès, pour faire pénétrer dans tous les ordres d'enseignements l'éducation coopérative. Nous avons continué par des conférences, par des leçons, par des examens, par des bourses de voyage, par des concerts, par la constitution de bibliothèques, par le développement des offices cinématographiques et la création du *Coopérateur Scolaire*.

Nous avons trouvé cette année des concours plus nombreux, plus précieux encore que les années précédentes, tellement nombreux que je ne puis les citer tous. Je signalerai cependant le concours de la municipalité de Beauvais, à donner en exemple à toutes les municipalités de France. Après avoir accordé 1.000 francs à la Commission de l'Enseignement de la Coopération, elle a voté, lorsqu'elle s'est rendu compte du travail accompli par cette commission, une deuxième subvention de 500 francs. Et dans les rapports que nous ont faits les boursiers ayant visité Beauvais, nous trouvons :

« Réception à la mairie de Beauvais.

« Nous sommes reçus à la mairie par M. le Préfet de l'Oise et le Conseil municipal de Beauvais qui compte quelques coopérateurs; M. le Maire, qui était très heureux de nous recevoir, nous a fait une petite allocution où il nous dit que, s'il n'était pas franchement adepte de l'idée coopérative, il voulait néanmoins lui laisser ses chances, et s'en remettait à nous, les jeunes, pour la juger plus tard. »

Signé : Forceville, élève du lycée de Lille.

« Les membres du Conseil municipal présents et M. le Maire ont manifesté le regret de n'avoir pas donné plus de bourses pour les candidats. »

Signé : Bonnin, élève de l'Ecole pratique à Dunkerque.

Voilà l'effort que nous voudrions demander, je ne dis pas aux sociétés coopératives — c'est leur devoir — mais que nous voudrions demander à toutes les collectivités qui ont, elles aussi, le devoir de laisser courir à l'idée coopérative toutes ses chances, en l'aidant.

Dans l'enseignement supérieur, j'ai le plaisir de signaler particulièrement le gros effort accompli dans l'Académie de Lille, où les deux professeurs d'économie politique nous accordent leur concours, M. Bernard Lavergne et M. Roger Picard. Nous avons eu cette année le plaisir de recevoir du Directeur de l'Ecole Normale supérieure de Saint-Cloud la lettre suivante :

« Les conférences de M. Bernard Lavergne sur la Coopération ont été suivies, l'an dernier, par nos élèves, avec un vif intérêt et avec un profit certain. Je me félicite, pour l'Ecole, que la Fédération Nationale des Coopératives de Consommation ait maintenu pour 1926 ces si magistrales leçons en les confiant au même conférencier, et j'en remercie vivement la Commission de l'Enseignement de la Coopération ».

L'enseignement secondaire est en remarquable progrès dans l'Académie de Lille. Vous m'excuserez de ne pas citer tout ce qui a été fait dans toutes les Académies de France; mais puisque la Fédération du Nord nous reçoit, faisons-lui l'honneur de la citer à l'ordre de la Coopération.

Le proviseur du lycée de Lille nous a écrit :

« J'ai l'honneur et le plaisir de vous informer que trois conférences sur la Coopération, ses principes et ses résultats ont été données ou lycée de Lille, les 24, 27 et 29 avril 1925, à 16 heures.

« Les trois conférenciers ont été, dans l'ordre des conférences, MM. Favières, professeur de philosophie au lycée de Lille, Hirsch, professeur d'histoire au lycée de Lille, Jacob, professeur d'histoire au lycée de Tourcoing.

« Elles ont été faites devant un auditoire d'environ 130 élèves, composé des élèves des mathématiques spéciales, première et deuxième année, de Saint-Cyr et Institut Agronomique de mathématiques et de philosophie.

« Ces jeunes gens ont été vivement intéressés par les sujets traités, et j'ai bon espoir que la plupart d'entre eux deviendront de fervents adeptes de la Coopération.

« J'ai tenu moi-même à assister à chaque causerie et, au début comme à la fin de chacune d'elles, j'ai prononcé les paroles qui m'ont paru les plus utiles pour l'éducation coopérative. »

L'un des élèves du lycée de Beauvais, aujourd'hui à l'Ecole des Hautes Etudes commerciales, vient de nous écrire que l'enseignement de la coopération et le voyage d'études lui ont été des plus profitables, puisque, la question de la coopération ayant été posée au cours d'un examen passé à l'école, il avait obtenu la note 19 sur 20.

Dans l'enseignement primaire et dans l'enseignement professionnel, l'Académie de Lille s'est également surpassée, et je ne citerai que l'Union des Coopérateurs des Flandres qui a réussi cette année à faire enseigner la Coopération dans les cours d'adultes et à distribuer de très nombreuses bourses.

Nos maîtres enseignent l'histoire de la Coopération comme celle d'une évolution nécessaire de la démocratie; ils affirment que son action économique doit heureusement subordonner le capital à l'homme, la richesse acquise à la richesse en formation; ils professent que sa vertu morale est dans la solidarité et la justice dont elle est la meilleure technique; sa valeur sociale résulte du fait qu'en face du monde capitaliste organisé en aristocratie et, par certains côtés, en monarchie, elle organise la démocratie économique, complément véritable de la démocratie politique.

Ils enseignent également nos techniques. Dans les Facultés de droit nous avons eu cette année un certain nombre de conférences sur les questions qui sont à l'ordre du jour de notre Congrès, et particulièrement sur celle de la recherche des capitaux.

Pour les publications, nous espérons suivre l'exemple de l'*Union Coopérative du Sud-Ouest,* qui a édité en brochure le cours fait à

Bordeaux par le professeur Pirou. Il faut publier les cours des professeurs et les répandre largement.

Je passe rapidement sur les examens, sur les bourses et sur les voyages des boursiers; vous en trouverez une relation abondante dans une brochure sur l'Enseignement de la Coopération. Achetez-la et communiquez-la à vos Conseils d'administration, à vos Conseils municipaux et à vos écoles.

J'aurais voulu parler aussi du développement de la bibliothèque coopérative. Si chaque année nous arrivions à faire, comme cette année, un livre avec les leçons des maîtres, les compositions des boursiers et les comptes rendus de voyages, notre bibliothèque s'accroîtrait rapidement. Certains de nos boursiers préparent déjà des thèses sur la Coopération.

On a déjà parlé de l'Office cinématographique; je n'insiste pas. Cependant, j'ai le plaisir de voir que la Région du Nord ne néglige pas cette forme de l'Enseignement, puisque c'est sur son territoire que se sont créés les plus nombreux films coopératifs, après les quatre conférences que nous avons données à Lille, Dunkerque et Cambrai, devant le personnel enseignant, sous la présidence du Recteur, des Inspecteurs d'Académie, des Inspecteurs primaires.

Je dois signaler enfin le mouvement qui s'est créé dans les Charentes et dans la Vienne, sous le nom de Coopératives scolaires.

Le programme de ces coopératives scolaires figure dans le deuxième numéro du *Coopérateur Scolaire* que vous connaissez et auquel je vous recommande de vous abonner, non seulement pour vous et pour vos enfants, mais pour vos écoles.

Je termine par un appel pressant aux coopérateurs pour qu'ils s'appuient sur l'enfance et sur l'école : la République coopérative sera faite par nos enfants dans les écoles, avant de l'être par les hommes dans les nations.

Le Président. — La parole est à Guillevic.

Intervention de GUILLEVIC

Guillevic. — Bien que notre ami Wilks ait déjà attiré l'attention du Congrès sur la nécessité pour la Fédération de s'occuper de la propagande cinématographique, et que Bugnon n'ait pas cru devoir revenir sur ce sujet, je demanderai au Congrès de m'autoriser à attirer son attention sur les avantages que nos sociétés coopératives peuvent retirer de l'utilisation du cinématographe.

Je dois indiquer que c'est après une expérience approfondie que je me suis attaché profondément à cette forme de propagande. Tout à l'heure, Bugnon disait que, par le cinématographe, on peut utilement toucher les milieux de l'enseignement, les milieux universitaires. Pour mon compte personnel, parcourant la région de l'Oise, pour l'Union des Coopérateurs de Paris, le plaisir m'a été donné de constater que notre propagande portait et avait la plus grande influence sur les élèves des écoles primaires.

Non seulement cette forme de propagande est intéressante pour les enfants, mais le corps enseignant lui-même nous demande d'une façon pressante de revenir aussi souvent que nous le pouvons, pour diffuser les idées de notre mouvement. C'est pourquoi il serait bon que la Fédération Nationale examinât les conditions dans lesquelles il serait possible de créer des offices régionaux pour la propagande cinématographique.

Je voudrais, pour ma part, que la Fédération Nationale examinât aussi quels conseils utiles et pratiques elle pourrait donner aux Offices régionaux, de façon que les grandes sociétés qui possèdent des services de propagande cinématographique se mettent à la disposition des petites sociétés qui n'ont pas toujours la possibilité d'instituer un service aussi coûteux que celui de la propagande cinématographique.

A côté de cette création dont nous devons indiquer les conditions d'organisation et de fonctionnement, il faudra, comme le disait Wilks, que nous examinions de très près la question de l'établissement des films cinématographiques coopératifs, comme les conditions de fourniture d'autres films.

Il faut que nous ayons à notre disposition un outillage tel que nous puissions réaliser, au profit du mouvement coopératif, une propagande utile.

Je terminerai en disant que si la propagande orale est toujours une excellente chose, on ne doit pas oublier que la propagande par l'image est particulièrement efficace et que très souvent elle reste mieux gravée dans les esprits que les discours que nous pouvons prononcer devant des auditoires qui, malheureusement, ne sont pas toujours préparés à l'étude des questions économiques qui se présentent sous un jour de plus en plus complexe.

Le Président. — La parole est à Foucaut.

Intervention de FOUCAUT

Foucaut. — La Fédération du Nord et l'*Union des Coopérateurs de la région de Douai* m'ont chargé d'apporter à ce Congrès quelques suggestions concernant le rapport de la Fédération Nationale.

Nous avons cru, en effet, qu'il était utile de mettre à la disposition des sociétés coopératives des organismes qui puissent renseigner celles-ci d'une façon plus effective, et nous vous proposons la création d'un office juridique.

Je sais qu'il existe à la Fédération Nationale un office juridique chargé de renseigner toutes les sociétés coopératives sur les lois, et de prendre, le cas échéant, la défense de ces mêmes sociétés lorsqu'elles sont traduites devant les tribunaux ou lorsqu'elles sont obligées d'appeler en justice certains de leurs fournisseurs.

L'office juridique que nous vous proposons de créer aurait pour but l'étude de toutes les lois qui touchent à la Coopération. Nous voudrions que ce Conseil juridique, ou cet office juridique, puisse réunir quelques juristes et, qu'ensemble, sous l'égide de notre Fédération Nationale, il soit possible de préparer les lois que nous réclamons, telle la loi organique, susceptibles de servir le mouvement coopératif.

Nous voudrions aussi que cet office pût mettre sur chantier et préparer pour nos législateurs des textes de lois capables de rendre plus aisée et plus souple la vie de nos sociétés, en même temps qu'il nous indiquerait quelles sont les mesures à prendre en vue de l'exécution de ces lois.

Vous sentez que le service actuel, avec notre ami Ramadier, à qui nous rendons tous hommage, est dans l'impossibilité d'assurer une charge aussi complexe, et c'est pourquoi notre Fédération du Nord a cru qu'il était utile que la Fédération Nationale mette à l'étude cette proposition.

J'espère que le Congrès sera unanime pour voter cette résolution.

La Fédération du Nord croit qu'il est utile également de modifier l'Office technique tel qu'il fonctionne actuellement.

Nous avons, en effet, un office technique qui tient une bien petite place dans le rapport de notre Fédération Nationale, ce qui nous fait croire que sa vitalité est très réduite. Nous voudrions qu'au lieu d'un office technique joint à la Fédération, celui-ci soit attaché à l'organisme où l'on trouve les techniciens, c'est-à-dire au Magasin de Gros des Coopératives.

Nous croyons, en effet, que la Fédération Nationale, qui est un organisme moral de propagande, n'a pas à s'occuper des questions techniques proprement dites. Nous croyons que cette partie du programme coopératif doit plutôt être remplie par le Magasin de Gros des Coopératives de France, qui comprend une pléiade de techniciens.

Les renseignements que cet office doit donner aux sociétés coopératives, vous les connaissez; je les énumérais dans le dernier Congrès de notre Fédération du Nord et du Pas-de-Calais. Il faut que cet office technique soit un véritable office de renseignements pour les sociétés coopératives.

Je ne demande pas, bien entendu, camarades, que cet office vienne vous donner des renseignements absolus, vienne vous déclarer, par exemple, que le moment est venu de traiter les cafés, les sucres ou les conserves de petits pois. Mais je crois que cet office technique, étant donné les renseignements qu'il peut puiser à la source commerciale du Magasin de Gros, pourrait faire des comparaisons et nous dire : L'an dernier, à pareille époque, telle denrée valait tel prix; l'an dernier, à pareille époque, on nous signalait de Rio ou de Santos que la récolte était de tant de sacs de café. Aujourd'hui, on annonce une récolte de tant de sacs. La conclusion est que cette marchandise doit être cette année ou plus chère ou meilleur marché que l'année dernière.

Je crois qu'il serait possible à cet office technique de donner des renseignements très utiles au mouvement coopératif.

Comme je vous l'ai dit il y a un instant, il ne s'agit point de dire aux sociétés : Achetez tel article, le moment est venu. Vous sentez que l'Office encourrait là une responsabilité trop grosse. Mais il pourrait utilement guider le mouvement coopératif dans ses achats. Et s'il existe de grosses sociétés qui possèdent à l'état embryonnaire un service de cet ordre, quels services l'office dont je demande la création ne rendrait-il pas aux sociétés de moindre importance qui achètent au petit bonheur, sans se rendre compte de l'état du marché, qui réussissent parfois, mais se trompent parfois aussi.

Notre président m'annonce que mon temps de parole est écoulé; je ne prolongerai donc pas ce débat. Je crois que les quelques mots que je viens de vous dire vous ont fait comprendre la nécessité de la création et d'un office juridique à la Fédération Nationale, et d'un office technique au Magasin de Gros.

J'espère que les suggestions de la Fédération du Nord seront retenues et ratifiées à l'unanimité par le Congrès.

Le Président. — La parole est à Marrane.

Intervention de MARRANE

Marrane. — Je dois d'abord protester une fois de plus contre la méthode employée par le Conseil Central pour empêcher les délégués qui veulent développer leur point de vue d'exercer ce droit qui me semble élémentaire dans un Congrès.

Je savais, par une confidence d'un membre du Conseil Central, que des dispositions seraient prises pour qu'avant même l'ouverture de la discussion il y ait un certain nombre de délégués inscrits, pour empêcher la minorité de s'exprimer. Nous n'avons pas été surpris par la disposition prise. Mais nous voulons souligner ce qu'il y a d'anormal dans ce procédé qui consiste à étouffer les voix qui gênent...

Le Président. — Camarades, laissez Marrane s'exprimer librement, à condition qu'il respecte l'Assemblée.

Marrane. — Je ne manque de respect à personne. Si vous avez la prétention d'user des méthodes gouvernementales, il est possible que vous utilisiez le moyen qui consiste à empêcher quelqu'un de parler. Mais quels que soient vos procédés, vous n'empêcherez jamais une idée de se répandre, alors qu'elle défend les intérêts de la masse des consommateurs.

Dans un débat comme celui-là, il aurait été indispensable d'examiner sérieusement la situation économique présente. Personne ne peut avoir la prétention de se livrer à un tel examen, même superficiellement, en dix minutes..

Les chiffres donnés au rapport du Conseil Central indiquent que d'une part le nombre des sociétés a diminué, non seulement par suite de fusions, mais parce que des sociétés ont disparu. D'autre part, le chiffre d'affaires n'a pas augmenté. Je considère donc qu'il y a pour le moins stabilisation du mouvement coopératif en France.

M. Charles Gide, parlant ce matin au Congrès, disait même qu'il y a régression. C'est une raison de plus, puisque nous traversons une période de crise, pour que les questions essentielles qui devraient être débattues dans un Congrès coopératif le soient librement et que soient envisagés sans restriction les moyens de défendre le mouvement coopératif, au sein de cette crise.

Il est évident, pour tout esprit qui réfléchit un peu, que la crise économique va aller en s'accentuant. Il suffit d'examiner le développement de la concentration capitaliste en France, qui fait que depuis la guerre de grandes organisations se sont constituées, organisations qui sont à la merci des grandes banques comme la Banque de Paris et des Pays-Bas, comme l'Union Parisienne, qui contrôlent des entreprises non seulement dans tous les coins de la France, mais aux colonies et dans beaucoup de pays étrangers. Et personne ne me démentira, puisque c'est Charles Gide qui a décrit les conditions dans lesquelles nous étions en Syrie, c'est Daudé-Bancel qui a écrit que le nationalisme impérialiste conduisait à la conquête des colonies. Ce ne sont pourtant pas des coopérateurs extrêmement révolutionnaires. Je ne dis pas, cela, d'ailleurs, pour leur être désagréable, mais pour constater que ces coopérateurs, qui ne sont pas des communistes, sont cependant convaincus que le régime capitaliste nous conduit dans ces contrées pour y faire la guerre.

Or, ce matin, vous avez vu, dans les films qui ont été déroulés devant le Congrès, ce que donne la guerre. Il semble qu'il y ait un point sur lequel nous devrions être unanimes, c'est que le rôle des grandes organisations de consommateurs est d'utiliser toutes leurs forces pour les dresser contre un régime qui conduit non seulement à un désordre économique, mais qui conduit les travailleurs et les consommateurs à payer toutes les conséquences de ce désordre économique.

Les raisons qui font que les consommateurs ne s'approchent pas suffisamment nombreux de notre mouvement coopératif, résident sans doute en partie dans cette crise économique, que le Conseil Central n'étudie pas et ne soumet pas aux discussions du Congrès. Elles résident aussi aussi bien en ce que, s'il est vrai que la Coopération doit s'adresser à tous les consommateurs, il est non moins incontestable qu'elle doit d'abord s'appuyer sur la classe ouvrière, sur les travailleurs, sur ceux qui ont été à l'origine du mouvement coopératif, qui ont fait tous les sacrifices, qui ont fait tous les frais et qui constituent encore l'appui le plus sûr, dans une crise économique comme celle que nous traversons.

Pour intéresser la classe ouvrière au mouvement coopératif, il faut avoir une attitude qui lui donne confiance, qui l'attire, qui permette la propagande dans toutes les organisations ouvrières pour un rapprochement vers le mouvement coopératif.

Vous savez tous qu'il est difficile, surtout dans la situation présente, d'intéresser les ouvriers aux problèmes techniques que pose le mouvement coopératif. Mais on pourra les intéresser dans la mesure où l'on fera une politique dont les ouvriers comprendront qu'elle est dirigée vers la défense de leurs intérêts immédiats et futurs.

Or, il est évident que toutes les manifestations publiques du Conseil Central, quand elles ont un caractère politique, sont toujours opposés aux intérêts de la classe ouvrière.

C'est un membre du Conseil Central qui vous a dit, tout à l'heure, quelle avait été la position prise par le Conseil Central dans la question du travail de nuit dans les boulangeries. Il a indiqué que les dérogations demandées en faveur des boulangeries industrielles utilisées par les patrons boulangers pour demander à leur profit des dérogations qui aboutiront pratiquement au sabotage de la suppression du travail de nuit.

Notre camarade Racamond, qui connaît bien la question, étant à la tête d'une organisation syndicale et ayant été administrateur d'une coopérative de boulangerie, viendra tout à l'heure vous développer ses arguments sur cette question, et j'espère que vous ne serez pas d'accord avec le Conseil Central.

Un autre point. On a fait une certaine démagogie sur la position prise par certaines coopératives vis-à-vis de la grève des petits commerçants. On a présenté l'attitude de ces coopératives comme exprimant la volonté de soutenir le commerce et de lui reconnaître un rôle social que nous lui dénions de la façon la plus formelle.

Mais il est évident que dans le régime présent par la concentration capitaliste — et il est surprenant de voir que ce fait est contesté par la F. N. C. C. — il est évident que les classes moyennes se prolétarisent de plus en plus. L'inflation a cette conséquence d'atteindre une partie importante de ces classes moyennes, et le capital qui défend ses privilèges s'efforce toujours de s'appuyer sur ces classes moyennes pour exploiter la classe ouvrière.

Eh bien! quand nous allons dans une période où le grand capitalisme prétend défendre directement ses privilèges par la violence, où il constitue des organisations de combat, il n'est pas douteux que si vous maintenez l'attitude que vous avez adoptée au moment de l'arrivée au pouvoir du fascisme en Italie, vous aboutirez au même résultat. Des administrateurs révolutionnaires des coopératives étaient fusillés, des coopératives étaient incendiées. Il se passera en France ce qui s'est passé en Italie, si vous ne savez pas endiguer les forces dont se sert le grand capitalisme. Il se produira que les organisations révolutionnaires seront atteintes les premières, mais si vous ne vous solidarisez pas avec elles, après qu'elles auront été détruites par le capital qui n'a pas plus de sympathie pour vous que pour nous, votre tour viendra.

Maintenant, je prends une autre manifestation. Vous avez vu dernièrement que, pour faire repousser à la Chambre les impôts sur le capital, destinés à réduire quelque peu ses privilèges, on a constitué, pour tromper la classe ouvrière, un Comité de la contribution volontaire pour le redressement du franc. Le secrétaire de la Fédération Nationale des Coopératives de Consommation participe à ce comité et on a vu sa photographie dans les journaux voisiner avec celle du cardinal Dubois et du maréchal Joffre.

J'attendrai qu'on me démontre que cette collaboration, cette renaissance de l'union sacrée est favorable aux intérêts ouvriers; j'attendrai qu'on me démontre que c'est une manifestation de la neutralité coopérative.

Nous sommes, nous, pour la liaison étroite du mouvement coopératif et du mouvement ouvrier. Nous pensons que c'est le moyen d'assurer le développement des organisations coopératives.

La lettre de Kintchouk qu'on vous lisait ce matin, indiquait les résultats que donne une telle façon de procéder. Charles Gide disait que le développement des coopératives a joué un rôle prépondérant dans le redressement économique de la Russie. Quand on apporte des résultats comme ceux-là qui ne peuvent être contestés par personne, il semble que chacun devrait comprendre que dans la crise économique que nous traversons, c'est vers cette orientation que devraient se tourner les coopérateurs et le Congrès coopératif.

Je demande que chaque délégué réfléchisse à ces questions; je demande que toutes les coopératives, quelles que soient les directives qui seront données par le Conseil Central, et dans l'intérêt du développement du mouvement coopératif en France, saisissent toutes les occasions d'organiser leur défense en collaboration avec les organisations ouvrières de toutes tendances; et je demande en second lieu que l'on développe la propagande coopérative vis-à-vis des ouvriers. Car vous pensez bien que Poisson a beau figurer dans un comité avec le maréchal Joffre et M. Robineau, de la Banque de France, il est incontestable que ce ne sont pas ces gens-là qui assureront le développement du mouvement coopératif en France.

J'ajoute, en terminant, que beaucoup de coopératives se sont prononcées pour la candidature Marty. Elles ont voulu ainsi marquer leur désaccord avec le Conseil Central. Je demande aux camarades qui estiment que la dictature exercée par le Conseil Central a assez duré, de faire leur devoir jusqu'au bout et de voter contre le rapport moral.

Le Président. — Je remarque que le camarade Marrane est le premier des orateurs qui ait dépassé son temps de parole; il a parlé quatorze minutes.

Guillon. — Je cède mon tour de parole et mes dix minutes à Racamond.

Le Président. — Non, ce n'est pas possible. Il serait trop facile de violer les décisions du Congrès, en demandant à un ou deux camarades de se faire inscrire alors qu'ils n'auraient aucun désir de parler.

Je donne la parole à Racamond.

Intervention de RACAMOND

Racamond. — Ce n'est que sur une partie du rapport du Conseil Central que je veux intervenir. Délégué de la *Bellevilloise*, mais en même temps ouvrier boulanger, la plupart de vous ne l'ignorent pas, je veux vous entretenir de cette partie du rapport qui a trait au travail de nuit dans les boulangeries.

Depuis des années, nous menons une campagne acharnée pour faire disparaître le travail de nuit, Peckstadt le rappelait tout à l'heure en termes heureux.

Jusqu'à ces derniers temps, nous n'avions eu en face de nous que le patronat. Mais voici que nous avons été douloureusement surpris en constatant que le Conseil Central de la Fédération Nationale des Coopératives prenait une attitude qui risque de faire échouer tous les efforts répétés des organisations syndicales pendant plus de vingt ans.

Cependant, cette divergence de vues entre les ouvriers boulangers et le Conseil Central de la Fédération n'est pas très ancienne. J'ai ici un rapport sur le travail de nuit dans la boulangerie, présenté au Conseil Supérieur du Travail. Le rapporteur disait ceci :

Les adversaires d'une réforme tendant à améliorer le sort d'ouvriers veulent jeter dans la discussion un argument de plus. Ils gémissent sur la situation du petit commerce. Si nous voulions les croire, la suppression du travail de nuit entraînerait la disparition des petites maisons en faveur de l'industrialisation.

D'abord, continue le rapporteur, l'industrialisation pénètre déjà dans la boulangerie; elle n'est pas aussi rapide que dans les autres industries, c'est vrai, mais il existe déjà un certain nombre de grosses boulangeries, alors qu'on ne pouvait constater ce fait il y a seulement une dizaine d'années. Ce n'est donc pas à cause du travail de jour que le fait s'est produit, cela tient uniquement à ce que des appareils perfectionnés, mus par une force motrice, peuvent être utilisés dans les boulangeries.

Et le rapporteur ajoute encore :

Eh bien! si l'application du travail de jour devait avoir pour résultat de mettre les petits patrons dans l'impossibilité de lutter contre les grosses maisons mieux outillées, cela inciterait peut-être cette multitude de petits patrons à faire immédiatement un sacrifice; ils moderniseraient leur système de fabrication. Ce faisant, ils pourraient lutter, toutes proportions gardées, contre les grosses entreprises de boulangerie. Autrement et l'esprit de routine aidant, ils se laisseraient purement et simplement supprimer un à un.

Le rapporteur, en termes excellents, indiquait que la suppression du travail de nuit dans les boulangeries, au lieu de profiter à la petite boulangerie, ainsi que l'indique la résolution qui vous est proposée, serait un coup mortel porté à cette petite boulangerie. Et il ajoutait :

On voit que si les craintes exprimées en faveur du petit commerce sont fondées, elles ne peuvent être un obstacle à la mesure proposée, au contraire.

Le rapporteur, camarades, c'était le citoyen Cleuet.

Et le représentant d'une grosse boulangerie parisienne disait au Conseil Supérieur du Travail :

Nous avons, avec le Syndicat des ouvriers boulangers, préparé la suppression du travail de nuit. Nous vivons en excellente harmonie avec les organisations syndicales; nous prenons tous nos ouvriers parmi les syndiqués et c'est avec eux que nous avons étudié les moyens d'arriver à la suppression du travail de nuit.

Et pourtant, pour nous, la question est assez complexe, car la situation n'est plus la même que pour les patrons boulangers ordinaires travaillant dans leur fournil. Nous avons, pour la vente, sept succursales et une production assez considérable. Nous sommes une boulangerie industrielle qui ne peut se comparer aux petites boulangeries qui ne fabriquent que pour débiter dans une maison de vente.

La boulangerie dont il s'agit, c'est la boulangerie de *La Bellevilloise* et le camarade qui défendait les propositions du syndicat des ouvriers boulangers, c'était le citoyen Courel, comptable de *La Bellevilloise.*

Vous voyez, camarades, que lorsque nous disons que la suppression du travail de nuit en boulangerie ne peut pas être pour la boulangerie industrielle un coup dangereux, nous avons d'illustres parrains — parce que, si je ne me trompe, le citoyen Cleuet et le citoyen Courel ne sont pas aujourd'hui du côté des ouvriers boulangers. Ils y étaient autrefois et je souhaite qu'ils y reviennent : nous le verrons peut-être tout à l'heure.

Si vous voulez une explication technique, camarades, nous prétendons, nous, qu'il est absolument possible de fabriquer le pain dans les limites imposées par une industrialislation raisonnable, dans les heures qui sont indiquées par le projet de loi adopté par la Chambre des députés.

Je sais que le citoyen Poisson avait, il y a quelques années, le projet évidemment louable d'organiser en France de grandes boulangeries industrielles. C'est quelque chose qui, au point de vue coopératif, peut donner aux militants un aspect séduisant de la question. Mais je vous mets en garde, camarades, contre une industrialisation trop rapide et trop large de la boulangerie, industrialisation qui vous obligerait à sacrifier, pour une fabrication qui est tenue dans les limites étroites que le gouvernement lui assigne, des sommes sérieuses pour le transport du pain.

Mais même si vous organisiez des boulangeries industrielles — non pas telles qu'elles existent en France, car elles sont à peu près inexistantes, nous y aurions au moins la sole du four que l'on tire, que l'on remplit et que l'on repousse dans le four — il nous est impossible d'accepter tous les arguments qui nous sont donnés pour justifier l'application des trois-huit, arguments qui consisteraient à faire croire qu'il est nécessaire de travailler en boulangerie à feu continu.

On a donné, dans certains articles, toutes sortes d'indications fausses, on a parlé des difficultés de rallumage...

Le Président. — Il ne vous reste que deux minutes...

Racamond. — Je regrette qu'en l'occurrence il ne soit pas permis à des ouvriers qui, depuis vingt ans et plus, luttent en faveur d'une réforme sociale dont la nécessité est reconnue par tous, de s'expliquer en toute liberté.

En tout cas, nous vous disons que les arguments basés sur la nécessité qu'auraient les boulangeries industrielles de travailler à feu continu ne tiennent pas techniquement. Il faudrait instituer un débat sur ce point; il faudrait que nous sachions si les boulangeries industrielles de France ne peuvent pas à l'heure actuelle fabriquer le pain entre 4 heures du matin et 10 heures du soir.

J'ai ici, camarades, des ordres du jour de dix boulangeries coopératives du Nord; je n'en donnerai pas la liste; nous avons des indications que des boulangeries comme celle de Saint-Etienne, par exemple, boulangerie tout à fait importante au point de vue coopératif, disent qu'elles ne peuvent pas appliquer le travail de jour parce qu'elles ne sont pas suffisamment industrialisées. Mais, ajoutet-elles, aussitôt que nous aurons industrialisé notre fabrication, nous pourrons appliquer le travail de jour.

On peut très bien, ainsi que l'indique le projet de loi voté par la Chambre, fabriquer le pain entre 4 heures du matin et 10 heures du soir dans toutes les boulangeries de France, y compris les mieux industrialisées.

On dit dans le rapport qu'il faut ajouter :

Ni la fabrication faite dans les entreprises de boulangerie fonctionnant avec trois équipes successives d'ouvriers boulangers travaillant huit heures et assurant le travail de nuit par roulement toutes les trois semaines.

Et on dit également dans le rapport :

Seules les boulangeries coopératives se trouvent lésées.

Camarades, il y a certainement des boulangeries industrielles qui seraient comprises dans cet ordre du jour et qui ne sont pas des boulangeries coopératives.

Ce ne sont pas, dans la région parisienne, les boulangeries coopératives qui sont le plus développées industriellement. Il y en a de beaucoup plus fortes que les boulangeries coopératives que vous signalez à notre attention. Par conséquent, votre ordre du jour s'applique aussi à une catégorie du gros patronat de la boulangerie, et vous pensez bien qu'on ne donnera pas à ces boulangeries l'autorisation de travailler la nuit, sans qu'on la donne au petit patron boulanger. On ne nous a pas habitué, au Sénat, à faire des lois pour les coopératives contre les patrons.

Mais qui, en l'occurrence, sera victime de la décision que vous prendriez? Ce sera le travailleur de la boulangerie, l'ouvrier boulanger qui lutte pour faire appliquer le travail de jour.

Le Président. — Camarade, votre temps de parole est passé.

Racamond. — Nous sommes ici pour faire appel au bon sens des coopérateurs. Il faut que, pour une réforme pareille, tous les coopérateurs comprennent qu'il est nécessaire de supprimer la demande qui est faite par nos camarades du Conseil Central. Je ne sais pas quel est l'ordre du jour qui a été déposé par l'orateur qui m'a précédé. Nous serions d'accord pour que l'on dise dans la loi : « Un arrêté fixera les heures de la vente et du portage à domicile ». Il y a « pourra fixer ». Ce n'est pas « pourra fixer » qu'il faut; c'est « fixera ».

Mais nous ne sommes pas d'accord pour que l'on ajoute :

Ni la fabrication faite dans les entreprises de boulangerie fonctionnant avec trois équipes successives d'ouvriers boulangers travaillant huit heures et assurant le travail de nuit par roulement toutes les trois semaines.

Cet amendement, en effet, c'est la continuation du travail de nuit non seulement dans les coopératives, mais dans toutes les boulangeries patronales.

Un patron boulanger qui aura trois ouvriers pourra les faire travailler huit heures chacun; ce sera une boulangerie qui aura trois équipes de huit heures.

Il faudrait que j'aie le temps de vous expliquer aussi que ce n'est pas une solution, pour des ouvriers, que de travailler pendant une semaine de 4 heures à midi, pendant une autre semaine de midi à

8 heures du soir, et pendant la troisième semaine de 8 heures du soir à 4 heures du matin. Vous représentez-vous l'existence de cette famille?

Si les cheminots et les postiers sont obligés de faire cela, nous le regrettons plus que quiconque, et nous voudrions faire disparaître ces méthodes de travail; mais c'est obligatoire chez eux, et nous en sommes fâchés. Seulement, il n'en est pas de même dans la boulangerie. Les arguments heureux qui ont été apportés ici ont déjà dû commencer à vous en convaincre; l'appel que je vous fais en ce moment, camarades, finira, je l'espère, de vous éclairer.

Il n'est pas question ici de tendance. Je parle en accord avec les ouvriers boulangers adhérents de la C. G. T. Lafayette et avec les ouvriers de la C. G. T. U., et c'est en leur nom que je vous demande de supprimer ce paragraphe.

A l'heure actuelle, il y a un meeting d'ouvriers boulangers qui se tient dans la ville de Lille; nos camarades Savoie et Boville y prennent la parole, et vous voyez que c'est l'unanimité de la corporation qui demande la suppression du travail de nuit. Vous voudrez bien y joindre, j'en suis convaincu, l'unanimité des camarades groupés dans les coopératives de consommation.

Le Président. — La parole est à Cozette.

Intervention de COZETTE

Cozette. — Si je me suis décidé à monter à cette tribune, ce n'est point pour y critiquer le rapport de la Fédération Nationale, car membre du Conseil Central, je serai bien mal placé pour m'ériger en critique du rapport qui a été adopté à l'unanimité, au cours d'une des dernières réunions du Conseil Central.

J'ai, de plus, le désir d'être bref et de ne pas abuser de la parole qui vient de m'être donnée.

Ma petite intervention a simplement pour but d'attirer l'attention du Conseil Central et surtout celle des délégués au Congrès, sur l'étude à entreprendre pour la création d'une organisation qui doit, selon moi, rendre de très grands services aux sociétés coopératives, grandes et petites, tout en permettant de créer et d'accumuler des réserves intéressantes.

Cette idée n'est certes pas nouvelle; elle fut, du reste, examinée au Congrès de Bordeaux, en 1923, dans une partie du rapport intitulée « Les besoins collectifs des sociétés ».

Malheureusement, une suite favorable n'a pas encore été donnée aux conclusions de ce rapport, quoique dernièrement le Conseil Central ait nommé une commission pour pousser plus loin l'étude de cette question, — je veux parler des assurances.

Si je me permets de poser à nouveau ce problème, c'est parce que je serais désireux d'attirer l'attention de tous les délégués présents pour que l'on tente, le plus rapidement possible, la création d'un organisme coopératif d'assurance.

Je demanderai tout d'abord que cette étude porte sur l'assurance accidents du travail.

En examinant les primes payées par ma Société et les sommes versées par la Compagnie qui reçoit nos primes, je constate en effet que cette Compagnie réalise un bénéfice très intéressant.

Des sommes importantes sont ainsi payées chaque année par les sociétés coopératives aux compagnies d'assurance qui prélèvent sur l'ensemble de notre mouvement une dîme élevée.

Pour se rendre compte de ce fait, il suffit simplement d'examiner ce qu'une société paie pour couvrir ses risques d'accident du travail, et ce que la compagnie d'assurance verse pour les indemnités ou pensions dues.

Comme exemple, je prendrai l'Union Coopérative du département de la Somme, qui fit, en 1924, du chiffre d'affaires de 46 millions, et, en 1925, de 48 millions.

Cette société n'assure point ses gérants, qui sont eux-mêmes responsables du personnel qu'ils occupent; nous n'avons pas ici à voir si cette façon de faire est bonne ou mauvaise; je cite simplement ceci pour indiquer que la prime à verser pour accidents du travail n'est comptée que sur les salaires des employés et manutentionnaires du siège social et de l'entrepôt (environ 230 personnes).

La prime payée en 1924, au taux de 0 fr. 90, s'est élevée à environ 14.000 francs, pour tout risque, et, en 1925, à 14.500 francs, soit 28.500 francs pour deux années.

Or, les versements effectués par la Compagnie pour pensions, demi-salaire, médecins et pharmaciens, se sont élevés, en 1924, à 7.300 francs, en 1925 à 7.500 francs, soit, pour les deux années à 14.800 francs.

J'ai la conviction qu'un contrôle un peu plus sévère diminuerait sensiblement les versements qui ont été faits au cours de ces deux années, car la Société complétant le salaire de l'employé ou de l'ouvrier blessé, celui-ci n'est pas toujours bien pressé de reprendre son poste.

Malgré cette façon de faire qui entraîne à des versements d'indemnités plus élevées, si la Société s'était assurée par elle-même, elle aurait réalisé un bénéfice d'environ 6.900 francs par an, bien que la prime soit fixée à son minimum, puisqu'il n'y a aucun pourcentage de payé à la Compagnie sur les appointements des gérants de la Société.

Retenons donc simplement, pour terminer notre démonstration, ce chiffre de 6.900 francs de bénéfice par an.

Si une Société faisant un chiffre de ventes moyen de 46 millions peut réaliser, sur l'assurance accidents du travail, 6.900 francs de bénéfice, l'ensemble des Sociétés coopératives faisant un chiffre d'affaires de deux milliards et demi, d'après les renseignements donnés par un tract de la Fédération Nationale, réaliserait un bénéfice appréciable.

Même si nous admettions que ce chiffre de deux milliards et demi est un peu forcé et si nous prenions comme base un milliard et demi, l'économie réalisée serait d'environ 230.000 francs par an, pour une seule branche d'accidents, des plus faciles à appliquer.

Voilà certes une somme qu'il serait plus intéressant de faire tomber dans une caisse coopérative que de laisser aller dans celle des Compagnies.

Comme conclusion, je demande donc que l'on active l'étude de cette question et que les délégués ici présents examinent de leur côté la possibilité de réaliser cette proposition.

Le Président. — La parole est à Bouré.

Intervention de BOURE

Bouré. — Je vous déclare tout de suite que l'*Union Coopérative du Laonnois,* Société que je représente ici, approuve le rapport moral présenté par le Conseil Central.

Mais où elle n'est pas d'accord avec le Conseil Central, c'est sur la question propagande et publicité.

Comme vous le savez, l'an dernier, nous avons proposé un vœu, au Congrès de Nancy, à ce sujet. Ce vœu demandait :

Qu'un service de propagande et de publicité nationale soit créé à la Fédération et qu'un secrétaire général de la Fédération soit spécialisé dans ce service d'importance considérable pour le développement et l'extension du mouvement coopératif en France.

La Commission des Résolutions vous a proposé de renvoyer ce vœu au Conseil Central, avec mission d'établir un rapport qui serait soumis au prochain Congrès.

Nous avions pensé que, dans ces conditions, la question ferait l'objet d'un rapport spécial figurant à l'ordre du jour du Congrès de 1926. Nous nous sommes trompés. La Fédération Nationale a pensé qu'il suffisait d'en parler dans le rapport moral, et voici ce qu'elle dit, à la page 22 de la brochure :

Le troisième vœu concernait une proposition de l'Union Coopérative du Laonnois, qui demandait la création d'un service spécial de propagande et de publicité dont la charge serait assurée par un secrétaire général. Le Conseil central a eu à examiner cette question et il a pensé qu'elle se trouvait liée à une autre proposition émanant de la Fédération du Nord et du Pas-de-Calais, qui demandait la création d'un service technique et juridique au secrétariat. Après un examen de ces deux propositions — qui furent d'ailleurs examinées par la conférence des secrétaires des Fédérations régionales — le Conseil central a pensé que, au moins quant à présent, la nécessité de cette création n'était pas établie. Les conditions dans lesquelles fonctionnent présentement les services de la F. N. C. C. permettent de donner tous les renseignements utiles aux Sociétés. Pour ce qui concerne la publicité, l'effort de centralisation sera à nouveau tenté par le secrétariat.

Nous ne sommes pas d'accord avec le Conseil Central sur ce point. Nous pensons qu'il y a urgence à constituer ce service spécial.

Nous ne tenons pas absolument, comme nous l'avions demandé tout d'abord, à ce que l'on institue un Secrétariat général particulier à ce service. Peu nous importe la forme sous laquelle il sera organisé. Ce que nous demandons, c'est qu'il soit créé immédiatement un service spécial. Immédiatement, parce que nous pensons qu'il est urgent de nous organiser en face de l'activité déployée par la grande concentration capitaliste.

Nous ne sommes d'ailleurs pas seuls de cet avis. Nous avons pris la peine de faire un exposé de la question et de l'envoyer à un certain nombre de Sociétés, notamment aux Sociétés de développement. Le camarade Prache nous a donné son opinion; il approuve lui aussi l'inscription de la question à l'ordre du jour du Congrès de 1927. Un certain nombre de Sociétés nous ont donné également leur approbation, notamment la *Solidarité de Roanne*, l'*Union de Limoges*, la *Coopérative de Basse-Normandie* et l'*Union des Coopérateurs du Havre*.

En passant, permettez-moi de vous donner lecture de la réponse de nos camarades du Havre :

J'ai lu avec un vif intérêt l'exposé très intéressant sur la propagande et la publicité que vous m'avez fait parvenir. Je ne vois rien à y ajouter. La question est magistralement exposée et il est très regrettable que nous soyons obligés d'attendre le Congrès de 1927 pour en discuter souverainement. Nos dévoués dirigeants se creusent la tête pour établir l'ordre du jour du Congrès. L'an dernier nous avons eu le « régal Milhaud »; cette année, Albert Thomas, comme dilettante et quelque peu versé dans les questions économiques. Je m'en réjouis. Mais du point de vue plus spécial du développement de notre mouvement, une discussion de votre rapport eût été singulièrement plus utile...

Comme vous le dites, l'ennemi s'organise, ce n'est pas l'heure de philosopher.

Nous savons que, par ailleurs, beaucoup de Sociétés ont donné un avis favorable au vœu que nous leur avons transmis et approuvent l'exposé de la question qui accompagnait ce vœu.

D'ailleurs, vous me permettrez de faire appel au témoignage de nos camarades de Château-Thierry qui vivent à peu près dans le même centre que nous, et de leur demander de vous dire les difficultés qu'ils rencontrent au point de vue économique et commercial.

Nous sommes, dans la région de Reims, dans un centre particulièrement organisé au point de vue commercial; nous avons en face de nous des Sociétés à succursales multiples qui répandent de nombreuses brochures, des prospectus, des catalogues de primes et même des journaux illustrés. Elles distribuent également gratuitement, en fin d'année, un almanach à chaque client. Elles font de gros efforts en tout genre; elles organisent même des concours avec les enveloppes à chocolat, paquets de chicorée, sacs à café, etc.

Voyez les difficultés que nous rencontrons en présence de l'activité de cette concentration capitaliste.

Nous estimons donc qu'il y a lieu de faire un gros effort de propagande, de publicité et d'éducation dans les milieux coopératifs.

D'ailleurs, s'il était utile de rechercher l'avis de Poisson lui-même, nous n'aurions qu'à reprendre un de ses articles, dans l'*Action Coopérative* du 14 avril 1923, dont je vais rappeler quelques passages, sous le titre « Conscience coopérative » :

Un effort d'éducation des Coopérateurs, telle doit être la préoccupation constante des militants du mouvement. Certes, il faut d'abord que nos sociétés coopératives acquièrent des assises matérielles sérieuses, mais les préoccupations d'ordre matériel ne doivent pas nous faire oublier le but moral que poursuit le mouvement coopératif et, incontestablement, nos organisations seraient condamnées à péricliter ou à rester stationnaires si ceux qui les composent n'acquéraient pas, peu à peu, une conscience différente de la conscience du consommateur d'aujourd'hui. L'histoire du mouvement coopératif prouve que, partout où cette conscience a fait défaut, les organisations ont peu à peu disparu, l'expérience nous montre que c'est là où elle est le plus développée que les Sociétés sont à la fois les plus prospères matériellement et les plus vivantes moralement.

Voilà donc l'avis du camarade Poisson.

Je crois que tout le monde est d'accord à ce sujet et les quelques militants qui m'ont précédé — j'en suis très heureux — sont avec nous pour reconnaître qu'il faut faire un effort de propagande beaucoup plus grand que celui qui a été fait depuis quelque temps.

Vous avez pu constater d'ailleurs que l'effort de propagande du Conseil Central s'est plutôt ralenti pendant l'année 1925. Nous avons vu notamment, à regret, disparaître la Semaine d'Adhésion qui, comme le disait très bien notre camarade Camin, lorsqu'il a préconisé la création d'un Office National de Publicité, au Congrès de Marseille, était justement une preuve de l'efficacité d'une bonne organisation de la publicité.

Si nous nous en rapportons à ces affirmations, nous devons demander que la Fédération Nationale et le Conseil Central fassent un gros effort de propagande, d'éducation et de publicité, et organisent au moins un service spécial à cet effet.

On pourrait peut-être nous objecter qu'il ne suffira pas d'avoir créé un Office National de Publicité pour obtenir de bons résultats, puisque cet Office a été créé par décision du Congrès de Marseille, sur les instances de Camin qui disait dans son rapport :

La publicité commerciale devient, pour les Sociétés coopératives de consommation, une impérieuse nécessité. Cela, semble-t-il, ne fait plus de doute pour personne, et, s'il en était besoin, les résultats obtenus par cette publicité lors de la Journée d'Adhésions apporteraient une preuve de plus de sa réelle efficacité.

En 1922, cette publicité était nécessaire; en 1926, on n'en parle plus. Nous estimons, nous, que la nécessité n'est pas moins grande aujourd'hui qu'il y a quatre ans, au contraire. Dans l'exposé que nous avons envoyé aux Sociétés, nous avons expliqué comment nous concevions l'organisation de ce service. Si le service est convenablement organisé, les Sociétés ne manqueront pas de s'y adresser.

Je vais vous donner lecture du projet de résolution que nous allons déposer sur le bureau du Congrès, et j'en aurai fini :

Le Congrès, considérant que, malgré l'affirmation contraire du rapport du Conseil Central, les conditions dans lesquelles fonctionnent actuellement les services de la F. N. C. C. ne permettent pas de donner aux Sociétés tous les renseignements utiles, et, *à fortiori*, de mener, sur le plan national l'action de propagande indispensable,

Demande au Congrès National de Lille de vouloir bien décider :

1° La création immédiate à la F. N. C. C. d'un service spécial de propagande et de publicité;

2° L'inscription à l'ordre du jour du Congrès National 1927 de l'étude des moyens de propagande coopérative et d'éducation des consommateurs.

Je demanderai à être entendu par la Commission des Résolutions pour soutenir cette proposition, qui a été approuvée par les délégués des Sociétés de la Fédération de la Somme et du Nord de l'Aisne dans une réunion tenue à Tergnier.

Le Président. — Je donne la parole à Richard.

Intervention de RICHARD

Richard. — J'ai suivi avec attention le débat qui s'est déroulé devant vous. Tous les camarades qui m'ont précédé m'ont paru imbus de la nécessité du développement de la Coopération. Quelques camarades ont cité des faits qui devaient retenir notre attention; c'est ainsi qu'on a parlé de la disparition de 72 coopératives.

Nous avons recherché, dans notre Fédération Régionale du Forez et du Bourbonnais d'où pouvaient provenir ces disparitions de Sociétés et nous avons conclu que la faute en incombait peut-être un peu à la Fédération Nationale et aux militants coopérateurs. Nous estimons qu'on ne fait pas assez de propagande, dans les Fédérations Régionales, pour maintenir les coopérateurs dans leurs organisations.

Vous ne devez pas ignorer que les commerçants organisés ont mené une campagne acharnée contre le mouvement coopératif; nous avons été aux prises avec eux; il est certain que leur manifestation a porté et a influencé les parlementaires et des Sociétés coopératives, devant les menaces d'impôts et les difficultés qu'elles entrevoyaient, ont préféré disparaître plutôt que de lutter.

Je dis et je crois que sur ce point nous serons d'accord, qu'il faut de toute urgence faire de la propagande sur tous les points où la coopération semble avoir une tendance à se négliger. C'est pour cela que nous demanderions à la Fédération Nationale — nous avions même déposé une proposition dans ce sens — que la cotisation affectée aux Fédérations soit attribuée, moitié pour la Fédération Nationale et moitié pour les Fédérations Régionales.

Nous avons retiré cette proposition, mais à la condition, comme cela nous a été promis, que la Fédération Nationale participerait aux frais des Fédérations Régionales en ce qui concerne la propagande.

Il y a une autre question. Nous voulions demander au Conseil Central de laisser les Fédérations libres de percevoir leur cotisation. Chez nous, cela a jeté une certaine perturbation. En 1925, la Fédération a perçu elle-même la cotisation des Sociétés. Chez nous, nous étions d'accord avec toutes nos Sociétés pour imposer un centime pour la propagande. Ce centime, lorsque la Fédération le percevait, était perçu en même temps. L'année dernière, la Fédération a perçu les 4 centimes, et nous sommes aujourd'hui presque dans l'impossibilité de pouvoir retrouver notre centime pour cette raison que les coopératives ayant payé une fois croient qu'elles ont acquitté tout ce qu'elles devaient payer. Il n'est pas donné à tous les coopérateurs de bien comprendre, et il arrive que, principalement dans les petites coopératives, nous rencontrons une certaine résistance pour obtenir un centime.

Je demanderai donc au Conseil Central de revenir sur sa décision et de laisser les Fédérations Régionales libres de percevoir des cotisations, comme antérieurement.

Il y a une autre question. Page 36, au chapitre des dépenses, on parle des appointements de trois secrétaires généraux; il paraît qu'il n'y en a que deux. Je tiens à signaler ceci, parce que, à un moment donné, quand nous avons parlé de faire de la propagande, Poisson a déclaré que les secrétaires généraux avaient beaucoup de travail. C'est peut-être vrai; seulement nous disions : dès l'instant qu'il y a trois secrétaires généraux, ils pourraient partager le travail. Il s'agit maintenant de savoir si deux secrétaires sont suffisants. Nous avons pensé que oui.

Autre chose. Page 37, chapitre IX, article 22, il y a, sous la rubrique « divers », une somme de 36.000 francs.

Nous avons demandé des explications à la Fédération, explications que nous avons aujourd'hui. Nous ne voulons pas critiquer le geste qui a été fait, loin de là. Pour cette fois, il s'est adressé à un homme qui le méritait; mais tout de même, il nous a paru chez nous qu'il était un peu hasardeux de disposer de pareilles sommes et de ne pas l'indiquer dans le rapport. C'est pourquoi nous demandons qu'à l'avenir le Conseil Central n'ait plus le droit de disposer de sommes d'une certaine importance pour des questions personnelles, sans l'avis du Congrès. Il serait surprenant, en effet, que toutes les fois qu'il y aura des démissions, des sommes pareilles soient allouées.

Nous avons un bon placement à faire de nos fonds, c'est dans la propagande qu'ils doivent être mis. C'est là qu'il faut les employer et vous verrez que nous arriverons à de bons résultats et que nous maintiendrons la coopération dans l'état où elle doit être.

Le Président. — La parole est à Buguet.

Intervention de BUGUET

BUGUET. — Je ne viens pas ici présenter des observations sur le rapport de la Fédération; je viens simplement demander au Congrès d'indiquer au Conseil Central qu'il y a lieu de faire le maximum d'efforts pour réaliser le vœu émis par le Conseil Supérieur de la Coopération, concernant le vote d'une loi dont déjà on vous a entretenu ce matin. Je veux parler de la loi Chanal. La loi Chanal, ou plutôt le projet Chanal, prévoit la constitution d'unions mixtes entre Sociétés coopératives de consommation et Sociétés coopératives de production agricole.

Nous attachons, à l'*Union des Coopérateurs*, de Paris, une certaine importance à cette question, parce que déjà nous sommes en relations avec des Sociétés coopératives agricoles. C'est avec beaucoup d'attention que ce matin, j'écoutais l'exposé de nos camarades de la Fédération de Mutualité Agricole et du Crédit Agricole. Vous avez vu, au cours de ces exposés, quelle était déjà l'importance du mouvement de production coopérative agricole dans notre pays. En présence d'un mouvement qui se développe aussi rapidement, il est nécessaire que les consommateurs suivent attentivement le développement de ce mouvement et examinent les possibilités de nouer des relations.

On m'a fait le reproche de penser que l'adoption du projet de loi Chanal aurait pour résultat de résoudre toutes les difficultés qui peuvent surgir dans les relations entre les deux formes de coopération. Je sais bien qu'il n'est pas donné à une loi de modifier aussi rapidement les mœurs; mais enfin, je pense malgré tout qu'il sera possible, à l'aide de cette loi, de résoudre certaines difficultés qui sont survenues au cours de relations entre coopératives de consommation et de production agricole.

Je n'ai pas besoin, devant ce Congrès composé de vieux militants connaissant bien le mouvement coopératif, de rappeler tous les essais qui ont été tentés pour réaliser des relations équitables entre la production agricole et la consommation. Tout le monde a encore le souvenir des relations qui avaient été établies entre les coopératives appartenant à la Bourse des Coopératives Socialistes et les vignerons de Maraussan, Puysserguier, etc., et tout le monde se souvient encore des difficultés considérables qu'elles ont rencontrées.

Il s'agit pour nous, d'examiner comment le projet Chanal, s'il était adopté, pourrait permettre de répondre à un certain nombre de difficultés.

En une de ses dispositions principales, ce projet de loi indique qu'il « pourra être créé » des unions mixtes entre les coopératives de consommation et les coopératives de production agricole.

Il y aurait certainement là un grand pas de fait vers la possibilité de concilier les intérêts des producteurs et des consommateurs.

En effet, quelle a été la grosse difficulté des relations entre la consommation et la production? Elle a résidé dans la fixation du juste prix de revient de la production.

Les producteurs, partant d'un point de vue peut-être un peu égoïste, ont quelquefois abusé pour la fixation de leurs prix de vente aux consommateurs. De même, il faut le reconnaître, les coopérateurs de consommation ne se sont peut-être pas toujours rendu compte des difficultés de la production et ne sont pas toujours des juges équitables du prix de revient exact de la production.

La loi Chanal, dans une de ses principales dispositions, prévoit la création d'Unions administrées en commun par les représentants des producteurs agricoles et ceux des consommateurs.

Ces Unions, administrées ainsi, auraient toute l'autorité pour aplanir et régler les difficultés qui pourraient surgir entre producteurs et consommateurs.

Dans la question de la fixation des prix de revient, par exemple, si, à un moment donné, les producteurs surestimaient les prix de vente, du fait que les Unions seraient gérées par les représentants des producteurs et des consommateurs et que les résultats de la gestion seraient répartis par égale part les intérêts des consommateurs et ceux des producteurs seraient également protégés et nous aboutirions ainsi à la fixation du juste prix pour les producteurs et les consommateurs.

Le vote de ce projet de loi si intéressant a rencontré quelques difficultés, et je crois qu'il est nécessaire qu'au sein de ce Congrès nous manifestions notre volonté de le voir aboutir, et que nous invitions la Fédération Nationale à faire toutes les démarches utiles pour en obtenir le vote le plus rapidement possible. C'est là l'objet de mon intervention. Je sais que la F. N. C. C. a déjà fait des efforts dans ce sens, mais il faut qu'elle les continue jusqu'au vote de ce projet de loi.

Le Président. — La parole est à Paquereaux.

Paquereaux. — Il n'est pas possible, vous le pensez bien, de recommencer ce qu'a fait notre camarade Maranne, c'est-à-dire d'examiner un certain nombre de problèmes dans un temps par trop restreint. Les camarades de la minorité m'ont chargé de demander à ce Congrès de prendre une position nette et déterminée sur le problème évoqué par Maranne, concernant la guerre de Syrie et du Maroc.

Nous pensons, Camarades, qu'au moment où un peu partout, dans tous les domaines de l'activité politique, des hommes se lèvent contre ces guerres, nous pensons que le Congrès n'a pas le droit de se replier sur lui-même et qu'il doit donner son sentiment sur le drame qui se déroule en Syrie et au Maroc.

Je n'irai pas plus loin dans mes explications; mais je pense que vous serez tous d'accord pour permettre que la Commission des Résolutions examine la proposition que je dépose au nom de la minorité et dont je vais donner lecture :

Le Congrès de la Fédération Nationale des Coopératives de Consommation, réuni à Lille, constate que les guerres sont le résultat des visées impérialistes et des rivalités capitalistes bancaires.

Qu'elles exigent des dépenses qui retombent uniquement sur l'ensemble de la masse des consommateurs et la classe ouvrière, aggravant une crise financière déjà aigüe, et par répercussion, une crise de vie chère sans précédent que la classe ouvrière ne retire aucun profit de semblable aventure.

Le Congrès, considérant que la guerre au Maroc et en Syrie constitue la plus formidable atteinte au droit des peuples à disposer d'eux-mêmes, droit proclamé avec force par ceux-là même qui le méconnaissent.

Considérant également que les guerres syrienne et marocaine ne sauraient se prolonger qu'au prix de pertes considérables de vies humaines, qu'elles peuvent susciter dans l'avenir des difficultés internationales menaçantes pour la paix de l'Europe.

Le Congrès proclame son ardente volonté de voir le maximum d'efforts tentés pour la paix définitive au Maroc et en Syrie; il joint en la circonstance son appel à l'ensemble du prolétariat qui lutte pour la paix, il est sûr d'être l'interprète de la pensée et de l'intérêt des consommateurs qu'il représente en son Congrès National.

Jaudin. — Je renonce à la parole, pour laisser le Congrès sur l'impression de l'intervention de Paquereaux.

Souillard. — Je renonce à la parole pour la même raison que Jaudin.

Le Président. — La parole est à Vottero.

Vottero. — Je n'ai pas l'intention de rester dix minutes à la tribune. J'ai simplement à vous présenter une motion.

Cette année, le Centrosoyus a fait son Congrès et nous a demandé d'envoyer une délégation. *La Bellevilloise* a envoyé Lajoie qui, à son retour de Russie, nous a donné ses impressions. Il nous a dit notamment que le développement coopératif en Russie était vraiment grandiose et qu'il y avait intérêt à y envoyer le plus grand nombre possible de camarades, afin qu'ils puissent se rendre compte par eux-mêmes de ce qui a été réalisé par nos camarades russes.

Au cours de son séjour en Russie, Lajoie a eu une conversation avec Popoff et lui a dit : « Comment se fait-il que la Fédération de France n'ait pas envoyé de délégué? ». Popoff a répondu : « La Fédération des Coopératives de Consommation nous a dit qu'elle ne pouvait pas envoyer de délégué en Russie cette année, parce qu'elle avait à organiser le Congrès National ».

Nous pensons, Camarades, qu'il y a là une grosse lacune et je ne m'étendrai pas plus longtemps là-dessus, parce que si le Comité Central de la Fédération Nationale des Coopératives de Consommation a à s'occuper du Congrès, celle-ci possède malgré tout assez de délégués, même parmi vous, et elle peut en envoyer en Russie, pour faire une étude nécessaire à son développement.

Voici la motion que je propose au Congrès d'adopter et que je vais remettre à la Commission des Résolutions :

Considérant que l'éducation coopérative est une des causes primordiales du développement coopératif et que de la part de celui qui représente l'Alliance Coopérative, il lui fut contraint de dire que ce n'était plus à Manchester, mais en Russie, qu'il fallait aller pour faire les études à ce sujet.

Le Congrès décide que, tous les ans, une délégation sera nommée, d'un fonctionnaire et d'un ouvrier, pour se rendre au Congrès du Centrosoyus en Russie, afin de se rendre compte du développement coopératif de ce pays et d'y puiser tous les enseignements utiles à notre mouvement.

Le Président. — La liste des orateurs est close; tous ceux qui avaient demandé la parole et qui ont répondu à l'appel de leur nom ont été entendus.

Je donne la parole à Poisson, qui a demandé 40 minutes.

Discours de POISSON

Poisson. — D'abord un mot sur la méthode de discussion. Il est vrai que nous avons demandé à un certain nombre de camarades de prendre la parole sur le rapport moral de la Fédération Nationale. Des protestations étaient parvenues au Conseil Central, un peu de tous les coins de l'horizon, contre le fait que, trop souvent, nos Congrès, à propos du rapport du Conseil Central, étaient transformés en une espèce de duel oratoire entre Poisson — car c'était le reproche que l'on faisait — et une fraction de la Coopération nationale, les coopérateurs communistes. Duel oratoire dont il ne résultait, pour l'ensemble du Congrès décidé à s'occuper de questions intéressant l'ensemble du mouvement coopératif, que des discussions pénibles, sans résultat pratique. Cela aboutissait au fait que des camarades qui ne représentent pas plus du dixième ou du quinzième du mouvement coopératif occupait plus de la moitié des débats.

Je parle clair, et c'est la raison pour laquelle nous avons essayé de changer la méthode de travail. Je crois que nous y avons réussi et je crois que le Congrès est satisfait.

En cela nous n'avons nullement attenté à la sainte liberté, car la liberté ne consiste pas dans le droit pour quelques-uns de parler librement tant qu'ils voudront et en imposant, par là même, silence aux autres; la liberté consiste au contraire à permettre à tous de s'exprimer dans une égalité relative. C'est ce que nous avons fait.

Je voudrais tout de suite répondre à toutes les questions qui ont été posées.

D'abord, la question d'organisation.

Des camarades, particulièrement Foucaut, ont demandé de travailler au perfectionnement des organismes administratifs et de propagande de notre Fédération Nationale. Je pense que c'est là une heureuse suggestion.

Foucaut nous a demandé de créer un Office Juridique.

J'avoue qu'à première vue je voudrais, pour ma part, que la question soit posée en termes un peu plus précis. Car enfin, s'il y a un service qui fonctionne bien à notre Fédération Nationale — il n'est pas parfait, c'est entendu, mais il fonctionne bien — c'est le Service Juridique qu'assure notre ami Ramadier. Les Sociétés ont toujours trouvé auprès de lui, à chaque instant et pour toutes occasions, une aide précieuse. J'indique à cet égard qu'en une année notre Service Juridique a donné 1.243 consultations aux Sociétés. C'est un travail, convenez-en, fort important.

Faudrait-il perfectionner et améliorer ce service. Sans doute; mais peut-être pas dans l'ordre juridique. L'idée de Foucaut, si je l'ai bien comprise, serait de constituer un Comité de juristes. Eh bien! je vais dire franchement mon opinion à Foucaut. Ce système-là a déjà été pratiqué à la Fédération Nationale; il a été appliqué avant la guerre. Je ne veux faire aucune critique à ceux qui l'ont composé et qui y ont apporté tout leur dévouement, mais je suis obligé de dire à Foucaut que ce Comité « collectif » a donné des résultats assez médiocres. Nous avions en face de nous plusieurs avocats qu'il fallait presser les uns après les autres pour obtenir les consultations demandées, et ils trouvaient qu'on les consultait sur des questions qui n'étaient pas de leur compétence et qu'il aurait fallu soumettre à d'autres, si bien qu'il y avait toujours des retards considérables, et, dans les Congrès où les avocats n'étaient pas présents, c'était le Secrétariat qui recevait vos reproches; vous disiez : il n'y a pas d'administration à la Fédération; on ne répond jamais aux demandes de consultation.

Nous avons remédié à cet état de choses, nous avons appelé Ramadier, qui a des responsabilités, si j'ose dire, et nous nous en félicitons grandement. Je crois donc qu'il faut continuer.

Mais je crois que ce n'est pas tout à fait de la question des consultations dont voulait parler Foucaut. Ce que voudrait Foucaut, c'est surtout un Service qui s'occuperait des projets et propositions de loi, qui en suivrait le développement, la préparation et la discussion, ainsi que l'application après le vote par les Chambres.

Foucaut. — C'est cela!

Poisson. — De ce côté-là, il y a peut-être quelque chose à faire. Jusqu'ici, c'est malheureusement, comme toujours, la question d'argent qui nous a retenu. Quoiqu'on prétende que la Fédération Nationale soit fort riche, il faut bien se dire qu'on exagère beaucoup à ce point de vue.

Les organisations commerciales ont à l'heure actuelle, au Parlement, auprès des Ministères compétents des moyens d'information qui leur permettent de suivre toutes les questions intéressant le commerce, et, de ce point de vue, nous ne sommes peut-être pas suffisamment armés. Je dois dire tout de même que nous avons fait un très gros effort. C'est ainsi que Camin a maintenant un Service spécial qui lui permet de connaître jour par jour, non seulement les projets de loi déposés qui peuvent nous intéresser en tant que coopérateurs, mais ceux qui indirectement nous intéressent aussi parce qu'ils touchent à l'organisation commerciale.

Nous faisons de notre mieux pour suivre nous-même le vote de ces lois. C'est une chose qui n'apparaît pas beaucoup au Rapport du Conseil Central, mais une partie de l'activité du Secrétariat consiste précisément à suivre les lois qui intéressent la coopération, à faire les démarches nécessaires pour obtenir telle modification, nécessaire pour empêcher que nous soyons frappés de telle ou telle façon. Nous sommes obligés d'aller non seulement devant les Commissions parlementaires, mais dans les Ministères — vous m'en excuserez, et je lève les mains devant nos camarades communistes, en criant : « Camarade ! » — mais il me semble qu'il n'y a pas moyen de faire autrement, à moins de se contenter de protestations verbales, d'ordres du jour qui ne répondront à rien, où l'on mettra tout à feu et à sang, mais qui n'auront aucun résultat parce que nous serons seuls à les lire. Qu'il s'agisse de l'impôt sur le chiffre d'affaires, des bénéfices commerciaux, de dommages de guerre, de toutes les lois fiscales, de toutes les lois même purement juridiques, nous faisons de notre mieux pour faire introduire ce qui nous est favorable et faire supprimer ce qui pourrait nous nuire.

Peut-on faire mieux? Peut-être; nous pouvons y penser et essayer de voir comment. Mais en tout cas, je pense que, dès maintenant, à ce point de vue, la Fédération Nationale a fait largement son devoir.

J'entends bien que ce n'est pas tout. Il n'y a pas que la défense des Sociétés auprès des pouvoirs publics, et vous voyez combien se légitime par là la position de notre Fédération Nationale. Cette position, c'est l'indépendance à l'égard des partis politiques. Mais pourquoi? C'est que si nous voulons obtenir quelque chose dans un pays où il y a plusieurs partis politiques, et où les majorités se succèdent avec rapidité, si nous voulons obtenir quelque chose, une législation favorable, par exemple, il faut que nous nous mettions en face des réalités et des difficultés.

Nous sommes bien obligés, quand il s'agit de crédit, de faire ce qu'on appelle la collaboration de classes. Ah! la collaboration de classes! On peut, dans un Congrès, protester contre notre présence au Conseil Supérieur de la Coopération, ou ce qui en est pour ainsi dire le corollaire, à la Commission de Crédit qui a été constituée en même temps, qui n'est pas composée des mêmes hommes, mais qui provient d'une législation voisine. Seulement, à la Commission de Crédit, il m'est arrivé d'être obligé de lutter moi-même pour une Société communiste qui demandait des crédits et qui vient ici déposer des ordres du jour. Il est ensuite facile de dire : « Regardez-le, ce vendu à la bourgeoisie! », alors que, par derrière, il est obligé de travailler pour obtenir des crédits en faveur de ceux qui vous attaquent. — Ils ne demandent pas que je les cite, n'est-ce pas?...

Un délégué. — Tu pourrais les nommer tout de même.

Poisson. — Comme tu n'es pas de cette Société, je ne te répondrai pas.

Maranne. — Tu fais là un effet de tribune.

Poisson. — Je dis la vérité...

Maranne. — C'est de la démagogie.

Poisson. — La démagogie consiste à crier contre le Gouvernement et à faire marcher la Fédération Nationale pour demander de l'argent, le lendemain.

Guillon. — Mais nomme-la donc, cette Société!

Poisson. — Tu n'en es pas. Je la nommerai quand ses délégués le demanderont.

Guillon. — Je le demande pour eux.

Poisson. — Ce n'est pas toi, — mais si ce n'est toi, c'est ton frère.

Je dirai que cela légitime la position de notre mouvement et le rôle de notre Fédération Nationale. Et c'est ce que je voulais mettre en valeur.

D'autre part, on nous demande de mieux organiser la propagande. C'est là le sens d'un certain nombre de projets, particulièrement du projet présenté par nos camarades de Laon. On demande la création, à la Fédération Nationale, d'un nouveau Secrétariat, d'un Secrétariat à la propagande et à la publicité. Naturellement, on s'illusionne toujours sur ses mérites... Nous pensons, Camin et moi — et nous espérons le démontrer — qu'à l'heure actuelle nous disposons, en hommes et en ressources — les ressources vous les connaissez, les hommes sont Georges Thomas et beaucoup de militants — de quoi faire face aux besoins de propagande de la Fédération.

Mais soyez sans crainte : si nous voyions les besoins de propagande se développer, nous serions les premiers à ne pas demander mieux que d'y participer.

Il ne faut exagérer, à ce point de vue, ni sur les besoins ni sur les possibilités d'action.

Bouré nous a dit tout à l'heure que nous avions ralenti notre action, parce que nous avions abandonné la Semaine d'Adhésions. Mais, Bouré, nous n'avons rien abandonné du tout, et, s'il n'avait dépandu que de Camin et de moi, s'il n'avait dépandu que du Conseil Central, nous aurions maintenu la Semaine d'Adhésions. Ce n'est pas nous, ce sont les Sociétés qui ont abandonné peu à peu la Semaine d'Adhésions et qui nous ont dit : Il ne faut pas la faire tous les ans, il ne faut pas la faire si longue, il ne faut pas renouveler pareil effort. Et comme nous nous rendions compte que les réponses à notre appel diminuaient de plus en plus, nous avons dit l'année dernière au Conseil Central : « Pensez-vous qu'il faut renouveler cet effort? ». La réponse a été négative.

Cette année, en revanche, nous allons recommencer et nous espérons qu'en renouvelant notre méthode d'action, en essayant d'utiliser toutes les suggestions qui nous viennent, nous aboutirons à des résultats sérieux.

Oui, il faudrait une coordination des efforts de propagande, je suis complètement d'accord avec ceux de nos amis qui ont posé la question et qui ont envisagé les formes de notre action coopérative.

On a parlé notamment du cinématographe. Le cinématographe relève de nous pour une part; mais il relève aussi de la Commission de l'Enseignement, et je pense qu'à ce point de vue cette Commission, avec notre ami Bugnon qui est quelquefois — il me permettra ce mot d'amitié — un peu entreprenant, mais qui tout de même, obstiné comme un vieux paysan, arrive à nous donner des résultats dont nous sommes fiers et dont nous le remercions ici au nom de tout le monde. Nous pensons que de ce côté on peut faire ce qu'a demandé Guillevic, ce qu'ont demandé d'autres encore.

En ce qui concerne l'*Action Coopérative*, des suggestions très heureuses ont été apportées, en particulier celles de Marcel Brot et de Gaston Prache. Je crois qu'au cours de l'année on a réalisé, au point de vue du journal, un progrès incontestable. Je ne dis pas que le journal soit amusant, mais il n'est pas fait pour être amusant; il est tout de même bien vivant, ses rubriques variées, et, en faisant appel à des militants, nous avons trouvé un certain nombre de talents journalistiques, de même qu'aujourd'hui se sont révélés ici des orateurs que nous ne connaissions pas.

Nous tenterons, au « Fil des semaines », de continuer l'*Action Coopérative*, de la rendre plus vigilante, plus vivante. Nous essayerons de trouver de nouvelles formules. Si j'avais été à la place des congressistes, j'aurais fait une proposition; elle aurait été un peu folle, mais je l'aurais faite tout de même : je ne sais pas s'il ne serait pas possible d'avoir un journal presque gratuit pour les sociétés, en organisant mieux et davantage notre publicité.

Nous avons commencé à faire cet effort. Quelle chose admirable, si nous arrivions à avoir un journal qui ne coûterait par cher et que chaque société pourrait envoyer aux camarades, par exemple pour les frais d'envoi!

Impossible, me direz-vous. Je n'en suis pas sûr et je crois que la question vaut d'être étudiée. Seulement, pour cela, il faut coordonner les efforts.

Voici, par exemple, mes amis de la Coopérative régionale de Basse-Normandie — je suis administrateur de la Société — ils m'ont battu il y a huit jours, car ils veulent avoir leur journal à eux. Il s'appelle *Le Père Coréban*. Evidemment, ce n'est pas mal; mais je crois qu'il y a mieux à faire que de se diriger vers le localisme, c'est de faire des éditions spéciales de l'*Action Coopérative*.

Et toi, Bouré, toi qui faisait l'*Action Coopérative* avec nous, toi qui demandes la coordination des efforts, tu as repris ton journal. Tu me diras : « C'est parce que ce n'était pas bien, — c'est parce qu'il y avait telle chose... » C'est possible. Mais le mieux, en pareil cas, ce n'est pas de sortir, c'est de rester et c'est de travailler à transformer le journal, et non pas de lui retirer la clientèle. J'espère que tu ne prendras pas cela mal; mais c'est pour dire que je suis de ceux qui, l'année prochaine, proposeront au Conseil Central la mise à l'étude d'un plan méthodique de propagande.

Ces temps derniers, j'ai été dans des commissions où l'on parlait d'outillage national, où l'on critiquait le plan des travaux publics qui s'échelonne sur un grand nombre d'années. Il en est, paraît-il, d'inutiles. Mais il semble bien, tout de même, que c'est en établissant ces plans qu'on arrive à faire quelque chose, même si on ne fait pas tout et si l'on commet quelques erreurs.

Eh bien! nous voudrions avoir, à la Fédération Nationale, un plan méthodique de propagande et de développement pour l'ensemble du pays, et faire une espèce de travail en collaboration avec les Fédérations Régionales pour savoir, par exemple, en une dizaine d'années, ce que nous pourrions nous donner à nous-mêmes comme but pratique de développement et comme ressources nécessaires pour y faire face.

Si vous le voulez, cela pourra faire l'objet d'une question à l'ordre du jour de notre prochain Congrès et, dès l'hiver prochain, nous pourrons parfaitement, à la conférence des secrétaires fédéraux, continuer l'étude que nous avons commencée aujourd'hui, et aller plus loin dans les précisions. Nous ne demandons pas mieux que de réaliser ce qui est possible et nous trouverons certainement la solution.

On a dit que la Fédération Nationale était entrée dans une voie excellente, avec le *Bulletin de Renseignements*. Je crois, en effet, que ce *Bulletin* donne des indications heureuses. Mais le mieux est l'ennemi du bien et il paraît que ce que nous donnons est trop long. C'est que notre ami Ramadier, quand il attaque une question, la vide jusqu'au fond, et pour mettre tout cela sur le papier, il faut noircir de longues pages. Pour ma part, je ne suis pas d'avis de faire plus court. On a dit qu'il était difficile de s'y reconnaître, et à cet égard Camin me faisait remarquer qu'il y a une Table des Matières; nous allons essayer de diviser davantage la présentation, mais je crois qu'il ne faut pas nous demander de réduire. La simplicité n'est pas de ce monde; la simplicité, ce n'est pas la vérité, c'est la généralisation hâtive. Les choses sont complexes, les problèmes juridiques comme les problèmes économiques ou fiscaux tout particulièrement. Je crois donc qu'il n'y a aucun mal à pousser nos administrateurs à faire un effort et à leur demander de prendre sur leur temps, déjà bien employé, quelques minutes ou quelques heures pour se perfectionner dans ces études.

Voilà les réponses que je crois pouvoir faire, au nom du Conseil Central, à un certain nombre des problèmes qui ont été posés.

Et maintenant, je voudrais répondre à toute une série de questions.

Et d'abord, un petit point tout spécial. Notre camarade Paquereaux, de *La Bellevilloise*, a déposé un ordre du jour demandant qu'un fonctionnaire et un ouvrier — c'est très curieux, en France, même à *La Bellevilloise*, on oublie toujours les paysans — soient envoyés en Russie pour voir ce qui s'y passe. Est-ce que ce serait gênant, par hasard, qu'un paysan y aille aussi?

Un délégué. — Vas-y, toi!

Poisson. — Je n'ai pas le mérite d'être un paysan, pas même un paysan du Danube. Je dis qu'en vérité la proposition vient un peu tard, car si cette année nous n'avons pas envoyé de délégués au Congrès russe, ce n'est pas par mauvaise volonté qu'on a fait à Popoff la réponse qui a été rapportée, et je dois dire, d'ailleurs, que cette réponse n'avait pas le caractère général qu'on a essayé de lui donner. J'étais présent quand elle a été faite et je puis en parler. On m'a demandé si je pouvais aller en Russie; j'ai dit que ce n'était pas possible. On s'est alors tourné vers Camin et on lui a dit : « Et vous, pouvez-vous venir? » Camin a alors répondu qu'il était spécialement chargé, comme tous les ans, de l'organisation du Congrès et qu'il était en train de le préparer. Mais Camin aurait bien voulu y aller, et il était très ennuyé de ne pouvoir quitter Paris à ce moment-là. Voilà comment les choses se sont passées et voilà à quoi se ramène l'incident. Nous irons en Russie comme nous allons partout à l'appel des organisations étrangères. Mais tout de même nous devons suivre un tour de rôle pour répondre aux invitations qui nous sont faites; il serait trop onéreux d'envoyer tous les ans des délégations dans tous les pays du monde, et nous sommes bien obligés de faire chaque année une sélection. Nous envoyons chaque année des délégués dans deux ou trois Congrès étrangers, et nous n'allons pas toujours aux mêmes, de façon à aller un peu partout.

Mais que nos camarades se rassurent, nous avons été déjà en Russie; il n'y a pas que *La Bellevilloise* qui soit allée en Russie; j'y suis allé, moi aussi, et je m'étonne que *La Bellevilloise* ne m'ait pas demandé un compte rendu de mon voyage.

Vous savez qu'un homme politique disait : « Les meilleurs impôts, ce sont ceux qu'on ne paye pas. » De même, il est des camarades auxquels on ne demande même pas d'explications quand ils reviennent d'un voyage à l'étranger; c'est que, par avance, on est décidé à ne rien écouter de ce qu'ils vont dire; au contraire, on est tout prêt à écouter ceux qu'on y envoie directement. Ce n'est pas ce qu'on peut appeler de l'objectivité.

J'ai été en Russie, notre ami Gide y est allé aussi et a été fort bien reçu; il en est revenu fort heureux, mais il n'en est pas revenu bolchevik.

Nous irons en Russie comme partout ailleurs. Nous sommes assez forts et assez sûrs de nous-mêmes pour aller dans les pays étrangers, non pas prendre des mots d'ordre, mais nous instruire pour profiter des expériences qui y sont faites et pour adapter ensuite chez nous ce qui est adaptable à notre pays, à notre mentalité, à notre évolution historique et à la situation de notre mouvement. Voilà comment nous voyons scientifiquement et objectivement les choses.

Maintenant, une grosse question, la question de la boulangerie. Je veux m'expliquer sur l'affaire de la boulangerie.

Et d'abord, à en croire les journaux de quelques-uns des camarades qui sont ici, le Conseil Central de la Fédération, cela n'existe pas; il n'y a qu'un bougre qui soit responsable de tout, et c'est paraît-il moi. C'est tout à fait faux. En matière de suppression du travail de nuit dans la boulangerie, certes, je suis en accord avec le Conseil Central, mais j'ose presque dire que les initiatives ne sont pas venues du secrétariat et que ce sont les sociétés et les membres du Conseil Central qui ont demandé que nous intervenions.

Et puis, comment écrivez-vous l'histoire, Racamond? Il semble, à vous entendre ici, que nous sommes opposés à la suppression du travail de nuit. Où avez-vous pris cela? Où avez-vous vu cela?

Racamond. — Vous ne l'avez pas écrit; mais pratiquement c'est l'attitude que vous avez prise.

Poisson. — Mais, avant de dire que, pratiquement, nous y sommes opposés, pourquoi tentez-vous de faire croire à la classe ouvrière que nous la combattons, et pourquoi nous représenter comme des gens vendus au patronat? Vous savez très bien — quoique vous ne le disiez pas — que nous n'avons jamais dit, au Conseil Central, que nous voulions le maintien du travail de nuit. Nous avons seulement dit qu'il y a des conditions à la suppression du travail de nuit.

Quelles conditions? Deux conditions, et sur ces deux conditions, à la tribune même du Congrès, vous en avez accepté une.

Nous avons dit : le travail de nuit, s'il est supprimé, ce sont les coopératives qui en feront les frais; pour que cette suppression ne soit pas une mesure désastreuse pour les coopératives, pour qu'elle ne soit pas une régression sociale il faut qu'elle soit réalisée sous deux conditions.

L'une, c'est que les boulangeries privées, comme les boulangeries coopératives, n'ouvrent leurs portes qu'à certaines heures, et toutes ensemble. Voilà la première condition.

Or, la loi que vous acceptez prévoit la faculté — la faculté, vous m'entendez — pour le Préfet de prendre des arrêtés qui détermineraient les heures d'ouverture.

Voyons! Est-ce que vous ne savez pas que les commerçants seront les maîtres? Et quand vous parlez de « faculté », ne comprenez-vous pas que cela veut dire qu'on ne fera rien du tout?

Si on ne met pas les heures, si on ne fixe pas les heures d'ouverture commune, je sais très bien que, secrètement, les patrons, et même souvent des ouvriers, continueront à travailler la nuit; et comme il n'y a pas un régiment d'inspecteurs pour surveiller une industrie éparpillée comme celle de la boulangerie, tout se passera exactement comme aujourd'hui, la loi ne sera appliquée, en fait, que dans les coopératives; partout ailleurs, on passera au travers.

Pourquoi donc avez-vous accepté qu'on n'oblige pas à l'ouverture à la même heure? Pourquoi, à Genève, au Bureau International du Travail, l'organisation des ouvriers boulangers n'a-t-elle pas soutenu l'amendement que j'ai défendu? Cet amendement aurait contrarié les patrons et les gouvernements à la disposition des patrons, qui étaient disposés à voter la suppression du travail de nuit, parce qu'ils supposaient que cette suppression se retournerait contre les coopératives. Voilà la vérité.

Pourquoi, en Allemagne, le travail de nuit a-t-il été supprimé? Est-ce en faveur des ouvriers boulangers? Quelle bonne blague! Le travail de nuit a été supprimé en Allemagne parce que cela faisait l'affaire des petits patrons boulangers. Vous avez pu lire, dans l'*Action Coopérative*, des indications singulièrement significatives des boulangeries industrielles allemandes sur cette question.

Nous demandons aussi — c'est la deuxième condition que nous estimons indispensable — qu'il y ait une réglementation du travail qui ne soit pas la même dans les boulangeries familiales et dans les boulangeries industrielles.

Boulangeries industrielles, cela ne veut pas dire à sole sortante. Il me semble que cette expression, pour les travailleurs de l'alimentation, signifie des conditions de travail différentes, des conditions d'hygiène qu'on ne trouve pas dans le fournil familial : pétrins mécaniques, diviseur, salle de bain, salle d'aération, etc. Et ces installations, sans être malheureusement aussi nombreuses que nous le voudrions en France, existent cependant, à Strasbourg, dans un certain nombre de villes et dans le Nord.

Vous voulez que nous nous intéressions à toutes les questions qui touchent au travail. Nous le voulons aussi. Mais il ne faut tout de même pas que l'intérêt corporatif se dresse, je ne dirai pas contre l'intérêt général, parce que certains d'entre vous pourraient donner à cette expression un sens capitaliste, mais contre l'ensemble des consommateurs, c'est-à-dire des autres travailleurs. Il faut choisir.

Eh bien! à Strasbourg, si l'on supprime le travail de nuit, il en résultera, calculés à un centime près, des frais considérables, et, le lendemain, les travailleurs de Strasbourg paieront le pain quatre sous plus cher par kilo. Voilà un fait dont il faut tenir compte.

On parle de l'intérêt social. Je suis, moi, pour l'intérêt social collectif, contre l'intérêt corporatif égoïste.

Il faut savoir accepter le progrès, qui est la condition même d'une société nouvelle. Et c'est tellement vrai que nos sociétés ne peuvent pas vivre autrement.

Mais si l'on entre dans la pratique des choses et si nous recherchons quels sont les pays qui, à l'heure actuelle, se montrent hostiles à la suppression du travail de nuit dans les boulangeries, quelles nations trouvons-nous?

Dans une enquête du Bureau International du Travail, « Le Travail dans les Boulangeries », je lis, à la page 30 :

> Dernière question : quelles mesures appliquer aux boulangeries qui travaillent la nuit avec un système de trois équipes? Ces boulangeries demandent à ne pas être soumises à l'interdiction du travail de nuit, et dans quelques pays la législation leur accorde plus ou moins satisfaction. Ces pays — au nombre de six, comme ceux où les boulangeries du type familial bénéficient d'une dérogation — sont : le Danemark, la Russie des Soviets, la Hongrie, la Suède, la Grèce et la Pologne. Au Danemark, le travail continu avec trois équipes est autorisé et fait l'objet de règlements détaillés. Dans certaines circonstances, le travail de nuit est également autorisé dans les boulangeries qui fonctionnent avec deux équipes. Dans la Russie des Soviets, les établissements à trois équipes fournisseurs de l'Etat ou de l'armée, ont le droit de travailler la nuit.

J'entends bien qu'il y a une suite. La voici :

> Les établissements à trois équipes, fournisseurs de l'Etat ou de l'armée, ont le droit de travailler la nuit; cependant, cette exception devra prendre fin lorsque les boulangeries à trois équipes auront pu s'organiser sur la base de deux équipes.

Ainsi, nous sommes vendus au patronat, nous sommes les hommes-liges de la boulangerie, nous voulons rendre malheureux tous les ouvriers de la corporation. Seulement, nous faisons cela avec les camarades des Soviets. C'est pour nous une consolation.

MARANNE. — Tu sais bien que les coopératives ont, en Russie, toutes sortes de facilités et de privilèges.

POISSON. — En tout cas, il y a, en Russie, le travail de nuit dans les boulangeries. C'est un fait. Et c'est ce travail de nuit que vous demandez de supprimer ici.

Et vous sentez tellement bien la force de cet argument qu'immédiatement vous parlez de privilège. Eh bien! je vous réponds : Quand on parle de beefsteack, ne parlez donc pas de locomotives. Le travail de nuit est maintenu dans les boulangeries, en Russie. Voilà le fait. Aucune interruption ne changera rien à ce fait et ma réponse ne changera pas : Le travail de nuit existe dans la République des Soviets. Il faudra que vous l'enregistriez et que vous disiez : Oui, c'est vrai.

Et alors, de quel droit venez-vous dire que nous sommes des gens qui voudrions réduire à quia une partie du prolétariat?

Nous sommes pour la suppression du travail de nuit. Mais si vous ne voulez pas faire l'affaire des patrons boulangers, il faut que vous vous mettiez avec nous pour réclamer les deux dérogations que nous demandons, la première qui établit l'égalité des sociétés coopératives, et la seconde qui assure le progrès économique.

J'ai été étonné que le représentant d'une organisation ouvrière vienne ici combattre, même avec des critiques douces, l'industrialisation de la boulangerie pour la raison qu'elle entraînerait à l'emploi de camions qui coûtent un peu cher. Eh bien! moi, si je suis pour l'industrialisation de la boulangerie, ce n'est pas pour une question de camions ou de port à domicile, c'est parce que les ouvriers boulangers sont autrement traités dans la boulangerie industrielle que dans le fournil, véritable foyer de tuberculose.

Voilà la vérité et voilà pourquoi le Conseil Central a pris, à la presque unanimité, la décision que vous connaissez.

Et maintenant, il faut que je termine en parlant d'un cas très grave sur lequel vous attendez sans doute de moi des explications. Je veux parler du Comité en faveur de la contribution volontaire.

La question est très simple, et je vous prie de bien écouter ce que je vais dire. Je n'ai sollicité ni de près ni de loin, ni directement ni indirectement, cette désignation. Le fait de la part du ministre des Finances d'avoir écrit une lettre à la Fédération où il me demandait de faire partie du Comité, a posé la question. En la circonstance, il ne s'agissait pas d'avoir une opinion sur la contribution volontaire; il s'agissait, comme représentant du mouvement coopératif, ou d'accepter ou de refuser. Eh bien! je n'ai pas cru devoir refuser, dans l'intérêt même du mouvement coopératif. Si je n'avais écouté que mes sentiments personnels, la réponse aurait peut-être été différente; mais je suis représentant du mouvement coopératif, je vous appartiens et je vous appartiens avant d'appartenir à n'importe quelle autre organisation. Or, comme représentant du mouvement coopératif, mon devoir était d'accepter, parce que je n'avais aucune raison strictement coopérative de refuser. Alors qu'on nous reproche tous les jours de demander des privilèges fiscaux et autres, alors que le commerce prétend que nous ne payons pas d'impôts, je n'ai pas voulu qu'on puisse dire : Non seulement les coopérateurs ne payent pas d'impôts, mais ils ne veulent même pas contribuer par leur aide, même sous la forme la plus minime, au redressement du franc. Voilà ma réponse. Et ce serait à refaire demain, j'ajoute que je le referais, comme n'importe quel représentant du mouvement coopératif serait obligé de le faire.

Et puis, après cela, on nous parle d'une tout autre question; je demanderai pour y répondre cinq dernières minutes.

Maranne nous dit, et avec lui Paquereaux: il faut lutter pour la paix; il faut voter un ordre du jour contre la guerre en Syrie et au Maroc.

Ici, il faut parler clair. Ce que vous voulez, c'est faire prendre à un certain nombre d'entre nous une résolution dont vous vous servirez demain pour dire que nous sommes pour la guerre en Syrie et au Maroc. C'est là une manœuvre abominable. C'est de la démagogie sur des cadavres. Voilà ce que vous faites. Eh bien! je dis que sur une pareille question, nous poserons toujours la question préalable, parce que si nous sommes unis ici autour d'une idée commune, vous savez très bien que certains d'entre nous peuvent avoir, sur d'autres sujets, des opinions divergentes, — que ce soit du reste des ouvriers, des paysans, ou des intellectuels. Car, politiquement, il y a des ouvriers socialistes, il y a des ouvriers communistes, il y a des ouvriers catholiques, il y a des ouvriers réactionnaires, il y a des paysans socialistes, il y a même des paysans communistes et il y a des intellectuels entre les deux. Mais ici, nous faisons appel aux consommateurs, — et ne dites pas aux consommateurs ouvriers ou bourgeois, — à tous les consommateurs. Nous leur disons : La porte est ouverte à tous, mais à la porte il faut laisser vos opinions; il faut que nous comprenions que nous devons nous tolérer les uns les autres; il faut que nous comprenions que nous n'imposerons pas nos opinions aux autres.

Dans cette salle, nous sommes assez forts pour parler clair. Eh bien! camarades communistes, ni par des manœuvres, ni par des ordres du jour, vous ne ferez sortir la Fédération Nationale de la position qui est la sienne. De même que nous ne laisserons aucune fraction, ou catholique ou socialiste, s'emparer de notre mouvement, nous vous demandons à tous de comprendre que si nous ne savons pas nous tolérer mutuellement, nous n'avons qu'à nous séparer et à partir chacun de notre côté. Mais si nous voulons rester unis pour un but commun dans une action commune et dans une organisation commune, il y a un terrain limite dont nous ne devons pas sortir. Voilà le pacte que nous avons conclu, voilà le pacte de la Fédération Nationale. C'est un pacte volontaire et c'est un pacte sacré. On peut ne pas l'accepter; mais quand on l'a accepté, on doit y rester fidèle, on doit le respecter. Ce pacte, nous le ferons respecter par tous, par vous aujourd'hui, camarades communistes, et demain par quiconque voudrait mettre à la porte de notre organisation un homme parce qu'il a des opinions communistes. Cet homme, je le défendrais avec la même ardeur et de la même façon que je défends aujourd'hui tous les coopérateurs contre quiconque voudrait toucher à leur liberté d'opinion.

Je crois que j'ai été assez clair pour tout le monde et je crois qu'il est bon, à l'heure actuelle, de préciser nos positions réciproques pour créer l'atmosphère dont nous avons besoin.

On parle de désaffection coopérative, on parle de stagnation qui serait due à la position que nous avons prise.

Mais, camarades, est-ce que vos sociétés ont progressé plus que les nôtres, vous qui croyiez qu'en faisant appel aux masses vous attireriez des millions de coopérateurs?

Un délégué. — 22 millions à *La Bellevilloise.*

Poisson. — Je ne veux pas opposer les sociétés les unes aux autres; mais que dites-vous des 5 millions il y a deux ans, 12 millions l'année dernière et 20 millions l'année prochaine de l'*Union des Coopérateurs des Flandres?*

J'en ai fini. La Fédération Nationale continuera son chemin. Nous vivons des heures difficiles et nous subissons une situation économique grave avec une crise économique possible. Nous conseillerons encore la prudence aux sociétés; nous leur dirons qu'il ne faut pas jouer sur la crise économique, soit en baisse, soit en hausse, et nous espérons, dans la stabilisation, retrouver la coopération toujours florissante, marchant vers de nouvelles victoires.

Guillon. — J'ai une résolution à déposer.

Le Président. — La discussion est close. La Commission des résolutions se réunira ce soir.

Guillon. — Je demande à lire ma résolution.

Le Président. — Non. La discussion est close; vous ne pouvez pas la rouvrir, sous prétexte de lire une résolution. Déposez votre résolution sur le bureau; elle sera remise à la Commission des résolutions.

Poisson. — Les secrétaires des Fédérations Régionales sont chargés de recueillir les votes et de les remettre à Camin. Le résultat sera donné demain à l'ouverture de la séance.

La séance est levée à 18 h. 15.

DEUXIÈME JOURNÉE

PREMIÈRE SÉANCE

La séance est ouverte à 9 heures, sous la présidence de Cleuet, assisté de Delmas et de Gavard.

LE CAPITAL PROPRE DES COOPÉRATIVES

LE PRÉSIDENT. — La parole est à Georges Yung, rapporteur de la question « Le Capital propre des Sociétés Coopératives ».

Discours de Georges YUNG, rapporteur

GEORGES YUNG. — La question des capitaux propres des sociétés coopératives a été une de celles qui ont été, je crois, le plus étudiées dans les Congrès des Fédérations régionales; je vais donc, contrairement à la tradition, au lieu de développer le rapport que vous avez lu, essayer de le résumer.

Dans la première partie du rapport, nous rappelons aux Sociétés coopératives non pas ce qu'il y a lieu de faire en matière financière, mais surtout ce qu'il faudrait éviter. C'est ce que nous appellerons, si vous le voulez bien, le « musée des horreurs ». C'est le crédit des fournisseurs, le crédit auquel font appel les sociétés auprès des banques privées, et même le crédit des sociétaires. Il est évident et je ne crois pas utile d'insister sur ce point, qu'il y aurait le plus grand danger pour une société coopérative à immobiliser les fonds provenant de ces sortes de crédit.

Déjà les Congrès coopératifs nationaux se sont préoccupés de cette question et je rappellerai pour mémoire les résolutions qui ont été prises et les recommandations faites aux sociétés de ne pas créer de caisses d'économie particulières, en raison, précisément, du danger que présente la tentation de les immobiliser.

En ce qui concerne la Banque des Coopératives de France, il faut dire qu'elle représente, somme toute, la concentration de la force d'épargne des coopérateurs. Elle est une sorte de caisse d'économies qui, au lieu d'être particulière à une société, est au contraire générale pour le mouvement coopératif pris dans son ensemble.

Ce que nous recommandons de ne pas faire au sujet des Caisses d'économie particulières, il est évident qu'on doit également le recommander à la Banque des Coopératives de France. Elle ne peut pas investir dans des immobilisations de longue durée des capitaux qu'elle reçoit elle-même à court terme.

Dans l'avenir, il est possible, il est souhaitable que nous ayons peut-être, à ce point de vue, une politique plus large et que, si nous étudions une sorte de crédit foncier coopératif, cette organisation financière spéciale pourra peut-être soulager, en matière d'immobilisations, les sociétés coopératives.

Pour l'instant, nous n'en sommes pas encore là, et, par conséquent, il ne faut pas compter sur la Banque des Coopératives en matière d'immobilisations.

Un progrès, toutefois, a été fait au point de vue technique, lorsqu'un certain nombre de sociétés, pour répondre à leurs besoins sans cesse grandissants d'immobilisations, on fait appel à des émissions d'obligations coopératives.

J'ai étudié dans le rapport — je vais passer très vite là-dessus — les limites qui sont imposées à l'émission d'obligations coopératives. Il est évident que ces émissions doivent répondre à des immobilisations qui soient suffisamment fructueuses pour la Société et les bénéfices doivent permettre à celle-ci de faire des amortissements réguliers dont le rythme corresponde à celui du remboursement des obligations elles-mêmes.

L'autre limite, c'est que, malgré tout, une société coopérative ne peut pas se lancer dans l'émission des obligations à jet continu et qu'il faut tout de même qu'il y ait une certaine proportion entre la quantité d'obligations émises et les ressources propres, le capital propre des sociétés.

En effet, le compte d'obligations représente dans le bilan de la société des créances de tiers; ce compte vient donc diminuer ce qu'on appelle la surface financière de la société; tandis qu'au contraire les souscriptions au capital entraînent la responsabilité des sociétaires dans l'organisation coopérative, et par conséquent représentent aux yeux des tiers une augmentation de la puissance financière de la société.

On en revient donc toujours, quels que soient les moyens employés, à examiner les ressources propres des sociétés coopératives, et j'ai glissé rapidement sur la première question, précisément pour donner davantage de précisions sur cette partie du rapport.

Les sociétés coopératives ont besoin d'un capital propre depuis déjà un certain nombre d'années avant la guerre, et ce besoin s'est naturellement accru au fur et à mesure de la dévalorisation du franc. Ce n'est pas la première fois que la Fédération Nationale s'en préoccupe. L'année dernière, on avait institué une conférence spéciale sur ce sujet, conférence que des conditions matérielles ne nous ont pas permis de tenir; et pourtant, l'année 1924 n'avait pas été une année de dévalorisation du franc. Au début de l'année 1924, le franc était à la parité d'environ 28 0/0, et après les fluctuations de mars et d'avril que vous n'avez pas oubliées, à la fin de l'année le franc était encore à la parité de 28 0/0, par conséquent sans changement.

Il n'en a pas été de même pendant l'année 1925, puisque cette parité de 28 0/0 du début de l'année a été transformée en 19 0/0 seulement à la fin de la même année 1925, et vous savez qu'à l'heure actuelle cette parité est encore bien inférieure.

La question est donc devenue de plus en plus pressante et les besoins de capitaux se font sentir de plus en plus.

Quels sont les moyens qui ont été employés?

Le premier moyen, le plus ancien, a été de verser des intérêts aux actions ordinaires libérées. Ce versement d'intérêts aux actions libérées a été, il faut bien le dire, une entorse à notre sentiment coopératif qui nous porterait plutôt à ne pas donner d'intérêt aux actions, étant donné que le véritable intérêt, à la coopérative, c'est de faire des achats à la société et de recevoir les ristournes normales à la fin de l'exercice.

Mais il était évident que pour aider à la libération des actions et augmenter plus rapidement par ce moyen le capital social, il fallait s'adresser, dans une certaine mesure, à l'égoïsme individuel et donner un intérêt aux actions entièrement libérées.

Des sociétés ont voulu aller plus loin et ont créé des actions supplémentaires. Je ne me fais pas une très grande illusion sur la quantité de capital qui a pu ainsi être obtenue par les sociétés; elle n'est pas cependant négligeable puisque, par exemple, dans l'Union des Coopérateurs de Paris, le capital souscrit en actions supplémentaires représente un peu plus d'un million, et atteint 800.000 francs à l'Union des Coopérateurs de Lorraine.

J'envisagerai dans le même esprit critique cette façon de se procurer du capital, comme nous avons fait pour les autres procédés.

Il faut, en effet, considérer les actions supplémentaires non pas du point de vue capitaliste, mais du point de vue coopératif.

Si nous étions dans des sociétés capitalistes, il n'y aurait qu'à laisser aller les choses. Le souscripteur d'une action dans ces sociétés doit théoriquement savoir qu'il court un risque, que sa responsabilité existe, et que si cette responsabilité vient à un moment donné à se manifester à son détriment, il n'a pas à se plaindre, il savait à quoi il s'exposait en souscrivant.

Mais lorsqu'on examine les choses du point de vue coopératif et non plus du point de vue capitaliste, lorsqu'on considère que nos sociétés sont non pas des sociétés de capitaux, mais des sociétés de personnes, il faut bien se rendre compte des répercussions que peuvent avoir sur les personnes les souscriptions d'actions supplémentaires.

En réalité, les sociétaires qui souscrivent à des actions supplémentaires ont dans la société une responsabilité plus grande que les actionnaires ordinaires, et on aboutit au paradoxe suivant, c'est que les bons sociétaires, ceux qui ont répondu à l'appel de leur organisation et qui ont fait, par conséquent, tout leur devoir coopératif, ont, de ce fait, une responsabilité beaucoup plus grande que celle des sociétaires, mettons médiocres, qui ont souscrit tout uniment à leur action ordinaire pour avoir droit à la ristourne et s'en sont tenus là.

En créant des actions supplémentaires ordinaires, le mouvement coopératif a créé deux catégories d'actionnaires, des actionnaires privilégiés — ceux qui n'ont qu'une action — et des actionnaires à responsabilité plus grande, — ceux qui ont pris une ou plusieurs actions supplémentaires.

Il m'est arrivé une aventure, dans cette histoire des actions privilégiées et des actions de priorité, que je qualifierais d'amusante, si le sujet était moins sérieux. C'est qu'on a fait à mon rapport, dans un certain nombre de fédérations, un reproche qui est exactement l'inverse de celui qu'on aurait dû lui adresser.

J'ai dit qu'il fallait donner le caractère d'actions privilégiées ou d'actions de priorité aux actions supplémentaires, non pas parce qu'on doit donner des privilèges à ceux qui souscrivent à ces actions supplémentaires, mais parce que, au contraire, en ne leur donnant pas ce caractère, on donne en réalité un privilège aux actionnaires ordinaires, qui n'ont qu'une action, par rapport aux actionnaires multiples qui encourent gratuitement des responsabilités plus grandes.

C'est précisément pour pallier dans une certaine mesure à ces inégalités, qui ne sont pas des inégalités théoriques, que j'ai fait cette proposition. Ces inégalités ne sont pas, ai-je dit, des inégalités théoriques; elles ont, à la vérité, dans la pratique, donné naissance à des difficultés qui ont soumis la conscience d'un certain nombre de coopérateurs et en particulier de liquidateurs de sociétés à une rude épreuve. Nous sommes des administrateurs et il faut toujours envisager la dissolution possible d'une société. Eh bien! les camarades qui ont eu à liquider des sociétés où il y avait des actions supplémentaires, se sont trouvés bien embarrassés, en qualité de coopérateurs, car ils se sont vus en face de sociétaires qui avaient fait plus que leur devoir, qui avaient engagé dans leur société toute leur épargne de façon extrêmement confiante, non pas en apportant de l'argent à la caisse d'économies ou en souscrivant des obligations de la société, ce qui les aurait fait rentrer dans la catégorie des tiers créanciers et par conséquent avec une responsabilité limitée, mais en souscrivant des actions supplémentaires pour porter une aide plus efficace à la société, ce qui a eu pour conséquence d'engager la totalité de leur responsabilité dans la société. Et l'on a dû dire à ces sociétaires, au moment de la liquidation : « Lorsque vous avez souscrit, par exemple, à 20 actions supplémentaires, vous avez accepté une responsabilité vingt fois plus forte dans la société que le camarade qui n'a souscrit qu'à une action. » Il était difficile de leur faire comprendre cette situation, et à la vérité les liquidateurs y ont renoncé; ils ont pensé avec raison qu'il y avait lieu d'accorder à ces sociétaires, dans la liquidation de la société, un privilège, et qu'il fallait rembourser, avant les actions ordinaires, les actions supplémentaires. Le malheur, c'est que les liquidateurs n'avaient pas le droit, légalement, de le faire; ils en auraient eu le droit et le devoir à notre point de vue de coopérateurs, mais la loi leur refusait ce droit.

Ce que je demande, c'est précisément de donner ce droit aux liquidateurs éventuels, puisque la loi le permet. La loi nous dit que nous pouvons créer des actions privilégiées, ce qui signifie qu'en cas de liquidation de la société, ces actions seront d'abord remboursées. Il suffit pour cela de faire prendre une délibération par l'assemblée générale qui crée les actions supplémentaires.

Voilà la proposition que j'ai voulu faire au Congrès.

Evidemment, le mot de privilège a une mauvaise mine, il se présente mal; je ne me fais pas non plus d'illusion sur l'impression que pourront avoir les sociétaires du fait qu'on leur dira de souscrire à des actions privilégiées plutôt qu'à des actions supplémentaires. Si vous êtes obligés de leur expliquer pourquoi ils sont privilégiés, c'est-à-dire de leur faire envisager une dissolution possible de la société, ce ne sera pas un moyen de faire des souscriptions.

Il faudrait peut-être éviter d'accrocher aux actions supplémentaires cette appellation empoisonnante d'actions privilégiées comme une espèce de tunique de Nessus; il n'y a pas, en effet, d'intérêt à appeler ces actions « actions privilégiées ». Continuons donc à les appeler actions supplémentaires, mais convenons entre nous que chaque fois qu'une société, dans une délibération d'assemblée générale, dira qu'elle va créer des actions supplémentaires, en même temps elle donnera à ces actions supplémentaires le caractère d'actions privilégiées, c'est-à-dire qu'elle prendra une délibération permettant au liquidateur éventuel de la société d'agir selon sa conscience de coopérateur et de donner un privilège de remboursement aux actions supplémentaires.

Je crois que ce point de vue peut être accepté.

J'ai parlé également dans mon rapport de combinaisons qui seraient peut-être possibles, dans certaines sociétés, pour ménager la négociabilité des titres.

J'ai étudié la question de négociation pure et simple avec le transfert sur les registres de la société. Je n'y reviendrai plus, voulant laisser au Congrès beaucoup de temps pour la discussion.

Il reste à examiner la question de l'augmentation de l'action ordinaire. C'est une augmentation extrêmement souhaitable et je crois que les sociétés peuvent prendre en assemblée générale la décision d'augmenter le montant de leur action ordinaire.

Il y a à cela une difficulté très grande. C'est qu'un certain nombre de sociétés ont fait appel ou peuvent être amenées à faire appel aux prêts du ministère du Travail, et dans ce cas-là, la loi de 1917 ne leur permettrait pas d'élever le montant de leur action.

Par conséquent, nous ne pouvons qu'approuver l'action de la Fédération Nationale, demandant que le montant de l'action de chaque société puisse être porté, par exemple, à 500 francs.

Une deuxième difficulté, c'est que même si on augmente le montant de l'action ordinaire, cette mesure pourra être valable pour les nouveaux sociétaires, mais ne pourra être opposée aux anciens qui continueront à avoir des actions de 100 francs.

Ce sera à la société de faire un effort auprès de ces anciens sociétaires pour que, bénévolement, par le moyen de leur ristourne ou par des versements en espèces, ils puissent porter peu à peu leur action de 100 francs à la parité des nouvelles actions de 500 francs.

Enfin, et pour terminer, je demande aux sociétés coopératives d'examiner dans les années présentes, au moment où le franc a une valeur qui subit les fluctuations que vous connaissez, de faire extrêmement attention, dans leur compte d'exploitation, au tirage de leurs bénéfices.

Les bénéfices des périodes de dévalorisation du franc sont des bénéfices que je ne qualifierai pas de fictifs, mais qui proviennent, pour une partie correspondant à la diminution de valeur du franc, de la différence de valeur des marchandises.

Il y aurait, par conséquent, le plus grand danger pour les sociétés coopératives qui ont fait quelques bénéfices supplémentaires en 1925, ou qui en feront en 1926, parce que dans l'intervalle qui s'est écoulé entre l'achat des stocks et la vente de ces mêmes stocks, les marchandises ont augmenté de valeur dans leur estimation en francs, il y aurait le plus grand danger pour ces sociétés à considérer que ces bénéfices apparents doivent être intégralement distribués.

Il faut recommander aux sociétés de prendre sur ces bénéfices une proportion correspondant précisément aux bénéfices spéculatifs, pour faire une réserve spéciale, égale à la dévalorisation du franc et qui rendra au capital social la valeur primitive qu'il a perdue en partie.

En même temps, en ce qui concerne la politique d'amortissement des sociétés, politique qui est généralement fixée soit dans les statuts, soit par les habitudes du conseil d'administration et qui dépend de la nature des immobilisations à amortir, il faut vous rendre compte que les pourcentages d'amortissement que vous avez fixés auparavant sont maintenant inférieurs à la réalité, puisque autrefois vous avez amorti avec des francs qui valaient cher, tandis que maintenant vous amortissez avec des francs qui valent peu. Il faut donc mettre de ces francs dépréciés une quantité plus considérable aux amortissements, pour correspondre à la même action que celle que vous accomplissiez auparavant.

Depuis que ce rapport a été fait, les événements se sont précipités avec une vitesse encore plus grande qu'en 1925, et je crois que notre résolution devrait être plus énergique peut-être qu'elle n'est, en ce qui concerne la recommandation à faire aux sociétés pendant les années exceptionnelles que nous vivons, de constituer de fortes réserves et d'augmenter, par conséquent, leur capital propre.

Je propose que le Congrès fasse entendre sa voix, la voix la plus autorisée de la Coopération, pour dire aux sociétés qui on fait cette année ou qui feront l'année prochaine un gros effort de réserves, de constituer des amortissements beaucoup plus importants.

Lorsque ces sociétés font, en effet, cet effort, lorsqu'elle prennent cette mesure de sagesse et de prudence, elles se trouvent en face de coopérateurs dont quelques-uns sont avertis et acceptent par conséquent très volontiers la mesure qui a été prise; mais elles se trouvent aussi en face d'une masse plus ou moins considérable de sociétaires qui ne jugent souvent les résultats de la société que d'après la distribution de la ristourne, et non d'après le compte d'exploitation qu'ils ne sont pas en état de lire.

Cette année et peut-être l'année prochaine, il faudrait recommander aux coopérateurs d'abandonner complètement leur ristourne à leur société coopérative, quels que soient les résultats obtenus; il faudra leur dire que c'est une mesure de prudence, une mesure de sagesse et qu'ils auront plus tard à s'en féliciter.

Je ne me fais pas d'illusion; je sais bien que ce n'est pas parce qu'on le leur demandera que les coopérateurs le feront; mais cette recommandation, faite par une voix aussi puissante que celle du Congrès, permettrait d'appuyer très fortement l'action des sociétés qui n'ont pas distribué de trop-perçu cette année pour le mettre en réserve ou en amortissements, ou qui ont décidé que cette année la part faite aux réserves et aux amortissements serait plus forte que d'habitude. Peut-être y aurait-il là un moyen de faire accepter par les coopérateurs cette mesure de prudence.

Par conséquent, en dehors de la résolution qui est imprimée dans le rapport, je vous propose également d'adopter le texte suivant :

Le Congrès recommande fortement aux sociétés, pendant la période exceptionnelle de dévalorisation du franc, de porter aux réserves collectives ou aux réserves individuelles la totalité du trop-perçu auquel ont droit les coopérateurs.

Ceux-ci comprendront que la situation générale impose cet acte de prudence dont ils se féliciteront dans l'avenir.

Je dis « aux réserves collectives ou aux réserves individuelles ». Mais si je n'écoutais que mon sentiment, je dirais uniquement aux réserves collectives, car la Coopération est surtout un mouvement de transformation sociale, et la marque de cette transformation sociale, c'est précisément de créer des réserves collectives, propriété commune, propriété socialisée.

Il faut cependant tenir compte de la psychologie des coopérateurs; il ne faut les amener à ces conceptions collectives que peu à peu et il est recommandable de créer pour les sociétaires des comptes de réserves individuelles.

Ces comptes de réserves individuelles, qui n'ont pas le défaut des actions supplémentaires dont nous avons parlé tout à l'heure, y compris même les actions supplémentaires de priorité, sont malgré tout des réserves. La société peut décider qu'elles ne seront remboursées qu'en cas de départ ou de démission du sociétaire, et par conséquent elles représentent une augmentation de l'actif net de la société et elles sont constituées par les résultats des exercices, par le paiement du trop-perçu. Ce paiement de trop-perçu, tout en allant à une réserve destinée à augmenter la puissance de la société, est quand même inscrit à un compte envoyé tous les ans au sociétaire, et celui-ci a toujours le sentiment d'avoir épargné quelque chose tout en aidant à la constitution de l'actif de la société.

Par conséquent, je recommande aussi, dans la résolution que vous avez eue entre les mains, la constitution de réserves individuelles, et je crois qu'au fond c'est cette constitution de réserves individuelles qui constitue peut-être l'arme la plus propre à augmenter assez rapidement l'actif net de nos sociétés.

Je relis la résolution qui vous est proposée :

Le Congrès de 1926 :

I. — 1° *Met en garde les sociétés contre le danger d'utiliser en immobilisations certains crédits à court terme (fournisseurs, caisses d'économies, banques).*

2° *Leur recommande, dans la période de dévalorisation rapide du franc, de calculer les bénéfices en tenant compte de ce changement de valeur et en créant une réserve nouvelle destinée à conserver au capital propre sa valeur ancienne.*

3° *Pour la même raison, leur recommande de doter largement leurs amortissements, ceux-ci étant faits à l'heure actuelle en francs dépréciés.*

II. — 1° *Approuve la Fédération Nationale dans son action à l'effet de faire modifier la loi du 7 mai 1917 pour faire disparaître la limitation à 100 francs de l'engagement des sociétaires; lui demande également modification à l'effet d'autoriser un intérêt plus élevé aux actions supplémentaires, mais sans dépasser le taux des avances de la Banque de France.*

2° *Sans engager spécialement les sociétés à créer des actions supplémentaires, leur recommande, lorsqu'elles en ont, de leur donner le caractère d'actions de priorité, en spécifiant la nature de la priorité.*

3° *Indique aux sociétés que le versement de tout ou partie du trop-perçu à des comptes de réserve individuelle leur permettrait d'augmenter sensiblement leur actif net.*

Voilà la résolution que je vous demande de voter. J'ai été volontairement assez bref pour laisser au Congrès le temps de discuter cette résolution que je crois extrêmement importante, non seulement pour l'avenir du mouvement coopératif, mais pour parer à la crise financière et économique dont nous sommes en train de subir les conséquences.

Je demande que non seulement cette résolution soit votée, mais que, de retour dans vos sociétés, vous en fassiez l'objet des préoccupations les plus vives de vos conseils d'administration et de vos assemblées générales.

Le Président. — La parole est à Fouladoux.

Intervention de FOULADOUX

FOULADOUX. — Je suis pleinement d'accord avec le rapporteur qui vient de nous présenter un travail vraiment étudié. Je désire néanmoins insister sur un point particulier.

On cherche le moyen d'augmenter le capital propre des sociétés coopératives. Nous avons à cet égard un exemple illustre; c'est celui des Pionniers de Rochdale. Je vous demande la permission de vous rappeler ce qu'ont fait les Pionniers de Rochdale, lorsqu'ils ont senti le besoin d'accroître leurs capitaux, pour assurer la marche de leur société. Voici ce que je lis dans l'histoire des Pionniers :

Toute personne désireuse de devenir membre de la Société atteste sa volonté de prendre cinq actions de 25 francs chacune.

Or, 25 francs en 1844, cela valait certainement plus de 100 francs en 1926. Eh bien! les Pionniers s'engageaient à prendre chacun cinq actions.

Je lis encore :

Les intérêts et profits qui peuvent être dus au nouveau membre restent en caisse jusqu'à ce que celui-ci possède cinq actions de 25 francs chacune.

Des 5 actions versées par chaque membre, deux actions constituent le capital fixe et permanent; les trois autres peuvent être retirées.

Par conséquent, les Pionniers ne commençaient à distribuer les intérêts et les ristournes qu'à partir du moment où les cinq actions étaient libérées. Jusqu'à ce moment-là, les intérêts comme les ristournes restaient dans la caisse de la société.

Je me demande si, à l'heure actuelle, où toutes les sociétés éprouvent, pour leur développement, le besoin d'augmenter leur capital propre, nous n'agirons pas sagement en imitant une fois de plus ce qu'ont fait les Pionniers de Rochdale, c'est-à-dire en exigeant de tous les nouveaux sociétaires l'engagement de souscrire à 5 actions de 100 francs, en ne leur donnant leurs ristournes qu'une fois ces cinq actions libérées.

Quant à l'intérêt, toutes les actions libérées pourraient recevoir l'intérêt de 5 ou 6 0/0, que l'on donne aujourd'hui; ce n'est pas cet intérêt qui coûte cher aux sociétés; ce qui coûte cher, ce sont les ristournes.

J'ai eu, à cet égard, la curiosité de faire un petit calcul, que je vous demande la permission de vous soumettre. J'ai pris le cas d'une société coopérative de 1.000 coopérateurs, ayant chacun une action libérée de 100 francs, et une consommation moyenne de 1.000 francs. Cette société hypothétique a donc un capital de 100.000 francs et fait un chiffre d'affaires d'un million.

Dans cette société, savez-vous à quoi correspond la ristourne? Je vais vous le dire.

1 0/0	de ristourne coûte à la société	10.000 fr.
2 0/0	— — —	20.000 fr.
3 0/0	— — —	30.000 fr.

L'intérêt sur les actions, à 5 0/0 ne coûte, au contraire, que 5.000 francs.

C'est-à-dire que 1 0/0 de ristourne coûte aussi cher à la société que 10 0/0 de dividende.

Du reste, j'ai supposé le cas d'une consommation de 1.000 francs. Mais si la consommation moyenne dépasse 1.000 francs, la ristourne est encore plus élevée.

Il en résulte que les ristournes ainsi distribuées diminuent constamment le capital propre de la société. On dirait vraiment le tonneau des Danaïdes. Une grande partie du capital propre s'écoule sous la forme de ristournes par le robinet qui se trouve en bas.

Aussi, je suis complètement d'accord avec Yung lorsqu'il recommande de supprimer la ristourne pour cette année.

Evidemment, on ne peut pas la supprimer d'une façon complète pour l'instant. Mais je demande que toutes les sociétés s'efforcent de réduire au strict minimum leur ristourne, afin d'augmenter leurs réserves et leurs amortissements.

Il ne faut pas croire, d'ailleurs, que c'est seulement l'appât de la ristourne qui engage les sociétaires à nous verser du capital actions. Je crois que, dans toutes les coopératives où l'on a eu soin d'organiser le travail d'une façon méthodique, où, d'autre part, on a des boutiques bien placées, propres, bien tenues, avec des gérants qui sont assez aimables, les clients viennent d'eux-mêmes à la société, et pour peu que le gérant ait reçu les instructions nécessaires, il fait chaque jour de nouveaux coopérateurs qui, au début, ne sont que de simples adhérents, mais qui, par un travail suivi de propagande, sont transformés bientôt de coopérants en coopérateurs, et c'est ainsi que nous arrivons à développer constamment notre mouvement, ce qui est notre programme, puisque nous sommes des sociétés de développement.

C'est donc par une bonne organisation commerciale que nous arriverons à trouver le capital actions dont nous avons besoin.

En parlant ainsi, je songe en particulier à ma société, qui a été fondée en Normandie, pays excessivement individualiste, où l'idée coopérative était à peu près inconnue il y a seulement une dizaine d'années.

Cependant, dans cette région-là, nous avons réussi à récolter jusqu'à présent plus de 2 millions de capital actions versé.

Poisson disait hier que certaines sociétés n'avaient pas voulu de semaine d'adhésions. Eh bien, l'an dernier, nous en avons fait deux : une au mois de juin, l'autre au mois de décembre; celle de juin a rapporté 52.000 francs de capital actions; celle de décembre, 70.000 francs. Ce ne sont pas de très gros chiffres, mais tout de même ce sont des chiffres intéressants.

Actuellement, nous sommes en train de faire une nouvelle expérience qui se rapproche beaucoup de celle qu'indiquait Yung tout à l'heure. Nos Assemblées générales sont finies et nous avons demandé à nos sociétaires de verser leurs intérêts et leurs ristournes à leur compte actions, de façon à se constituer des actions nouvelles.

Cette proposition a reçu dans toutes nos sections le meilleur accueil. Nulle part on n'a critiqué cette façon de faire; nous n'avons reçu, au contraire, que des encouragements de tous.

Je regrette que l'expérience soit trop récente pour me permettre de vous donner des résultats chiffrés; mais, je crois que la voie dans laquelle nous nous sommes engagés est bonne.

Pour me résumer, j'émets le vœu suivant :

1° Que les Sociétés coopératives réduisent dans la mesure du possible le taux des ristournes, en vue d'augmenter les amortissements et les réserves.

Je suis complètement d'accord, vous le voyez, avec le rapporteur.

2° Que, revenant à la tradition des Pionniers de Rochdale, les statuts des Sociétés coopératives imposent aux sociétaires nouveaux l'obligation de souscrire 5 actions.
Chaque action libérée à 100 francs recevra un intérêt annuel dont le taux, revisable chaque année, ne devra pas dépasser celui des avances de la Banque de France.
Les ristournes du sociétaire nouveau seront reportées chaque année à son compte, tant qu'il n'aura pas libéré ses cinq actions.

Le Président. — La parole est à Lagrange.

Intervention de LAGRANGE

Lagrange. — Désireux de respecter la sage mesure qui a été adoptée hier, je vais m'efforcer d'être aussi bref que possible afin de ne pas dépasser les 10 minutes qui me sont accordées.

Notre camarade Yung, dans un rapport judicieusement établi, vous a exposé d'une façon claire et précise les diverses méthodes permettant en même temps l'augmentation du capital des sociétés coopératives et la possibilité d'obtenir des facilités de trésorerie.

Je n'entreprendrai donc pas d'examiner point par point ce rapport et je ne veux retenir qu'une seule question, celle de la création d'un fonds de réserve individuel.

Je suis d'autant mieux placé pour parler de cette création que, dans la région de l'Est et à Troyes principalement, il existe une forte société coopérative que vous connaissez tous, la Laborieuse, qui, par son fonds de réserve, a acquis une puissance assez sérieuse et bénéficie de facilités de trésorerie lui permettant des réalisations d'œuvres sociales auxquelles tous nous sommes profondément attachés.

Je crois que, de toutes les méthodes exposées, celle-là est la plus facile à mettre en pratique, en ce sens que, pour les organisations qui ont eu l'heureuse chance de glisser dans leurs statuts la clause indiquant qu'une part ou un pourcentage déterminé du trop-perçu servira à constituer un fonds de réserve individuel, il n'y a aucune difficulté, parce que le fonds de réserve se constitue sans même que le coopérateur s'en aperçoive. Les sociétaires se préoccupent uniquement de savoir, en fin d'exercice — les ménagères particulièrement — quel est le montant de la ristourne, sans chercher à connaître quelle est la distribution détaillée du trop-perçu.

C'est tellement vrai, qu'à Troyes, où le fonds de réserve individuel doit atteindre 100 francs, et où chaque fois qu'il dépasse 150 francs, le sociétaire est invité à toucher 50 francs en plus de ses ristournes de fin d'année, il arrive fréquemment que les camarades du Conseil d'Administration aient à répondre à la question suivante : « Mais, dis donc, qu'est-ce que c'est que ces 50 fr. que j'ai à toucher, en plus de mon boni? ». Le coopérateur ne se rappelle même pas qu'il a un fonds de réserve individuel et qu'il doit en toucher le supplément.

Tout à l'heure, un de nos camarades déclarait qu'il y avait nécessité d'obliger les sociétaires à souscrire à cinq actions. Mais, si ma mémoire ne me trompe pas, la loi de 1917 interdit aux sociétés coopératives de fixer l'apport social ou capital actions au-dessus de 100 francs par sociétaire. Par le moyen des réserves individuelles, vous pouvez augmenter, je ne dis pas d'une façon indéfinie, mais d'une façon sensible, votre capital actions; vous pouvez constituer, à côté du capital actions proprement dit, des versements déguisés qui peuvent aller de 100 francs au minimum à 500 francs.

Vous allez certainement me dire qu'il y a là un danger, parce que le sociétaire qui aura à son fonds individuel une somme de 500 francs pourrait être tenté de donner sa démission pour rentrer en possession et de sa part sociale et de son fonds de réserve.

Ce danger peut exister chez quelques-uns, parce que, dans les sociétés coopératives comme dans toutes les organisations, il y a toujours des gens qui veulent faire le contraire de la logique et du bon sens; mais ces gens-là ne seront pas nombreux pour cette raison que, pour arriver à constituer cette réserve de 150 ou 200 francs, il faut déjà que le sociétaire soit réellement un coopérateur sincère, et vous pouvez compter dans ces conditions qu'il ne réclamera son fonds de réserve qu'en cas de départ de la société, ou en cas de décès, puisque ce fonds de réserve reviendra à ses héritiers.

Ce système vous donne des facilités de trésorerie sur lesquelles j'appelle votre attention, et qui sont d'autant plus avantageuses qu'elles ne vous coûtent aucun intérêt. Sentez-vous la puissance que vous donnez à votre organisation? Elle vous permet, à une époque plus ou moins lointaine, suivant que votre société est plus ou moins forte, suivant que vos coopérateurs sont plus ou moins fidèles, d'avoir entre les mains non pas la propriété définitive du capital, mais la jouissance d'un capital sur lequel vous n'avez pas d'intérêts à payer.

Cette méthode, pratiquée dans l'Est, je voudrais la voir se répandre dans toutes les organisations coopératives.

Et quand je vous disais que c'est la plus facile à appliquer, croyez bien que je disais la vérité. Lorsqu'il nous faut demander aux organisations coopératives d'augmenter leur capital et principalement dans les unions de développement, unions chargées de fusionner toutes les petites sociétés parsemées à travers la région, ne pouvant plus vivre par elles-mêmes, nous nous trouvons en face de ce problème que ces petites sociétés se sont constituées avec une part sociale qui n'excédait généralement pas 25 francs et que, du fait de la fusion, nous portons déjà cette part sociale à 100 francs.

Nous augmentons donc de ce fait le capital initial de trois fois sa valeur. Est-ce que c'est trop? Evidemment non. J'estime au contraire que ce n'est pas suffisant pour assurer la bonne marche d'une organisation coopérative.

Et comment ces 75 francs qui vont servir à compléter la part sociale vont-ils être acquittés par le sociétaire? Vous le savez, cela se fait toujours par le jeu des ristournes. Ce n'est pas un complément en espèces que verse le sociétaire dans la caisse de la société; c'est un complément qui vient s'ajouter chaque année à l'actif, par déduction sur le trop-perçu.

Si nous demandons à ces sociétés de créer des actions nouvelles ou des actions de priorité, nous éprouvons de grandes difficultés. Voilà pourquoi, pour ne rien demander aux sociétaires, nous préférons constituer un fonds de réserve individuel à prélever sur le trop perçu avant le versement de la ristourne.

Je conclus en disant que nous serions très heureux que vous puissiez, dans vos organisations coopératives, procéder de cette façon. En vous réservant ces facilités de trésorerie, dont je vous ai parlé tout à l'heure, vous pourriez vous associer, comme le fait la Laborieuse de Troyes, aux œuvres sociales de première nécessité : Enfance coopérative, création de pharmacies mutualistes, distribution de pain aux vieux militants, etc. Par cela, vous aurez participé à la grandeur du mouvement coopératif et à l'expansion des idées généreuses de la Coopération que nous devons toujours dresser, plus grandes et plus fortes, devant les trusts de plus en plus menaçants.

LE PRÉSIDENT. — La parole est à Ramadier.

Intervention de RAMADIER

Paul RAMADIER. — C'est avec la plus grande raison que l'on a inscrit à l'ordre du jour du Congrès cette question des capitaux coopératifs. Il est en effet malheureusement certain que, dans une période de dépréciation du franc, le capital coopératif s'épuise peu à peu, par le fait de la dévalorisation de la monnaie elle-même. Yung l'a exposé dans son rapport; il l'a dit avec plus de précision encore dans une note qui a été publiée dans le premier *Bulletin de Renseignements* qui vous a été envoyé.

Pour arriver à établir le bilan correct d'une coopérative, non point légalement correct, car nous vivons sous la fiction légale de la stabilité monétaire, mais un bilan économiquement correct, il faut l'établir en valeur or.

Dans les bilans coopératifs, les valeurs réelles, comme les immeubles acquis avant la guerre, figurent encore au prix de revient en francs-or; on trouve, à côté d'elles, des valeurs dépréciées comme le stock de marchandises ou les immobilisations récentes. Tout cela est additionné ensemble, de sorte que nos bilans ne signifient pas grand'chose et ne donnent qu'une idée très lointaine et très vague de la situation de la société.

Pour parer à cet inconvénient, il faut que chaque société prenne des mesures, d'autant plus énergiques que l'avenir peut paraître à certains moments plus sombre.

Ces mesures que Yung a analysées longuement dans son rapport, elles consistent surtout à s'inspirer de prudence dans l'utilisation des bonis.

Il ne faut pas oublier, camarades, que les bonis tels qu'ils résultent des bilans légalement établis, ne sont exacts et véritables qu'à un certain moment. Gagnés au 31 décembre, ils n'ont déjà plus la même valeur au moment de l'Assemblée générale, et au moment où sont distribuées les ristournes, ils ont encore une valeur moindre.

Cela impose une grande mesure dans leur répartition.

Yung a eu raison d'insister sur les précautions indispensables.

Je ne crois pas qu'il soit possible, légalement, de faire beaucoup varier l'amortissement. L'amortissement doit être constant. On a acquis un immeuble, on a aménagé une boutique qui figure à l'actif pour son prix de revient; cette immobilisation doit être amortie, éteinte dans un certain délai qui est généralement fixé par les tribunaux à dix ans pour le matériel et à trente ans pous les immeubles.

D'année en année, cet amortissement se poursuit d'une manière constante, quels que soient les résultats de l'exploitation, même si ces résultats sont déficitaires.

Ce n'est donc point de ce côté qu'il faut chercher les mesures de précaution; tout au plus, si à un certain moment on a été un peu imprudent, doit-on rattraper les erreurs du passé et ramener l'amortissement au niveau normal.

Mais l'initiative des administrateurs peut apparaître quand, à côté des amortissements réguliers et constants, on crée des réserves provisionnelles destinées à parer aux dépréciations futures et aux risques éventuels.

Ce ne sont point des réserves à proprement parler. Les réserves sont formées de bonis mis de côté, de bonis acquis par la société et non distribués. Ces provisions, au contraire, ne représentent pas un actif net, mais simplement une marge réservée pour parer à une dépréciation que l'on a en vue, qui se produira probablement, mais qui ne s'est pas encore produite, que l'on n'a pas pu par conséquent enregistrer dans la comptabilité de la société.

Ces réserves provisionnelles peuvent compenser les différences de prix. Il est d'autant plus nécessaire de les prévoir que les stocks doivent être reconstitués à des prix supérieurs à ceux auxquels on les a vendus, ou tout au moins à des prix tels que la marge de boni se trouve sensiblement réduite.

Les réserves provisionnelles permettent ainsi de parer aux pertes prochaines que produira nécessairement la dépréciation de la monnaie, si elle ne les a pas produites déjà.

Un autre ordre de mesures a été préconisé par notre ami Yung, concernant la constitution du capital social.

Il y a tout d'abord un point qui est certain, qui est indiscutable : nos actions sont aujourd'hui à un taux trop faible. Tout à l'heure, Fouladoux a rappelé que l'action des Pionniers de Rochdale était de 25 francs. En 1867, au moment du vote de la loi sur les sociétés à capital variable, on imposait à toutes les sociétés coopératives l'obligation de fixer à 50 francs le montant de leurs actions, et je vous demande si 50 francs de 1867 ne sont pas bien près de faire 400 ou 500 francs d'aujourd'hui.

Le minimum considéré à cette époque comme indispensable, ne l'est-il pas encore aujourd'hui? Ne devons-nous pas travailler pour qu'on supprime, de la loi de 1917, cette clause fixant à 100 fr. le maximum de l'action, barrière ridicule, improvisée au cours d'une délibération de la Commission du Sénat, par un sénateur de la Seine, désireux d'ouvrir largement les coopératives aux petites bourses, mais qui a malheureusement méconnu les besoins des sociétés coopératives et le minimum de capital qui leur est indispensable?

Déjà le Conseil Supérieur de la Coopération a, dans sa dernière session, demandé la suppression de cette limite. Je crois que le Congrès, avec notre ami Yung, s'associera à ce vœu.

En ce qui concerne les actions de priorité, je n'approuverai pas les idées de notre ami Yung. Je considère pour ma part qu'elles sont d'un maniement difficile et dangereux pour nos organisations. Leur création est subordonnée par la loi à certaines formalités qui, en fait, seront rarement observées et qui — cela est peut-être plus grave — sont assez difficiles à préciser. La loi de 1867 est singulièrement brève et vague sur le mécanisme de l'augmentation du capital dans les sociétés à capital variable. Si les sociétés coopératives étaient des sociétés anonymes à capital fixe, il faudrait, chaque fois que l'on crée une action de priorité, tenir successivement deux Assemblées générales réunissant la moitié des sociétaires. La première nommerait un Commissaire chargé de rédiger un rapport, qui devrait être imprimé et rester pendant cinq jours déposé au siège social. Après l'accomplissement de cette formalité, on pourrait réunir la seconde Assemblée générale, qui créerait l'action de priorité.

Voyez-vous que l'on mette en mouvement ce mécanisme chaque fois qu'un sociétaire voudra souscrire une action supplémentaire? Il suffit de l'énoncer pour en constater l'impossibilité.

Ces formalités sont-elles applicables à nos sociétés à capital variable? Je pose la question; je n'entends pas la résoudre. Elle est complexe; les solutions que l'on peut donner sont controversées. Mais il suffit qu'il y ait sur la question une controverse et que la solution ne soit pas certaine pour que je dise aux sociétés : Prenez garde! Ne faites pas cette opération singulièrement dangereuse qui peut amener des surprises.

Nous sommes habitués à voir, depuis quelques années, des tentatives de chantage s'exercer à la faveur de sentiments, nobles parfois, parfois aussi moins nobles, contre les sociétés coopératives qui n'ont point exactement respecté telle ou telle prescription légale. Prenez garde, Camarades, et ne créez pas d'actions de priorité, à moins d'y être absolument obligés.

Cette difficulté juridique n'est pas la seule objection. On peut, sans aucun doute, créer des actions de priorité qui n'accordent aux actionnaires privilégiés que des droits compatibles avec la règle coopérative prise dans sa lettre. On ne leur donnera pas de droit de vote supplémentaire, on ne leur donnera qu'un intérêt n'excédant pas le maximum prévu par la loi, on leur attribuera seulement un droit de préférence sur l'actif, au moment de la dissolution ou du remboursement, de telle sorte que les actionnaires de priorité seront remboursés avant les actionnaires ordinaires, et ce sera en somme à ce privilège de remboursement que se résumera l'avantage accordé.

Mais n'y a-t-il pas tout de même quelque chose de choquant, du point de vue coopératif, dans l'attribution de cette situation privilégiée? N'y a-t-il pas une sorte de place prépondérante accordée au capital, et n'y a-t-il point, sinon dans la lettre des règles coopératives, du moins dans leur esprit, quelque chose qui répugne à cette combinaison?

Je crois que dans beaucoup de Congrès régionaux déjà, ce sentiment s'est fait jour, et quoique l'attribution d'actions de priorité ne soit pas exactement contraire à la règle coopérative stricte, elle est contraire à l'esprit d'égalité démocratique qui nous anime.

Enfin, Camarades, un dernier moyen nous est proposé. C'est celui qui consiste à accroître dans la plus large mesure possible nos réserves.

Je ne me fais pas trop d'illusion. Nos sociétés sont régies en général par des dispositions statutaires qui ne laissent guère d'initiative aux administrateurs ni aux simples actionnaires. Elles sont endiguées, limitées par des règles impératives qui leur prescrivent d'attribuer tant pour cent aux réserves, d'y verser en outre la totalité des bonis provenant de la vente au public. Mais, si les coopératives sont obligées de donner cette dotation aux réserves, dans la plupart des cas, elles ne peuvent l'augmenter sans violer les statuts.

Si beaucoup de sociétés se trouvent ainsi limitées, les sociétés qui se créent, les sociétés qui modifient leurs statuts, peuvent, soit prévoir une plus large dotation des réserves, soit attribuer au moins un droit d'initiative à l'Assemblée générale qui pourra augmenter cette dotation.

On peut l'augmenter tout d'abord par les moyens individuels qui ont été indiqués et sur lesquels on reviendra certainement. On donnera à l'Assemblée le droit de mettre en réserve, au compte du sociétaire, une part de la ristourne : on créera ces réserves individuelles dont Yung nous parle dans son rapport, et dont Lagrange vous entretenait tout à l'heure avec l'expérience qu'il en a faite.

Mais je voudrais aussi, Camarades, que l'on songeât à augmenter, dans la plus large mesure possible, les réserves collectives. C'est malgré tout de cette manière traditionnelle que l'on formera le mieux le capital coopératif, capital indivisible, collectif, appartenant à l'ensemble des consommateurs, propriété commune de tous, utilisée par tous, mais utilisée seulement pour des besoins collectifs.

Je pense que l'on doit développer ces réserves collectives et les augmenter le plus possible; c'est là le vrai moyen coopératif. C'est celui sur lequel je crois que le Congrès doit particulièrement insister et recommander aux coopérateurs.

Le Président. — La parole est à Delmas.

Intervention de DELMAS

Delmas. — Je m'excuse de venir à cette tribune après Lagrange qui est comme moi de Troyes, pour vous apporter le point de vue spécial de la *Laborieuse.*

La Laborieuse de Troyes a étudié sérieusement ce problème du capital des sociétés coopératives; elle estime que c'est une question très grave. Notre camarade Yung a posé le problème, il a bien fait. Il a examiné les divers procédés pour les coopératives de se procurer des capitaux, il a condamné avec juste raison le procédé qui consiste à s'adresser aux fournisseurs ou aux banques, bien que malheureusement les sociétés soient parfois obligées d'y avoir recours. Il est évidemment préférable pour elles de s'adresser au crédit de la Banque des Coopératives; mais, comme il l'a dit, la Banque des Coopératives ne peut pas couvrir des immobilisations.

Un procédé que Yung repousse complètement et que beaucoup d'administrateurs de sociétés coopératives repoussent avec lui, c'est l'épargne coopérative. Eh bien, je ne suis pas adversaire de l'utilisation de cette épargne dans les sociétés. J'estime au contraire que cette arme peut nous rendre de grands services.

Il nous dit qu'elle a une base extrêmement fragile et les craintes qu'il manifeste sont en effet fondées quand il s'agit d'une coopérative corporative, ne comprenant que des ouvriers d'une seule profession, par exemple, une coopérative de verriers ou d'ouvriers du bâtiment parce que s'il se produit dans la corporation intéressée une grève ou un chômage, les coopérateurs pourront être amenés à opérer des retraits de fonds.

Mais en général, le mouvement coopératif s'adresse aux travailleurs de toutes les professions sans exception, de sorte qu'il y a une compensation des risques qui s'opère tout naturellement.

A Troyes, nous avons eu après la guerre une situation extrêmement difficile. La valeur des marchandises ayant monté, comme nous n'avions pas de capitaux, nous ne pouvions pas acquérir les stocks qui nous étaient nécessaires et nous avons dû recourir au crédit des Banques, crédit extrêmement onéreux. Pour éviter d'être écrasés sous ces charges, nous nous sommes adressés aux sociétaires, nous avons fait appel à leurs sentiments d'épargne, nous leur avons dit qu'ils avaient tort de confier leur argent à la caisse d'épargne ou à l'Etat, au lieu de le porter à la Coopérative.

Ils nous ont écoutés. Nous avons, par ce moyen, réussi à rétablir notre situation d'une façon extrêmement rapide et complète.

Et pourtant, Troyes est une ville ouvrière où les grèves sont fréquentes. Mais cela ne nous a gênés en aucune façon. La caisse de prévoyance ne subit chez nous aucune fluctuation du fait des conflits qui peuvent se produire dans la classe ouvrière troyenne. Nous en avons eu, il y a trois ans, un exemple frappant. Une grève a éclaté dans l'industrie textile, qui a englobé plusieurs milliers d'ouvriers; quelques-uns ont retiré un peu d'argent, mais les travailleurs des autres professions ont continué à nous en apporter, de sorte que notre caisse s'est toujours soldée par des excédents de recette, et même pendant la grève nous avons pu apporter 26.000 fr. de secours aux grévistes.

L'épargne coopérative nous a donc servi, sans nous gêner en aucune façon.

Certes, il serait évidemment préférable que les sociétés n'eussent pas besoin de crédit, qu'elles eussent leurs capitaux propres pour assurer leur développement, de façon que l'épargne des coopérateurs pût être canalisée vers la Banque des Coopératives, pour permettre la réalisation de grandes entreprises.

Mais c'est un moyen à employer quand on se trouve dans une situation difficile et qu'on veut améliorer sa trésorerie.

Bien entendu, il faut, en même temps, que les sociétés augmentent leur capital et surtout leurs réserves.

Pour l'augmentation du capital, beaucoup de camarades préconisent la création d'actions multiples; ce système ne nous paraît pas recommandable. Nous estimons que c'est un danger pour les sociétés, en ce sens que les actions multiples coûtent cher. Il est préférable d'en rester à la méthode ancienne, celle de action unique, sans aucune rémunération.

A l'heure actuelle, les actions multiples n'ont augmenté le capital des sociétés que dans une proportion extrêmement faible; elles les ont par contre amenées à rémunérer leur capital, et telle société qui va donner 100.000 francs d'intérêts à ses actionnaires et qui se plaint de manquer de capitaux, ferait infiniment mieux de consacrer ces 100.000 francs à la constitution de réserves collectives. C'est surtout, en effet, vers la constitution de réserves collectives qu'il faut orienter les efforts des sociétés.

Lagrange vous disait tout à l'heure qu'à défaut d'augmentation de capital par actions multiples, qu'il faut repousser, à mon avis, on peut se constituer un capital qui ne coûte rien, par la constitution de réserves individuelles.

Nous avons, en effet à *La Laborieuse*, une action de 100 francs qui est généralement libérée au bout d'un an, et nous avons un fonds de réserve individuel qui se monte à 150 francs. Il faut six ans à un sociétaire pour avoir son fonds de réserve complet, et cela équivaut en réalité à une action de 250 francs, parce que nous ne rétribuons ni le fonds de réserve ni l'action.

Mais ce qu'il faut augmenter surtout, comme le disait tout à l'heure Ramadier, c'est le capital collectif des sociétés. Le capital actions est un capital qui disparaît, qu'on est obligé de rembourser quand le sociétaire s'en va. Le capital collectif, au contraire, est la richesse propre de la Société, c'est à vrai dire le seul qui nous intéresse.

Avant la guerre, nous envisagions, à *La Laborieuse*, la possibilité de rembourser le capital action, pour n'avoir que du capital colrectif. Mais je crois que sans aller jusque là, on pourrait surtout chercher à accroître le capital collectif.

Pour réussir dans cette voie, il ne faut pas supprimer complètement le trop-perçu et la ristourne, comme le disait Yung. C'est là un procédé qui théoriquement est parfait, mais qui pourrait donner des résultats opposés à ceux que l'on cherche. J'en prends à témoin nos camarades d'Amiens, de Saint-Etienne et de Limoges, qui continuent à distribuer des ristournes importantes et qui cependant ont une situation extrêmement florissante. Je crois que la distribution de ristournes est une condition *sine qua non* de la prospérité des sociétés. Mais pour distribuer des ristournes, il faut faire beaucoup d'affaires et de bonnes affaires; sans cela, on n'a que des résultats insuffisants. On peut y parvenir par une propagande coopérative acharnée, il faut insuffler aux coopérateurs un esprit coopératif qui provoquera un afflux de nouveaux sociétaires et accroîtra la consommation de chacun. Si, partout, nous obtenions la moyenne annuelle de consommation de nos camarades de Nîmes, 4.000 francs, ce serait merveilleux! Une société qui obtient cela est imbattable. Mais sans atteindre ce chiffre merveilleux, on peut obtenir, dans la plupart des sociétés, un minimum de 2.000 francs. Je suis sûr qu'à Limoges ce chiffre est atteint.

A *La Laborieuse* de Troyes, nous obtenons une moyenne de 2.500 francs, et pour être administrateur de la coopérative, il faut avoir au minimum cette moyenne d'achats. Celui qui ne l'atteint pas n'est pas considéré comme digne d'administrer la société.

Nous obtenons de bons résultats, nous faisons de bonnes affaires. Pour cela, il faut vendre à peu près au taux du commerce, légèrement au-dessous pour attirer quelque peu les ménagères. Mais il ne faut pas rechercher systématiquement la vente à bas prix qui ne donne ni trop-perçu ni ristourne. La vente à bas prix n'est pas par elle-même un moyen suffisant d'attirer les ménagères; le bon marché ne peut pas être tel qu'il suffit pour les impressionner. Quand nous arriverions à vendre 3 ou 4 0/0 meilleur marché, personne ne s'en apercevrait. La ristourne, au contraire, est tangible. Il faut donc maintenir la ristourne et il faut bien se persuader que sa suppression amènerait un déplacement de la consommation.

Du trop-perçu, il faut faire deux parts. La première ira aux réserves; l'autre, la plus importante, sera ristournée à la ménagère, — je dis la plus importante, parce que les trop-perçus appartiennent au consommateur; ce sont des trop payés. Les percevoir intégralement sur les sociétaires au profit de la société serait frapper le consommateur d'un impôt de consommation trop lourd; nous ne pouvons pas le faire, alors que nous sommes, en principe, ennemis des contributions indirectes.

En pratiquant cette politique, nous sommes arrivés, à *La Laborieuse*, à accroître sans cesse notre champ d'action, à constituer un fonds de réserve collectif qui, à la fin de l'année 1926, sera le double de notre capital social.

Voilà comment peut être résolue la question du capital propre des sociétés coopératives.

Je me résume. Il faut maintenir les vieilles traditions et s'en tenir aux principes véritablement coopératifs, c'est-à-dire à l'action unique non rémunérée, en versant les intérêts au fonds de réserve; constituer une caisse d'épargne à l'intérieur de la société; créer un fonds individuel de réserve sans intérêt; constituer de fortes réserves collectives à l'aide d'une partie suffisante des trop-perçus; vendre un peu au-dessous des prix du commerce.

Les trop-perçus, dont on médit, sont utiles à la société, en attendant qu'ils servent aux sociétaires. Au fur et à mesure qu'ils s'accumulent dans les caisses de la société, celle-ci peut s'en servir comme fonds de roulement; et dans les cas où elle peut s'en passer, elle peut les déposer à la Banque des Coopératives, qui lui servira un intérêt appréciable.

Ainsi, ma société a réalisé un million de trop-perçu en 1925; au cours de l'année, cela a correspondu à une moyenne de 500.000 francs qu'elle a pu déposer en banque, ce qui nous a procuré un bénéfice de 20.000 francs d'intérêts.

Nous préconisons donc cette méthode qui nous paraît de nature à assurer une marche sans cesse progressive du mouvement coopératif.

Le Président. — La parole est à Souillard.

Souillard. — La minorité révolutionnaire du Congrès avait l'intention d'intervenir largement dans le débat sur le capital propre des sociétés coopératives; mais comme le temps de parole est limité, comme, d'autre part, ce Congrès a l'air de manifester un plaisir très relatif chaque fois qu'un orateur de la minorité monte à la tribune, je ne veux pas abuser de votre patience.

Je me contenterai simplement de dire que nous ne faisons pas une opposition systématique à la thèse présentée par le rapporteur; nous sommes d'accord avec certaines de ses conclusions. Mais il est des raisonnements et des conclusions que nous ne pouvons pas admettre, particulièrement l'interprétation du crédit de la Banque des Coopératives de France, et également les actions de priorité sur lesquelles nous sommes d'un avis contraire à celui du rapporteur.

Je me contenterai donc de lire la résolution que nous présentons :

Le Congrès de 1926 met en garde les sociétés contre le danger d'utiliser en immobilisation certains crédits à court terme (fournisseurs, caisse d'économie, banques).

Leur recommande, dans la période de dévalorisation rapide du franc, de calculer les bénéfices en tenant compte de ce changement de valeur et en créant une réserve nouvelle destinée à conserver au capital propre sa valeur ancienne.

Pour la même raison, leur recommande de doter largement leurs amortissements, ceux-ci étant faits à l'heure actuelle en franc déprécié.

Regrette que la Fédération Nationale ait attendu que le franc soit déprécié de 85 0/0 pour signaler les dangers de la dévalorisation.

Condamne toute distribution de trop-perçu effectuée aux dépens des amortissements et des réserves. Celles-ci constitueront de véritables répartitions du capital propre.

Donne mandat au Conseil Central de poursuivre par tous les moyens la suppression de la limitation des actions à 100 francs résultant de la loi du 7 mai 1917.

Indique aux sociétés que la gravité de la situation recommande aux sociétés de limiter aux maximum possible la distribution du trop-perçu au bénéfice des réserves collectives.

Voilà la résolution qui a été adoptée par le Cercle des Coopérateurs de *La Famille Nouvelle*, et que la minorité du Congrès a acceptée.

Le Président. — La parole est à Gaston Lévy.

Intervention de Gaston LEVY

Gaston Lévy. — Je vais essayer, dans les dix minutes qui me sont imparties, d'apporter ma contribution à l'examen de cette question.

Je ne parlerai pas de toutes les parties du rapport de Yung, concernant la prudence qu'il recommande aux sociétés, tant en ce qui concerne les amortissements que la façon d'examiner les conditions dans lesquelles les bénéfices doivent être établis. Je m'en tiendrai uniquement à la recherche des capitaux propres des sociétés coopératives, et je suis obligé, non pas de contredire les conclusions de notre camarade Delmas, mais d'indiquer que, dans la proposition de Delmas, il y a des choses qui ne peuvent pas s'appliquer aussi facilement qu'il le croit.

Les sociétés coopératives évoluent dans des milieux tout à fait différents, se développent dans des conditions tout à fait différentes, et nous comprenons parfaitement qu'une société comme *La Laborieuse* de Troyes, qui a cantonné son développement à la seule ville de Troyes, ait pu réaliser le programme qui nous a été développé : maintien de l'unité d'action, non rémunérée; réserves importantes; développement de la consommation de chaque adhérent. Je crois aussi qu'une société comme *La Laborieuse* peut, sans danger, alors qu'elle a derrière elle de longues années d'existence, qu'elle est dirigée par des administrateurs d'une grande expérience, *La Laborieuse* peut, sans danger, réclamer des épargnes coopératives dans sa région.

Je ferai tout de même là-dessus une légère observation. Delmas sait combien j'apprécie l'effort qui a été fait à *La Laborieuse* de Troyes, et Delmas sait aussi quelle est la nature des relations que nous avons ensemble; il a signalé lui-même tout à l'heure *La Laborieuse* comme une des sociétés coopératives qui ont le plus apporté de concours à la Banque des Coopératives : j'ajouterai que *La Laborieuse* pourrait être citée en modèle.

Malgré tout cela, je considère que dire aux sociétés coopératives qu'il n'y a point de danger à recueillir les épargnes, c'est aller contre les intérêts de la Banque des Coopératives, et c'est également un danger.

C'est un danger, parce que les administrateurs des sociétés coopératives peuvent n'avoir pas la prudence de nos camarades de *La Laborieuse* de Troyes; je connais, pour ma part, pas mal de sociétés qui, plus ou moins poussées par les événements, poussées par les suggestions de tel ou tel propagandiste, poussées par les conditions même du développement de leur région, ne savent plus faire la discrimination entre les capitaux qui leur sont confiés à vue et leur capital propre, seul susceptible d'être immobilisé.

Nous savons très bien que beaucoup de sociétés coopératives ont été entraînées à des difficultés assez grandes, parce qu'elles avaient immobilisé, et immobilisé dans des conditions parfois absurdes, le montant des épargnes recueillies par des coopérateurs.

Nous avons aussi connu des sociétés coopératives qui, dans une région déterminée, ont eu à subir les conséquences de crises plus ou moins prolongées.

Delmas, pour nous rassurer, nous a parlé de grèves qui s'étaient produites à Troyes. Je ne suis pas très sûr que si, au lieu d'une grève limitée, il y avait eu une grande crise de production dans ce qui est la fabrication particulière de la région de Troyes, dans la bonneterie, et si cette crise avait duré des années, il n'y aurait pas eu des demandes de remboursement de la part des coopérateurs qui ont constitué des épargnes.

Je suis tout à fait tranquille en ce qui concerne *La Laborieuse* de Troyes; je suis absolument certain que cette société pourrait faire face aux remboursements qui lui seraient demandés, parce que je connais la prudence de ses administrateurs. Mais je ne suis pas sûr du tout que, dans beaucoup d'autres coopératives, nous rencontrerions une situation aussi solide et qualités de prudence aussi éprouvées.

Nous avons vu, en effet, des sociétés extrêmement gênées parce que, la confiance ayant cessé, ou des besoins s'étant manifestés chez les épargnants, ceux-ci venaient réclamer leur épargne, et cela a même entraîné des disparitions de sociétés.

C'est la raison pour laquelle nous avons fait effort pour concentrer les épargnes des coopérateurs par l'intermédiaire de la Banque des Coopératives de France.

Si nous n'avions eu que des préoccupations personnelles, si nous n'avions considéré que la commodité de la Banque, nous aurions eu un intérêt de premier ordre à éviter ce que nous faisons actuellement.

Nous avons 1.500 sociétés adhérentes de la Fédération; supposez qu'il y en ait seulement la moitié qui travaillent avec la Banque; ce serait au maximum 750 à 800 comptes de sociétés que nous aurions à tenir, alors qu'actuellement nos frais généraux sont grevés par la tenue de 56.000 comptes. Et malgré cela, les résultats seraient les mêmes, le taux d'intérêt serait le même, le remploi des capitaux serait le même. Nous aurions par conséquent moins de frais généraux, moins de personnel et les bénéfices seraient plus importants que ceux que nous faisons à l'heure actuelle.

Si nous nous sommes donné le mal d'avoir les comptes d'une multitude de coopérateurs qui sont venus à nous, c'est parce que nous avons senti la nécessité, nous le disons très franchement, d'enlever à beaucoup de sociétés coopératives le contrôle qu'elles exerçaient inutilement ou inefficacement sur les épargnes placées par les coopérateurs.

Ceci dit, j'en viens aux observations présentées par nos camarades de *La Famille Nouvelle*.

Je l'ai déjà dit au Congrès de la Fédération de la Région Parisienne, où j'ai eu l'occasion de m'expliquer un peu plus longuement qu'aujourd'hui. Nous sommes heureux de constater l'évolution qui s'est produite dans ces milieux. Rappelez-vous, Camarades, ce qui était il y a quelques années la tarte à la crème de nos amis : c'était qu'il ne fallait pas distribuer de trop-perçu. Aujourd'hui, je sais bien que nos camarades de *La Famille Nouvelle* continuent à appliquer ce système; mais parmi les camarades qui les entourent maintenant, il y en a qui ont été amenés à prendre des responsabilités dans certaines sociétés coopératives, et comme ils n'ont pas pu appliquer la théorie que l'on prétend très belle de la suppression du trop-perçu, comme ils ont été obligés de le maintenir, ils sont bien amenés à soutenir dans les Congrès ce que nous avons toujours soutenu et de préconiser, comme nous, la limitation du trop-perçu et non sa suppression.

Nous constatons cela avec plaisir parce que nous constatons que nous avons, de plus en plus, des idées communes.

MARANNE. — Qui a dit que nous étions pour le maintien du trop-perçu?

Gaston LÉVY. — C'est le fait, c'est la pratique.

POISSON. — *La Bellevilloise* ne donne-t-elle pas le trop-perçu?

MARRANE. — Nous n'avons jamais été partisans de la suppression totale du trop-perçu; nous savons qu'il faut d'abord faire l'éducation des coopérateurs.

Gaston LÉVY. — Malheureusement pour Marrane, il n'a pas pu assister à tous les Congrès de la Fédération depuis celui de Strasbourg, où, pour la première fois, la question nous a été posée. Mais il y a ici, dans cette salle, un nombre assez considérable de coopérateurs qui suivent assidument les Congrès, qui n'en ont pas manqué un seul et qui peuvent constater que, lorsque je dis que nos camarades proposaient avec insistance la suppression du trop-perçu, je dis l'exacte vérité.

Je ne vous reproche pas d'être revenus sur cette opinion, mais vous pensez bien que je suis trop heureux de constater le fait pour le laisser passer sans le souligner.

J'en viens maintenant à deux séries d'observations qui ont été faites sur les actions de priorité.

D'abord, un mot sur les actions multiples et sur la question de l'intérêt de l'action.

Je crois qu'il serait préférable de ne pas être obligé de donner un intérêt à l'action. Seulement, il faut voir les faits, il faut vivre en contact avec les faits.

Je me retourne vers Delmas qui nous disait : « Ne donnez pas d'intérêt à l'action; c'est autant de frais généraux que vous aurez en moins. » Ceci serait exact, Delmas, si vous n'étiez pas obligé, vous comme les autres, de rechercher en dehors de votre capital actions, des crédits qui vous sont nécessaires, même lorsque vous les obtenez sous forme d'épargne coopérative.

Je ne crois pas que vous ayez réussi encore à faire admettre par les coopérateurs troyens que la meilleure méthode pour venir en aide à sa société coopérative, c'était de lui apporter ses épargnes et de ne pas demander d'intérêts.

DELMAS. — C'est tout de même moins cher.

Gaston LÉVY. — Peut-être. C'est une question de proportion. En tout cas, l'intérêt aux actions est une charge pour les sociétés, mais c'est aussi un moyen d'obtenir du capital actions.

Les actions multiples ne m'effrayent pas outre mesure, parce que je considère que c'est tout de même le meilleur moyen de rendre pratique, à l'heure actuelle, ce que vous demandez lorsque vous souhaitez que la loi fasse disparaître cette anomalie qui fait que les actions des sociétés coopératives doivent être au maximum de 100 francs. Si nous obtenons par le raisonnement et par la propagande que chaque coopérateur prenne quatre ou cinq actions de sa société, nous aurons abouti à fournir à la société une somme en actions que vous voudriez pouvoir réclamer de vos adhérents en vertu de la loi. C'est déjà un pas de fait.

Mais je dirai à mon ami Yung que l'idée des actions multiples ne m'oblige pas, ne peut pas m'obliger à accepter le principe de l'action de priorité. Je considère que l'action multiple, c'est un effort que l'on demande aux sociétaires en vue du but à atteindre : il faut que chaque sociétaire ait un nombre d'actions suffisant pour assurer à la société coopérative le capital qui lui est nécessaire. Et si, devant des impossibilités matérielles, il n'y a qu'un certain nombre de sociétaires qui versent pour les actions supplémentaires, c'est parce que leur situation leur permet de le faire et que, par conséquent, leur engagement dans la société peut être plus grand que celui des adhérents qui n'ont la possibilité de verser que le montant d'une seule action.

En ce qui concerne la réserve collective, on a dit qu'il fallait faire un gros effort. J'en suis tout à fait partisan. Mais il y a une limite aux réserves collectives, comme il y a une limite à la suppression possible du trop-perçu. Cette limite, elle est dans une question de mesure. Si vous constituez des prélèvements trop importants, Delmas vous l'a démontré, vous ne pouvez le faire qu'au détriment de la distribution possible du trop-perçu, et vous allez vous trouver dans une situation assez difficile, parce que les coopérateurs sont en droit de vous demander que vous ne préleviez pas sur eux un impôt de consommation par trop fort, car, après tout, vous le prélevez tout de même, mais vous le prélevez faible.

Et alors, toutes les questions de principe qui font que nous sommes les adversaires des impôts indirects s'opposeront à vous, bien qu'en pratique nous soyons obligés de les négliger un peu.

Ce sont des raisons de pratique qui me font aussi repousser l'idée des actions de priorité. Ce qui nous distingue des sociétés capitalistes, c'est que le capitaliste, lorsqu'il met de l'argent dans une société capitaliste, sait qu'il aura la direction de l'entreprise et qu'il en tirera un profit proportionné à l'importance des capitaux qu'il aura engagés. Or, jamais nous ne voudrons appliquer dans le mouvement coopératif des principes de ce genre. Nous repoussons les capitalistes qui nous offrent des capitaux. Eh bien! avec votre système d'actions de priorité, vous n'obtiendrez pas de capitaux importants, puisque vous limitez à un intérêt faible la possibilité des profits que le capitaliste pourrait avoir à mettre de l'argent dans votre société.

Donc, impossibilité de rechercher un résultat satisfaisant dans ce sens.

Réserves collectives limites. — Il reste un moyen pratique qui a été utilisé d'ailleurs déjà dans beaucoup de sociétés coopératives et qui peut être parfaitement acceptable par l'ensemble des sociétaires, c'est la constitution de réserves individuelles, à côté du capital actions.

Même si nous obtenions que la loi soit modifiée et que le taux de l'action puisse être augmenté sans limitation, n'oubliez pas que, légalement, — et je m'étonne que Ramadier n'ait pas signalé cette difficulté — vous ne pourriez pas obliger un sociétaire appartenant actuellement à une société coopérative, à compléter le versement de son action jusqu'au taux que vous auriez décidé.

Je n'apprends rien aux coopérateurs qui ont été amenés à faire monter le taux de l'action à 50 ou à 100 francs; ils savent les difficultés qu'ils ont rencontrées pour faire souscrire par les sociétaires anciens le complément de l'action.

Je me résume donc. Pour moi, le gros effort qu'il y a à accomplir est un effort d'éducation en vue de la constitution de la réserve individuelle; dire aux coopérateurs : l'effort que nous avons à faire est très grand; lorsque nous distribuerons en fin d'année la ristourne sur le trop-perçu, il est juste, il est normal, il est naturel que vous en laissiez une part à la société pour permettre à celle-ci de vous rendre demain les services que vous attendez d'elle.

Versez donc aux réserves la part la plus importante possible; constituez un fonds de réserve sérieux et augmentez le montant de l'action sans rémunération, si la chose est possible. Et je crois aussi, en ce qui concerne le compte de réserve individuelle qui n'aura pas été constitué par des versements du sociétaire, mais qui sera retenu sur les ristournes, je crois qu'il est juste et normal que le sociétaire ne bénéficie pas d'un intérêt, puisque l'utilisation de ce capital nouveau est destinée à lui rendre des services nouveaux.

C'est dans ce sens que je demanderai au Congrès d'insister tout particulièrement pour que toutes les sociétés coopératives essayent d'appliquer ces principes par un prélèvement de 25 0/0 sur le montant des trop-perçus; l'accroissement des sommes destinées aux immobilisations ira assez vite pour que les coopératives ne soient pas gênées par ces difficultés.

Le Président. — La parole est à Bernard Lavergne.

Intervention de Bernard LAVERGNE

Bernard Lavergne. — Mon intervention sera brève. En effet, je suis d'accord, dans les grandes lignes, avec les précédents orateurs, notamment avec nos camarades Lagrange, Ramadier et Gaston Lévy. Parlant le dernier, je n'aurai rien peut-être de bien intéressant à dire. Somme toute, il y a quatorze ans, lors de l'unité coopérative, deux grands problèmes se posaient devant le monde coopératif : le problème des meilleures méthodes coopératives et le problème des capitaux coopératifs.

Le problème des méthodes coopératives les meilleures a été résolu, comme vous le savez, et je n'y reviens pas.

Mais le second problème, qui est celui des capitaux coopératifs, est encore pendant devant nous. Il est double. Il y a, d'une part, la question des capitaux coopératifs à court terme, qui a été résolu en grande partie par la création de caisses d'économies, surtout par celle de la Banque des Coopératives, que dirige avec tant d'habileté Gaston Lévy. Cependant, à côté de ce problème des capitaux à court terme, il y a également le problème des capitaux à long terme — et celui-là, on peut bien dire qu'il n'a jamais reçu de solution.

Or, il n'existe que trois moyens classiques de le résoudre.

Il y a, tout d'abord, la méthode qui consiste à dissimuler au bilan une partie des bénéfices, ce qui permet la constitution de réserves occultes. Mais cette méthode a des limites. Il faut donc chercher autre chose, si l'on veut que nos sociétés reposent sur des bases financières solides.

Il y a le procédé de l'émission d'un grand nombre d'obligations. Mais ce moyen lui-même ne peut pas être poussé trop loin, car le capital social limite la possibilité d'émission d'obligatons auprès du public.

Enfin, il y a la méthode des actions supplémentaires. Cette méthode est excellente en elle-même; mais je doute fort qu'on réussisse à obliger nos sociétaires à souscrire à un grand nombre d'actions nouvelles.

Par conséquent, il faut recourir à un procédé nouveau pour arriver rapidement à accroître le capital propre des sociétés coopératives, et ce procédé, c'est, selon moi, la revision des statuts de nos sociétés et l'inscription, dans ces statuts, de l'obligation pour les sociétés de retenir chaque année 20 ou 25 0/0 des bonis individuels des sociétaires.

Je crois, comme le disait le camarade Lagrange, que cette méthode peut être employée et qu'elle donnerait immédiatement de grands résultats.

Prenez une Union coopérative — et le problème est le même dans les petites sociétés — prenez, dis-je, une Union qui vend, en moyenne, pour 1.000 francs par an et par sociétaire, et supposez qu'elle distribue 4 % de ristourne, soit 40 francs à chaque sociétaire. Si elle garde un quart de ces 40 francs pour constituer une réserve idividuelle au compte du sociétaire, elle conservera 10 francs par membre et par an. Il serait risible de prétendre que c'est un effort pénible qu'on impose au sociétaire : 10 francs ne sont, pour ainsi dire, rien pour chaque membre de nos coopératives.

Mais, si cette retenue n'est rien en ce qui concerne le sociétaire, elle n'en est pas moins considérable dans ses résultats pour la société elle-même : vis-à-vis des 50.000 membres de la société, elle ne donnera pas moins de 500.000 francs de mise en réserve par an. Et si la ristourne monte à 8 0/0, ce sera non pas 500.000 francs, mais un million que la société mettra chaque année en réserve.

Une société comme l'*Union d'Amiens* doit, pour une large part, sa prospérité, qui est très grande, à ce fait que, tous les ans, elle verse environ un million à sa réserve.

Cette retenue sur la ristourne de chaque coopérateur est donc tout à la fois utile et facile à réaliser en pratique.

Mais il y aurait lieu de savoir quelle affectation lui donner. Je crois qu'il y a, pour l'instant, deux choix possibles. On pourrait, en premier lieu, affecter cette retenue sur la ristourne à des *actions de priorité* qui seraient ainsi rendues obligatoires pour les sociétaires; dans ce cas, vous vous heurtez aux inconvénients que différents orateurs, notamment Ramadier et Gaston Lévy, vous ont signalés. Je crois, en effet, que la création d'actions de priorité, qui est légalement possible, serait pratiquement dangereuse. Pour ma part, je suis plutôt partisan de la création d'un compte *Réserve individuelle* ouvert à tous les membres de la société.

Ce compte de réserves pourait être productif d'intérêts. C'est une question à voir. Certains proposent qu'il ne porte pas d'intérêt. De toute manière, ce qui serait essentiel, ce serait de faire voir à chaque sociétaire que, selon la parole de M. Charles Gide, il réalise une épargne par sa propre dépense. Chaque coopérateur aurait là, pour ainsi dire, une poire pour la soif. On pourrait, en effet, créer un fonds spécial permettant à la société de faire des prêts temporaires aux sociétaires qui auraient besoin de toucher à leurs fonds de réserve individuels.

Donc, loin de voir dans cette retenue un inconvénient pour les coopérateurs, je suis convaincu que la création de ce fonds par l'affectation de 25 0/0 des bonis serait, en réalité, une chose extrêmement avantageuse pour le sociétaire lui-même.

Le jour peut être prochain où la loi permettra à nos sociétés d'élever le montant de leur action pour le porter à 500 ou à 1.000 francs, il y aura lieu de transformer les 25 0/0 perçus sur les bonis annuels en actions qui seraient ainsi libérées progressivement.

Bref, dans tous les cas, quelle que soit l'affectation adoptée, il est essentiel de décider d'abord le principe de la retenue de 25 0/0 sur les bonis.

Il y aura lieu, il est vrai, de choisir entre deux modalités. On peut admettre que cette retenue aura lieu *d'office*, mais que le sociétaire aura le droit de s'y opposer. On peut admettre aussi que la retenue sera *obligatoire*, nonobstant la volonté contraire du coopérateur.

Pour ma part, je préférerais la seconde solution; mais ce sera une question à étudier.

En tout cas, une revision des statuts s'impose; de même, dans l'hypothèse de l'augmentation du montant des actions, une revision des statuts sera nécessaire.

La prospérité des coopératives anglaises tient à leur puissance financière; or, celle-ci découle elle-même, dans une large mesure, de l'accumulation de réserves opérée d'année en année.

L'accumulation des réserves, d'année en années? Mais elle est la seule raison essentielle de la prospérité des sociétés capitalistes. Vous savez comme moi que d'immenses sociétés anonymes ont un capital social très faible, mais sont extrêmement riches, parce que, depuis un demi-siècle parfois, elles ont mis chaque année en réserve plus d'argent qu'elles n'en ont distribué à leurs actionnaires.

Nous, au contraire, nous faisons l'inverse, et nous nous trouvons dans cette situation paradoxale, j'oserai même dire dans cette situation ridicule, que beaucoup de nos sociétés sont pécuniairement très prospères, — réalisant d'énormes bénéfices par rapport à leur capital actions — mais demeurent en même temps très pauvres pendant tout le cours de leur existence. Cela tient uniquement au fait que les ristournes distribuées sont beaucoup trop élevées.

Je n'ai pas besoin de vous rappeler qu'en 1918, 1919 et 1920, l'Union des Coopérateurs de Paris, par rapport à son capital qui était faible, a donné des ristournes énormes qui sont montées jusqu'à 149 0/0 de son capital versé. Et la plupart de nos sociétés distribuent, les années normales, 50 à 60 0/0 de ristourne, par rapport aux actions libérées. Mais elles restent pauvres, épuisées qu'elles sont par les ristournes trop élevées qu'elles fournissent.

En conclusion de mes explications, je dirai que j'appuie chaudement le rapport et le texte du camarade Yung, mais que, cependant, ses deux dernières résolutions me paraissent un peu trop évasives. Je crois qu'il conviendrait de modifier les deux derniers alinéas et de les remplacer par une formule un peu plus impérative. C'est pourquoi je dépose sur le bureau du Congrès cet amendement, qui ne fait qu'abonder dans le point de vue du rapporteur, mais, en même temps, précise et rend plus pressante l'obligation pour les sociétés de subir cette retenue sur la ristourne.

Je vous propose donc le texte suivant :

« Le Congrès recommande aux sociétés de décider, par une revision de leurs statuts, un versement d'office par les sociétaires de 20 ou 25 0/0 des bonis annuels.

« Une partie serait affectée aux réserves collectives, une partie à un compte de réserve individuelle productif d'intérêts.

« Le Congrès conseille de rendre, par une revision des statuts, la dite retenue obligatoire, nonobstant toute volonté contraire de l'intéressé.

« Des prêts temporaires pourront, à l'aide d'un fonds spécial, être consentis aux sociétaires, sur le montant des réserves individuelles inscrites à leur nom. »

J'espère que le principe de la retenue obligatoire sera adopté par le Congrès. Je suis convaincu en effet que c'est là le moyen le plus sûr de donner à nos sociétés un développement financier favorable, capable de les mettre à l'abri des difficultés qu'elles rencontreront dans l'avenir.

Le Président. — La parole est au rapporteur.

Réponse de YUNG

Georges Yung. — Il y a lieu de se féliciter du débat auquel vous avez assisté ce matin sur le capital propre des sociétés coopératives.

Les diverses opinions qui ont été exprimées prouvent qu'il y avait intérêt, non pas à présenter les formules les plus pratiques, parce que je crois qu'elles n'existent pas, mais à donner au Congrès et aux sociétés un état d'esprit les incitant à augmenter leur capital propre.

A la lumière de ces débats, chaque société aura évidemment à choisir le moyen qui lui paraîtra le plus pratique, et ce qui paraîtra pratique à l'une pourra être moins commode pour l'autre.

Ce qui est important, c'est que tout le monde se pénètre bien de cette idée qu'une certaine quantité de moyens sont à la disposition des sociétés pour augmenter leur capital propre, et que, par contre, pour leurs immobilisations, un certain nombre de procédés sont à écarter très rigoureusement.

Notre camarade Delmas nous a dit que les caisses d'économies pouvaient constituer un danger. Lévy a répondu suffisamment sur ce point. Je ne veux pas insister, mais je dois dire que Delmas est certainement d'accord avec moi. S'il veut bien revoir le texte qui a été proposé, il constatera que je ne dis pas expressément que les sociétés coopératives ne doivent pas utiliser les caisses d'économie, mais que, en aucun cas, elles ne doivent immobiliser les fonds qui proviennent de ces caisses. Et je suis certain que, dans sa société, où il existe une caisse d'économie, jamais le conseil d'administration, et en particulier Delmas lui-même, n'admettront que les fonds de cette caisse soient employés en immobilisations.

Où je continue à ne pas avoir de chance, c'est en ce qui concerne les actions de priorité.

Et tout d'abord, les deux juristes qui sont venus à cette tribune, en particulier notre ami Bernard Lavergne, m'ont lâchement abandonné en ce qui concerne les actions de priorité. Pour Bernard Lavergne, ce n'est pas très pardonnable, car lui-même les avait préconisées dans un livre que vous avez lu pour la plupart et qui s'appelle : « Les Sociétés Coopératives de Consommation ».

Les arguments qui ont été donnés par notre ami Ramadier sont de deux sortes.

Il a d'abord parlé de difficultés juridiques. En effet, la question ne s'est pas encore posée dans les sociétés coopératives; elle ne s'est posée que dans les sociétés capitalistes. Mais je crois que les difficultés juridiques ne sont pas une raison suffisante pour que le Conseil central et l'Office technique n'étudient pas cette question. S'il y a des dificultés d'ordre juridique, il faut les étudier et les résoudre.

La deuxième raison qui choque Ramadier, je reprends son expression, c'est qu'on accorde un privilège à une certaine catégorie d'actions. Et alors, je continue à avoir la malechance qui me poursuit depuis le début. Je persiste à penser que si on ne crée pas d'actions privilégiées dans le sens où je l'ai demandé, on créera, par voie de conséquence, des actionnaires qui, eux, seront privilégiés.

On dit qu'il ne faut pas faire d'actions privilégiées, mais qu'il faut faire un compte d'économies. Or, je constate qu'on donne au titulaire du compte d'économies des privilèges plus grands que ceux de l'action privilégiée. De même, lorsque vous faites des obligations, vous donnez au porteur d'obligations un privilège consirable sur le porteur d'actions, et c'est d'ailleurs justice. On a même été plus loin; dans certaines sociétés coopératives, on a ajouté au privilège normal des obligations une hypothèque spéciale sur les immeubles et le matériel de la société, en créant des obligations hypothécaires, et personne ne s'est jamais élevé contre la création de ces obligations hypothécaires.

En tout cas, je dis ceci pour mon compte personnel, si je suis appelé un jour comme liquidateur d'une société coopérative où existeront des actions supplémentaires, si les statuts ne me donnent pas le droit de rembourser ces actions avant les actions ordinaires, je déclare tout de suite que je déclinerai l'offre qui pourrait m'être faite, parce que je ne voudrais pas être placé entre, d'une part ma conscience de coopérateur qui me porterait à rembourser d'abord les actions supplémentaires, et d'autre part la loi qui me l'interdirait.

Et lorsque Lévy vient nous dire : « Ceux qui ont apporté de l'argent pour des actions supplémentaires l'ont fait parce qu'ils en avaient les moyens », je lui réponds que je connais des sociétés coopératives où des sociétaires ont souscrit des actions supplémentaires, non parce qu'ils en avaient les moyens, mais parce qu'ils avaient une confiance un peu aveugle dans la société et qu'ils lui apportaient la totalité de leurs petites économies. Dans ces cas-là, on n'a pas affaire à des capitalistes, on a affaire à de petites gens et on doit leur donner des garanties lorsqu'ils apportent en toute confiance une force supplémentaire à la Coopération.

Le Président. — La Commission des résolutions examinera les différents textes qui ont été déposés sur le bureau du Congrès et présentera son rapport cet après-midi.

Je donne la parole à Camin.

Vote sur le rapport du Conseil Central

Maurice Camin. — Voici les résultats du vote sur le rapport du Conseil Central :

Pour le rapport	5.620	mandats
Contre le rapport	409	—
Abstentions	55	—

Je dois, maintenant, faire une communication au Congrès. Vous avez tous entre les mains un petit drapeau de l'Alliance Coopérative Internationale. C'est grâce à l'initiative de la Fédération Lyonnaise et plus particulièrement grâce à notre ami Romatier, que ce drapeau a été confectionné et que la Fédération Nationale pourra mettre à la disposition des sociétés et des sociétaires des drapeaux de différentes dimensions. Ainsi se trouve réalisé le drapeau arc-en-ciel que nous avons tous cherché pendant des années.

La séance est levée à midi.

DEUXIÈME SÉANCE DU VENDREDI 14 MAI

La séance est ouverte à 15 heures, sous la présidence de Cozette, assisté de Chiousse et Bonneau.

LA QUESTION DES RETRAITES ET LES SOCIÉTÉS COOPÉRATIVES

LE PRÉSIDENT. — Je donne la parole à Jacques Dreyfus, rapporteur..

Discours de Jacques DREYFUS

Jacques DREYFUS. — La situation économique actuelle rend singulièrement délicate et angoissante à la fois la question de l'organisation d'un système de retraites pour le personnel des coopératives, plus particulièrement en ce qui concerne ceux des agents qui, depuis de longues années, ont consacré toute leur activité à la croissance et au progrès de leur société, qui ont eu la satisfaction de voir s'intensifier sa puissance et son rayonnement. Mais, alors que cette haute satisfaction morale vient couronner le fruit de tant d'années de propagande et de labeur, la dépréciation incessante de la monnaie nationale risque de rendre ridiculement insuffisantes les retraites que les systèmes employés par vos diverses organisations ont eu pour but de constituer en vue de garantir la sécurité et la décence des dernières années de vie des vieux apôtres de la coopération.

Vous savez, en effet, que la législation actuelle ne permet pas à des groupements privés d'instaurer un système de pensions autre que celui basé sur la capitalisation. Les vieux coopérateurs ont versé pour la constitution de leur retraite des francs d'avant 1914, ou tout au moins d'avant 1920. A ces francs d'avant 1914 correspondent, dans les calculs, des rentes viagères mathématiquement équitables, eu égard aux chances de mortalité des intéressés et à la capitalisation des intérêts composés. En période de stabilisation monétaire, aucune difficulté. Les systèmes instaurés pourraient continuer à fonctionner sans aléa et sans à-coup. Le jour où la stabilisation sera réalisée de nouveau, les coopératives pourront recommencer tout simplement l'affectation de versements normaux proportionnés aux salaires et calculés de façon à garantir aux vieux militants une retraite normale d'un ordre de grandeur égal à 50 ou 60 0/0 de leur dernier traitement.

Mais aujourd'hui une question se pose d'une façon pressante : c'est de pallier, pour la période transitoire, — que nous espérons tous aussi courte que possible, mais dont il ne nous appartient pas de fixer la durée qui va s'écouler jusqu'à l'inévitable stabilisation — c'est, dis-je, de pallier aux répercussions douloureuses de la dépréciation du franc sur les chiffres des retraites qui vont être allouées au cours des plus prochaines années.

Notre rapport vous donne, à ce sujet, quelques exemples et quelques indications. De grosses organisations de la région parisienne, telles que le *Magasin de Gros* et l'*Union des Coopérateurs*, alimentent la retraite :

1° Par des recettes ordinaires proportionnées aux traitements, comme je vous le disais, à raison, par exemple, de 5 0/0 pour l'employé, 5 0/0 pour la société;

2° A ces recettes ordinaires s'ajoutent tous les ans deux masses de primes : masse de majoration des versements personnels, masse d'ancienneté.

La volonté de créer un système, pas même privilégié, mais simplement équitable, pour les agents à la veille de prendre leur retraite, consiste, vous l'avez deviné, à charger le plus possible le versement de la masse d'ancienneté qui est répartie au prorata des années de service de tous les employés de la société. L'effort financier doit donc consister, si les disponibilités annuelles apparaissent par trop limitées, à rogner au besoin, et sur le pourcentage du versement patronal par rapport au salaire, qui pourrait être temporairement réduit de 5 à 4 ou même 3 0/0, et sur la masse de majoration des versements personnels. Toutes les sommes disponibles ainsi obtenues viendraient grossir d'autant la masse d'ancienneté.

Prenons un exemple chiffré : soit une société qui peut disposer tous les ans pour sa masse d'ancienneté d'une somme de 100.000 francs; elle a 100 employés et chacun compte 10 ans d'emploi, en moyenne. C'est dire que, sur la carte de retraite de chaque employé que nous supposons affilié à la Caisse fédérale des coopératives, la société prélève, pour chacun d'eux, sur la masse d'ancienneté, un versement en timbres-retraite égal à autant de fois 100 francs que l'employé compte d'années d'emploi dans une coopérative. Les vieux employés qui comptent, par exemple, 20 années d'emploi, bénéficieront, de ce chef, d'un versement patronal particulier de 2.000 francs s'ajoutant, et à leur versement personnel, et à ce que j'appellerais le versement patronal de période normale. Pour les employés âgés aujourd'hui de 50 ans et comptant 20 années d'emploi, le versement patronal d'ancienneté va, pendant les 10 années d'activité qui, supposons-le, lui restent à dépenser à la coopérative, s'élever progressivement à 2.000, 2.100, 2.200, jusqu'à 3.000 francs, la dernière année. En tablant sur la moyenne de 2.500 francs, ce seul versement patronal spécial lui créera, de 50 à 60 ans, au tarif actuel à 5 fr. 30 0/0 de la Caisse fédérale, une pension de retraite de 4.300 francs. Je rappelle une fois de plus qu'à cette retraite s'ajoutent les quelques centaines de francs qui ont pu être constitués par les versements antérieurs, depuis 1914, ainsi que la pension qui sera produite par les versements personnels et le versement patronal normal qui se poursuivront jusqu'à l'admission à la retraite.

Pour les employés aujourd'hui plus âgés encore, votre rapporteur a le devoir de se prononcer pour une solution qui, il ne saurait se le dissimuler, risque d'éveiller parmi vous une relative hostilité. C'est à titre temporaire, la prolongation pendant quelques années, même au delà de 60 ans, du maintien de l'employé en fonctions à la coopérative et, bien entendu, la prolongation, pendant la même période, des divers versements à la retraite.

Le jeu même de la hausse incessante des prix permet, en effet, au travailleur resté en fonctions, d'obtenir, tant bien que mal, une rémunération en relative concordance avec le prix de la vie. Une fois retraité, aucune garantie ne peut plus lui être donnée à cet égard. Au surplus, les générations aujourd'hui les plus voisines de

60 ans ne comprennent pas encore celles qui ont été le plus touchées et physiquement usées par la guerre. Nous commençons maintenant, par divers sondages, à discerner quelle peut être, pour la mortalité du Français moyen, la répercussion des cinq années tragiquement anormales que la population a endurées. Il eût été normal de constater un temps d'arrêt dans le mouvement de diminution de la mortalité et d'accroissement de la longévité qui, comme vous le savez, s'est manifesté en France d'une façon irréfutable et ininterrompue depuis le début du XIXe siècle. Or, les premières constatations, qu'en tant qu'actuaire il m'a été donné d'effectuer, montrent que ce mouvement de diminution de la mortalité en dépit de la guerre, s'est purement et simplement poursuivi chez l'élément féminin de la population. Il semble bien, aujourd'hui, que la mortalité des femmes françaises accuse des chiffres inférieurs à ceux de toutes les tables connues. Chez les hommes, les résultats qui sont à notre connaissance, ne montrent aucun accroissement net, peut-être même une tendance à la diminution chez les générations jeunes (moins de 30 ans) ainsi que chez les plus âgés (plus de 50 ans). L'influence persistante de la guerre ne se révèle que chez les générations masculines comprises aujourd'hui entre 30 et 50 ans, et encore, le recul de la vitalité semble avoir, purement et simplement, ramené cet élément de la population à la mortalité du début du XXe siècle.

En m'excusant de cette digression qui semble n'avoir qu'un rapport assez lointain avec les préoccupations essentielles du mouvement coopératif, je reviens à nos vieux employés pour vous dire qu'à la faveur de ce raisonnement, il n'apparaît peut-être pas aussi scandaleux que cela semble au premier abord de prévoir une prolongation de leur labeur jusqu'à un âge qui ne devrait quand même pas dépasser 65 ans. Le versement moyen annuel d'ancienneté de 2.500 francs par tête, effectué de 55 à 65 ans, assurerait encore à l'intéressé une retraite de l'ordre de 5.200 francs. En y ajoutant les autres éléments dont j'ai déjà parlé, vous voyez que, pour un traitement annuel de 10.000 francs, la pension finale arriverait, sans trop de difficultés, à avoisiner 60 à 65 0/0 du dernier traitement.

⁂

Au cours de tout l'exposé que je viens de vous présenter, je me suis cantonné strictement dans la législation actuelle telle qu'elle est pratiquée obligatoirement par votre Caisse fédérale des Coopératives : versements au retraites ouvrières accrus par des versements facultatifs du salarié et de la société employeuse. Il me sera permis, toutefois, de vous indiquer en quelques mots comment, dans le régime de demain des assurances sociales, les inconvénients de la capitalisation individuelle, en période de dépréciation monétaire, pourront être corrigés par l'institution d'un fonds national de répartition et de garantie. L'application à un régime de retraites du système de répartition n'est pas possible pour des groupements privés. Le montant des retraites serait, en effet, soumis à tous les à-coups provenant des variations dans l'effectif des cotisants et dans celui des admissions annuelles à la pension. Aucune garantie, aucune fixité ne pourraient être assurées. Mais ces objections disparaissent tout naturellement quand il s'agit d'une organisation de retraites obligatoires étendue au pays tout entier, où les effectifs des travailleurs cotisants et ceux des générations parvenues à l'âge de la retraite ne varient que d'une façon insensible et permettant, par conséquent, de compléter les retraites normalement produites par la capitalisation individuelle jusqu'à concurrence d'un minimum garanti dont le calcul est aisé si l'on connaît les bases essentielles de la répartition démographique de la population.

Le projet Chauveau sur les assurances sociales, qui paraît à la veille d'être abordé par le Sénat, contient sur ce point une innovation particulièrement heureuse puisqu'il complète l'organisation des retraites telle que l'assureront des caisses à base de capitalisation individuelle, départementales ou primaires — et les caisses mutualistes de retraites ouvrières, comme la Caisse fédérale des Coopératives, rentrent légalement dans ces dernières — par l'institution d'un fonds national de majoration, de solidarité et de garantie qui serait alimenté, en particulier, par un sacrifice demandé aux jeunes ouvriers au profit des vieux. Cette garantie s'ajoutera, pour l'améliorer, à l'utilisation des versements patronaux d'ancienneté, versements que le projet sur les assurances sociales vous permet formellement de continuer avec les mêmes modalités que sous la législation actuelle et la possibilité, qui jusqu'ici vous était refusée, d'instituer, par le canal de la Caisse fédérale des Coopératives, des retraites même pour ceux que le montant de leur rémunération laisserait en dehors du régime national des assurances sociales si le Sénat confirmait la limite maximum de 12.000 francs de salaires, telle qu'elle est inscrite au projet rapporté par sa Commission.

La législation de demain marque, à un autre point de vue, un progrès, bien qu'à plus longue échéance, dans la voie du maintien de la valeur-or des versements capitalisés par les caisses d'assurances. Alors que la législation actuelle des Sociétés de secours mutuels et des retraites ouvrières reste encore hypnotisée par l'obsession de la valeur à revenu fixe : fonds d'Etat ou d'obligations de Chemins de fer dont le coupon participe à tous les aléas, à toutes les oscillations de la valeur de l'unité monétaire, le projet pendant devant le Sénat s'oriente résolument vers une large participation aux placements sociaux et aux encouragements à la production agricole et à la construction immobilière. Tandis que la loi de 1910, modifiée en 1915, limitait au cinquième la proportion de placements pouvant être constitués en prêts aux institutions d'habitations à bon marché ou en actions de crédit immobilier et bornait à la proportion ridicule de 1/400e la contribution maximum au reboisement, l'article 31 du projet sénatorial d'assurances sociales élève à 50 % la proportion maximum de ces types de placements en y incorporant les valeurs émises par les groupements de crédit mutuel et de coopération agricole, les hypothèques sur la propriété urbaine bâtie et, d'une façon générale, toutes autres valeurs reçues en garantie par la Banque de France. Les Caisses d'assurances sociales deviendront ainsi le grand réservoir, et nous pourrons dire, d'après ce que nous constatons aujourd'hui, le seul réservoir fournissant annuellement les centaines de millions indispensables à la reprise de la construction immobilière si lamentablement interrompue depuis douze ans.

Vous me permettrez, pour conclure, de déborder quelque peu le sujet de cet ordre du jour et d'appeler, d'un mot, votre attention sur l'action qui, en dehors même de la question particulière des retraites, s'imposera demain aux coopérateurs à la faveur de la législation nouvelle. Le projet de la Commission sénatoriale institue à la base de tous les organismes chargés de la gestion des milliards des assurances sociales, qu'il s'agisse de la retraite, de l'assurance-décès, de la maladie ou de la maternité, qu'il s'agisse des caisses départementales de droit commun ou des caisses primaires plus spécialement chargées d'appuyer leur action, les principes de la législation mutualiste.

Le mouvement coopératif peut, à bon droit, se féliciter d'avoir, dès 1913, adopté pour sa caisse de retraites ouvrières, la forme juridique de la Société de secours mutuels, qui permettra à votre Caisse fédérale de poursuivre telle quelle son existence au sein du régime nouveau.

Forme mutualiste, qu'est-ce à dire? C'est la garantie d'une distribution équitable des avantages, tant obligatoires que supplémentaires, sans privilège pour quelque catégorie que ce soit. C'est aussi la certitude de l'administration au premier chef par les représentants directs des intéressés.

Le projet sénatorial prévoit formellement l'élection de tous les administrateurs des caisses d'assurances sociales par l'assemblée générale des assurés affiliés à la caisse. Cela veut dire qu'en dehors de la moitié des postes d'administrateurs — au moins — explicitement réservés à des représentants des assurés appartenant personnellement à la catégorie des bénéficiaires du nouveau régime, les deux représentants des syndicats de médecins et de pharmaciens et les quatre employeurs devront eux aussi, pour siéger dans les conseils d'administration, se réclamer de la désignation par l'assemblée générale votant d'après le système de la représentation proportionnelle.

C'est donc, de nouveau, l'application du principe démocratique à l'administration d'organismes économiques tel que les mutualités et les coopératives l'ont expérimenté depuis de longues années. C'est dire qu'au lendemain de la mise en vigueur de la loi, les coopérateurs auront le devoir d'œuvrer en plein accord avec les organisations syndicales et avec les mutualités à base ouvrière pour apporter dans les institutions nouvelles leurs tradionnelles capacités de réalisation, et leur mentalité habituée depuis longtemps à subordonner toutes les contingences particulières à la primauté de l'intérêt collectif.

LE PRÉSIDENT. — Nous remercions Jacques Dreyfus pour son intéressant exposé. La parole est à Bugnon pour donner connaissance au Congrès de la résolution proposée.

Emile BUGNON. — Voici le texte :

Le Congrès, saisi de la question des retraites pour les militants fonctionnaires et tous collaborateurs des organisations coopératives, enregistre les solutions déjà apportées par certaines grandes sociétés, qui utilisent, en le complétant largement, le cadre fourni par la législation actuelle des retraites ouvrières, en versant à la Caisse fédérale des Coopératives, aujourd'hui vieille de douze ans, des versements très notablement supérieurs à ceux que comporte la loi du 5 avril 1910.

Il invite toutes les sociétés soucieuses de conserver la collaboration d'agents compétents et imbus de l'esprit coopératif, à s'inspirer de ces exemples en organisant des régimes de retraites comportant : 1° un versement proportionnel à la rémunération, égal pour l'employé et pour la société employeuse, de 3 à 4 % en principe; 2° un versement patronal supplémentaire, provenant d'une masse des primes d'ancienneté, constituée par un prélèvement annuel variable sur les bénéfices de la société employeuse, et répartie sur les cartes ou livrets de retraite du personnel bénéficiaire, proportionnellement au nombre d'années professionnellement consacrées par les intéressés à la coopération.

L'instabilité de la monnaie nationale souligne la nécessité, pour ne pas condamner les vieux militants à des retraites risquant de devenir dérisoires, de majorer le plus possible cette masse d'ancienneté en rognant au besoin temporairement sur le pourcentage des versements proportionnels au salaire.

Le Congrès constate que ces pratiques s'harmonisant, par avance, avec les principes directeurs de la future législation d'assurances sociales, le texte rapporté au Sénat par M. Chauveau prévoyant (art. 26, § 4) le maintien des caisses mutualistes de retraites ouvrières, telles que la Caisse fédérale des Coopératives, ainsi que la possibilité pour les sociétés employeuses (art. 44, § 2) de constituer des avantages supplémentaires par le moyen de ces caisses, même semble-t-il, pour le personnel dont la rémunération dépasse la limite de 12.000 francs prévue par le projet. Le Congrès demande toutefois, en présence de la hausse continue des salaires consécutive aux variations du prix de la vie, que cette limite soit supprimée ou tout au moins considérablement augmentée.

Il engage enfin tous les militants coopérateurs dès la mise en application de la législation nouvelle, dont l'urgence est en raison directe de la situation économique critique d'aujourd'hui, à collaborer avec les organisations ouvrières syndicales et mutualistes, ou, à défaut, à prendre eux-mêmes les initiatives nécessaires, pour la mise sur pied des caisses départementales d'assurances sociales et l'institution de caisses locales primaires d'assurance-maladie et maternité, de façon à faire régner dans les institutions nouvelles, particulièrement dans l'emploi des fonds recueillis, l'esprit coopératif, de solidarité, d'organisation et de subordination de tous les points de vue particuliers à l'intérêt collectif des assurés consommateurs.

Le Président. — La parole est à Sarraude.

Intervention de SARRAUDE

Sarraude. — Vous n'allez pas protester, je l'espère, si je vous annonce que j'appartiens aussi à la minorité révolutionnaire du Congrès. Cependant, à la différence de certains camarades, nous ne parlons jamais, chez nous, de la révolution, mais nous y pensons toujours.

Nous pensons, en effet, qu'un avenir meilleur doit être l'idéal de tout coopérateur, et qu'un vrai coopérateur ne peut qu'être guidé par cette foi socialiste qui nous anime à peu près tous ici.

Nous faisons partie de cette minorité révolutionnaire et nous sommes, par conséquent, dans l'opposition, quoique nous ayons voté, ce matin, le rapport du Conseil Central. Nous sommes révolutionnaires parce que, conformément aux principes rochdaliens, et malgré les indications des Congrès récents, nous continuons à ne faire prendre qu'une action à nos sociétaires, une action sans intérêt. Nous répartissons à nos seuls sociétaires. Nous leur donnons aussi la ristourne en fin d'année et nous considérons que c'est là un des principaux éléments de succès des petites sociétés comme celle à laquelle j'appartiens, qui est située dans un petit coin du pays basque, à Biarritz. La révolution, nous la faisons encore en mettant à la tête de nos services des techniciens et non des camarades. Puis, nous nous sommes attachés surtout à donner de la bonne marchandise à nos sociétaires, afin qu'on ne puisse pas dire qu'à la Coopérative, c'est bon marché mais que la marchandise ne vaut rien. Enfin, nous avons rompu avec certaines traditions qui se perpétuent encore ailleurs, ainsi que j'ai pu m'en rendre compte au cours de mes visites, dans mes voyages; nous avons rompu notamment avec cette tradition qui fait installer les magasins coopératifs dans des sous-sols, dans des boutiques infectes, sans devanture. Nous faisons des magasins aussi beaux que nous le pouvons, à la parisienne, et si cela nous coûte cher, je puis vous dire que cela nous a réussi. Mais nous n'hésitons pas à dépenser 50.000 francs pour en gagner 500.000. Les résultats sont là, et pour vous montrer que ce que j'avance n'est pas de la forfanterie, je vous dirai que le mois dernier, à Biarritz, nous avons fait 700.000 francs de vente.

Nous avons, nous aussi, songé à nos employés, et c'est le point sur lequel je veux parler, puisque nous discutons en ce moment la question des retraites du personnel. Dès notre constitution, qui remonte à neuf ans, nous avons fermé nos boutiques tous les dimanches, quoique le commerce local ouvre les siennes la matinée; nous avons fait travailler nos employés huit heures par jour, quoique le commerce local le fasse travailler dix et même douze heures, malgré toutes les lois sociales. Nous estimons, en effet, que c'est aux coopératives de donner l'exemple, en assurant aux employés le maximum de bien-être et de sécurité. Nous donnons à notre personnel quinze jours de congé payé par an; nous fermons pour toutes les fêtes religieuses et sociales, et malgré l'opposition que nous avons pu rencontrer, nos magasins sont régulièrement fermés le 1er Mai. En cas de maladie, nos employés touchent un mois de traitement intégral, un deuxième mois à demi-traitement, le troisième mois à quart de traitement. Enfin, la question des retraites nous préoccupe.

J'ai été heureux d'entendre les suggestions qui nous ont été apportées aujourd'hui. Nous estimons que les retraites des fonctionnaires coopératifs, comme celles de tous les travailleurs, devraient être assurées par l'Etat; il n'est pas possible à de petites coopératives, dont la situation est parfois fort instable, de prendre, à l'avance, l'engagement d'assurer à leurs employés une retraite à l'âge de cinqante-cinq, soixante, ou même soixante-cinq ans. Beaucoup de ces sociétés, en effet, auront disparu au moment où elles devraient tenir cet engagement. Il serait donc désirable que l'Etat assurât une retraite à tous les travailleurs quels qu'ils soient, sans distinction.

Mais en attendant cet heureux jour, nous avons le devoir de nous préoccuper de la situation de nos employés. Nous avons voulu établir une retenue sur leurs appointements, mais ils s'y sont absolument refusés; ils sont totalement réfractaires et ne veulent pas signer leur feuille d'adhésion aux retraites ouvrières.

Un délégué. — Ils ont raison.

Sarraude. — Mais nous avons raison, nous, de nous préoccuper de leur situation. Nous ne pourrons pas, quand un de nos employés aura soixante-cinq ans, le jeter à la rue. Nous ne pouvons pas assurer des retraites à notre personnel, étant donné cet état d'esprit, qu'en prenant à notre charge la contribution patronale et la contribution ouvrière. C'est ce que nous faisons. Nous prévoyons d'assurer des retraites à tous nos employés, soit qu'ils aient plus de 12.000 francs d'appointements, soient qu'ils aient moins de 12.000 francs. Pour ces derniers, nous assurerons la totalité des versements en les majorant à la Caisse des retraites ouvrières; pour les autres, nous assurerons la totalité des versements à la Caisse nationale des retraites pour la vieillesse. Et tout cela, par le canal de la Caisse fédérale des Coopératives.

Nous allons maintenant constituer un fonds de réserve par un prélèvement de 5 % sur les bénéfices nets, fonds de réserve qui nous permettra d'améliorer les retraites des ouvriers, assurés soit par la Caisse nationale, soit par la Caisse des retraites ouvrières.

Voilà les quelques suggestions que je vous apporte au nom de ma Société et au nom de la Région du Sud-Ouest. Si nous ne parlons pas de la révolution, vous voyez que nous savons la faire à notre manière dans notre coin.

Le Président. — La parole est à Marcel Martin.

Intervention de Marcel MARTIN

Marcel Martin. — Je ne veux retenir que quelques instants votre attention, je ne veux pas retarder le plaisir que vous allez avoir tout à l'heure à entendre notre camarade Albert Thomas, et j'ajoute que si j'étais venu au Congrès avec des idées arrêtées, après la lecture du rapport présenté par nos amis Bugnon et Jacques Dreyfus, j'avoue qu'après avoir entendu notre camarade Dreyfus, mes idées se sont, certainement comme les vôtres, modifiées.

J'avais été ému de voir que dans notre mouvement coopératif, on comptait sur les caisses de l'Etat pour réaliser les retraites aux employés et aux coopérateurs.

Je ne dirai pas, moi, fonctionnaire, qu'il faut avoir peur de l'Etat; mais je pense qu'il est infiniment préférable de constituer nos retraites nous-mêmes, dans le sein du mouvement coopératif, et de conserver les fonds que nous pouvons recueillir pour assurer les retraites aussi bien aux coopérateurs qu'aux fonctionnaires de nos sociétés.

En préparant l'intervention que je voulais faire aujourd'hui, je me suis reporté au Congrès de 1913, qui a constitué la Caisse fédérale des Coopératives, et aux interventions de nos amis Poisson, Fournière et même Maupeu, de la Famille Nouvelle, dans lesquelles ceux-ci disaient que les coopérateurs devaient assurer les retraites sur leurs ressources propres et garder l'emploi des fonds recueillis à cette fin dans le but de développer le mouvement coopératif. J'ai conservé cette opinion.

Nous avons maintenant une caisse fédérale qui fonctionne depuis treize ans, ou plus exactement depuis six ans, car en réalité on peut dire qu'elle ne fonctionne que depuis la guerre.

J'ai sous les yeux le chiffre d'accroissement du nombre des sociétaires à la Caisse fédérale. Il y avait, en 1920, 2.962 cartes échangées à la Caisse fédérale; le chiffre était, au 31 décembre 1925, de 4.272. Si on considère que les employés du Magasin de Gros, de l'Union des Coopérateurs de Paris, et d'un petit nombre de sociétés coopératives sont tous adhérents à la Caisse fédérale, on peut dire qu'il est possible de trouver dans notre mouvement coopératif des dizaines de milliers de coopérateurs qui pourraient avoir suffisamment confiance dans leur organisme coopératif pour lui apporter les quelques francs versés chaque année en vue de leur retraite.

La Caisse fédérale, au lieu de jouer le rôle social qu'elle devrait jouer, n'a pas pu encore donner son concours aux organismes et collectivités qui comptaient un peu sur elle, soit pour la construction d'établissements de bains-douches, soit pour la construction d'habitations à bon marché, d'écoles, etc.

Il nous faut recruter des adhérents à la Caisse fédérale, c'est notre premier devoir à nous coopérateurs. En prévision même de l'application sans doute prochaine de la loi sur les assurances sociales, il faut atteindre le plus rapidement possible le chiffre minimum de 10.000 membres, nécessaire pour assurer le fonctionnement rationnel d'une société de retraites.

Pour cela, il suffit que vous-mêmes, dans vos sociétés, vous fassiez un léger effort de propagande auprès de vos sociétaires, et peut-être un peu d'action auprès de vos employés pour les faire adhérer à la Caisse fédérale.

Il y a quinze jours, la Caisse fédérale a envoyé à toutes les sociétés qui possèdent un journal coopératif une circulaire pour leur demander d'insérer des articles en faveur de la Caisse fédérale. La quasi totalité des sociétés ont répondu favorablement, et *l'Action Coopérative* ayant donné l'exemple cette semaine même, une propagande active va être faite en faveur de la Caisse fédérale. Il faut l'intensifier chacun dans son milieu.

La question des retraites peut être ainsi résolue pour les employés ou ouvriers qui ont un traitement inférieur à 12.000 francs. Pour ceux qui ont un traitement supérieur, le projet de loi sur les assurances sociales, comme la loi sur les retraites ouvrières du 5 avril 1910, modifiée par la loi de 1915, ne permettent pas de recevoir dans les caisses autorisées avec une certitude absolue, je dis absolue, parce qu'en ce qui concerne les retraites ouvrières, une certaine tolérance est admise, les cotisations des salariés touchant plus de 12.000 francs.

Allons-nous, comme nous l'a proposé le rapporteur, verser cet argent à la Caisse nationale des retraites? Je dis que ce serait une faute et que, dans l'intérêt même des employés ou fonctionnaires en faveur de qui la société fait ce sacrifice, il ne faut pas accepter cette suggestion.

Pourquoi? Parce que la Caisse nationale des retraites bénéficie aujourd'hui d'un taux de loyer de l'argent qui constitue un avantage important. Par exemple, cette Caisse prête de l'argent aux communes et aux établissements publics au taux de 10,50 %, alors qu'elle calcule les pensions sur le taux de 5 %.

Et bien! je dis qu'il est souhaitable que nous conservions le contrôle de ces capitaux, de façon à assurer à nos retraités le bénéfice de cette différence importante.

Tout à l'heure, j'avais avec Jacques Dreyfus une conversation particulière, et nous n'étions pas éloignés l'un et l'autre de demander la modification des statuts de notre Caisse fédérale des Retraites, de façon à conserver à ses sociétaires non assujettis à la loi des retraites ouvrières ou d'assurances sociales le bénéfice complet de cette différence d'intérêt et obtenir la liberté des placements pour la Caisse.

En ce qui concerne l'emploi des capitaux, en effet, les sociétés approuvées de retraites ou les caisses autonomes sont assujetties au contrôle des fonctionnaires du ministère du Travail. Elles sont de plus obligées d'utiliser leurs capitaux en valeurs garanties par l'Etat.

Les sociétés libres, au contraire, peuvent employer le montant de leurs cotisations dans de meilleures conditions, en tout cas, en pleine liberté.

Tout à l'heure, Jacques Dreyfus faisait allusion au projet de

Documents manquants (pages, cahiers...)

NF Z 43-120-13

Marcel BROT, rapporteur. — Notre camarade Foucaut a déposé une motion demandant la constitution d'un Comité juridique, avec l'idée de renvoyer au Conseil Central l'étude de la question.

LE PRÉSIDENT. — Pas d'opposition? Le renvoi est prononcé.

Marcel BROT, rapporteur. — J'ai déposé moi-même une motion tendant à la concentration des efforts en ce qui concerne la presse coopérative, pour que cette question soit mise à l'étude par le Conseil Central.

LE PRÉSIDENT. — Pas d'opposition? Le renvoi est prononcé.

Marcel BROT, rapporteur. — La Fédération Parisienne a déposé une motion concernant la participation de certaines sociétés coopératives à la grève des commerçants.

Je lis cette motion, telle qu'elle a été adoptée par la Commission des résolutions :

Le Congrès approuve sans réserves la position prise par le Conseil Central à propos du mouvement de grève des commerçants et de ses rapports avec le mouvement coopératif.

La Fédération Nationale des Coopératives de consommation ne saurait considérer les commerçants comme les défenseurs des consommateurs et n'entend s'associer, en aucune manière, à une action qui a, nécessairement, un tout autre objet.

Le Congrès constate qu'en cette circonstance, le Conseil Central a traduit très exactement le sentiment de la grande généralité des sociétés coopératives de France, en se refusant à identifier l'intérêt des consommateurs avec celui des commerçants. Condamnant en principe tous les impôts de consommation, les Sociétés coopératives, organismes naturels de défense des intérêts des consommateurs, ne peuvent admettre qu'à un moment quelconque, leur opposition à l'injustice fiscale puisse être exploitée au bénéfice et encore moins être mise au service des intérêts des commerçants.

Le Congrès regrette que des Sociétés coopératives adhérentes aient cru devoir s'insurger contre ces principes élémentaires du mouvement coopératif en prenant une attitude différente de celle indiquée par le Conseil Central. Il n'accepte aucune solidarité dans l'action dissidente de ces Sociétés, action qu'il condamne comme étant inspirée de mobiles étrangers à la Coopération et comme ne pouvant à aucun titre servir l'intérêt des consommateurs.

LE PRÉSIDENT. — La parole est à Guillon.

GUILLON. — Je demande la parole pour faire remarquer que cette résolution ne sort que du Conseil d'administration de la Fédération de la Région Parisienne, mais qu'elle n'a pas été adoptée au Congrès de la Région Parisienne.

Je demande que cette résolution soit renvoyée au Comité de la Région Parisienne.

Marcel BROT, rapporteur. — La motion que je viens de lire n'est pas le texte déposé par des camarades de la Région Parisienne; ce texte a été modifié et est devenu le texte de la Commission des résolutions, sur lequel le Congrès doit se prononcer.

GUILLON. — Si la Région Parisienne n'avait pas déposé d'ordre du jour, vous n'auriez pas rédigé celui-là.

Fauconnet. — L'ordre du jour que nous avons présenté a été déposé par le Conseil d'administration de la Fédération des Coopératives de la Région Parisienne. Nous avons voulu le présenter lors de l'examen du rapport de la Fédération Nationale; mais nous n'avons pas pu le faire, parce que ce rapport a trait à l'activité de la Fédération Nationale jusqu'au 31 décembre 1925, et que les faits en question se sont déroulés en 1926.

Le Conseil d'administration de la Fédération ne voulant pas attendre le Congrès de 1927 pour faire juger la question, a cru devoir présenter cet ordre du jour indépendamment du Congrès de la Fédération de la Région Parisienne.

Et lorsque la Fédération Parisienne rendra compte, dans son Congrès, de son activité au cours de l'année 1926, nous verrons si le Congrès se prononcera contre cet ordre du jour.

Marcel Brot, rapporteur. — Les opposants avaient un représentant à la Commission des résolutions. C'était là qu'il fallait entamer la discussion. Nous ne pouvons pas rouvrir le débat. Je demande qu'on passe au vote.

Le Président. — Sous le bénéfice de ces observations, je mets aux voix le texte présenté par la Commission. Il est adopté.

Marcel Brot, rapporteur. — Une motion a été déposée par le Cercle de *La Bellevilloise,* regrettant que la Fédération Nationale ne se soit pas fait représenter au Congrès coopératif russe.

La Commission a estimé que la déclaration de Poisson avait été nette. Il a dit que dans la mesure du possible et dans les pays où cela était intéressant, la Fédération Nationale se faisait un devoir d'envoyer des délégués. Il semble qu'il ait donné satisfaction aux camarades qui avaient fait cette observation.

Le Président. — Pas d'observation? Continuons.

Marcel Brot, rapporteur. — Une motion avait été présentée sur la présence de notre camarade Poisson au Comité des contributions volontaires.

Des explications ont été fournies par Poisson.

Cela rentre dans l'examen du rapport moral sur lequel il y a eu un vote du Congrès.

Le Président. — Pas d'observation? Continuons.

Maranne. — Ce n'est pas dans le rapport moral. C'est, ainsi que l'a indiqué Fauconnet pour une autre question, en 1926, que la chose s'est produite.

Poisson. — Eh bien! j'accepte que l'année prochaine vous me jugiez sur cet acte.

Maranne. — Un texte vous a été présenté par le Conseil d'administration de la Région Parisienne, pour la question de la grève des commerçants, et vous l'avez retenu. Il n'y a pas de raison pour que vous ne mettiez pas aux voix le texte relatif à la participation au Comité de la contribution volontaire.

Le Président. — La Commission des résolutions propose de passer à l'ordre du jour.

Je mets cette proposition aux voix. Elle est adoptée à l'unanimité, moins quinze voix.

Marcel Brot, rapporteur. — Une résolution a été proposée en ce qui concerne la guerre de Syrie et la guerre du Maroc.

La Commission des résolutions a posé la question préalable et a écarté cette résolution en raison de son caractère politique.

Le Président. — Pas d'observation? Continuons.

Marcel Brot, rapporteur. — En ce qui concerne le travail de nuit dans les boulangeries, une motion avait été déposée, qui a amorcé le débat, par notre camarade Peckstadt; elle était accompagnée d'un ordre du jour voté par la réunion des ouvriers boulangers qui s'est tenue hier.

La Commission a établi la résolution suivante :

Le Congrès rappelle que le mouvement coopératif n'a jamais été hostile à la suppression du travail de nuit dans la boulangerie.

Mais il considère que, pour que cette réforme ne soit pas dirigée contre les organisations coopératives, la loi doit comporter les deux amendements établis par le Conseil Central.

L'article 20 *a*) de la loi prévoit des dérogations qui peuvent être fixées par arrêté préfectoral et il précise que l'arrêté « *pourra* interdire la vente et le portage avant une heure déterminée ».

Le Congrès estime qu'à ce texte imprécis du projet de loi qui donne la *faculté* de règlementation au préfet mais qui ne l'y oblige pas, il serait juste de substituer le texte suivant :

« Après avis des organisations ouvrières, patronales et coopératives intéressées, l'arrêté fixera les heures où la vente et le portage à domicile seront autorisés, et cela de façon à assurer la concurrence, sur un terrain d'égalité, à toutes les entreprises de panification. »

Le Congrès, considérant que les boulangeries coopératives à type industriel réalisent un progrès social et des conditions d'hygiène incontestables, réclame l'adjonction suivante :

« Sur la demande d'une des organisations ouvrières, patronales ou coopératives, et après qu'elles auront donné leur avis, pourra être autorisée la fabrication faite dans les entreprises de boulangerie fonctionnant avec plusieurs équipes successives d'ouvriers boulangers travaillant au maximum huit heures. »

Voilà le texte sur lequel les camarades de la Commission des résolutions — dont certains avaient présenté des observations au texte du Conseil Central — se sont finalement mis d'accord.

Boville. — Je tiens à indiquer au Congrès que les deux Fédérations de l'alimentation sont absolument d'accord contre le Comité Central de la Fédération des Coopératives.

J'indique aussi que le texte nouveau ne nous donne pas plus satisfaction que l'ancien.

Travailler par équipes dans les boulangeries, ce ne sera pas seulement vrai pour les boulangeries coopératives, ce sera vrai aussi pour les patrons boulangers.

Nous ne savons pas, sur ce terrain, ce que nous réserve l'avenir. Mais, d'une façon générale, nous avons des boulangeries patronales mieux outillées, mieux disposées pour le travail par équipes que les boulangeries coopératives.

Si on accordait aux boulangeries coopératives le droit de faire travailler par équipes, on obligerait par là même le législateur à accorder ce même droit aux patrons boulangers.

Il faut ne rien connaître à notre profession pour apporter des affirmations comme celles du Conseil Central ou de la Commission. Qu'est-ce qu'une équipe, en boulangerie? Cela peut être un homme, deux hommes. Il y a quantité de boulangeries patronales et coopératives qui travaillent par équipes et marchent sans arrêt. Il y a un homme, il y a deux hommes, et la boulangerie marche 24 heures par jour.

J'indique à ce Congrès que le mouvement coopératif — s'il adoptait le point de vue du Conseil Central — aurait une grosse part de responsabilité dans la continuation de l'esclavage des ouvriers boulangers. Nous lui demandons de ne pas prendre cette responsabilité et de ne pas entrer en conflit, non seulement avec les ouvriers boulangers de la C. G. T. U., mais aussi avec ceux de la C. G. T., c'est-à-dire avec tous les ouvriers boulangers.

Nous disons aux coopérateurs que le travail de nuit par équipes, comme le travail de nuit tout court est nuisible à tous et ne peut pas être défendu. Nous disons qu'il n'est pas indispensable de travailler 24 heures en boulangerie.

Va-t-on venir nous dire que, dans la boulangerie, il faut travailler à feu continu parce qu'il faudrait de nombreuses heures pour rallumer un four? On ne dira jamais cela sans rire, camarades, devant des professionnels.

C'est pour cela que nous faisons appel à la fois à vos intérêts et à vos sentiments. Pendant vingt années notre corporation a accepté des sacrifices inouïs pour obtenir la suppression du travail de nuit. C'est par centaines que se chiffrent les années de prison subies par des ouvriers boulangers qui demandaient à vivre comme les autres hommes. Est-ce que vous voudriez être complices de nos adversaires? Est-ce que maintenant le mouvement coopératif accepterait d'être le complice de ceux qui veulent que cette vie continue? Je ne peux pas le croire!

Le Président. — La parole est à Racamond.

Intervention de RACAMOND

Racamond. — Camarades, je ne parlerai pas sur la résolution qui vous est proposée; je ne saurais le faire mieux que Boville. Je veux seulement rectifier ici quelques affirmations du citoyen Poisson.

Il faut que vous sachiez la vérité. J'ai entre les mains la *Revue Internationale du Travail,* publication du Bureau International du Travail, bien connue du citoyen Albert Thomas, et j'y trouve l'état d'application du travail de nuit dans seize puissances. Parmi ces puissances, il y a — je cite les plus importantes — l'Allemagne, l'Autriche, le Danemark, l'Espagne, la Finlande, la France, la Grèce, la Hongrie, l'Italie, la Norvège, la Nouvelle-Galles du Sud, les Pays-Bas, la Pologne et la Russie des Soviets.

Il y a deux pays qui accordent à certaines catégories de fabrication les 3/8. C'est le Danemark, pour le pain de seigle, et la Grèce, pour les pâtisseries et pains de luxe.

En ce qui concerne la Russie des Soviets, où l'on a affirmé avec une parfaite méconnaissance de la situation, que le travail de nuit était encore existant, voici ce qu'en 1924 le Bureau International du Travail signale, et vous allez voir que c'est un argument en faveur de notre thèse :

Les 3/8 seront appliqués dans les boulangeries qui desservent les entreprises de l'Etat et l'armée, et où la quantité de pain à fournir exige le travail en trois équipes.

Ce travail peut être autorisé pendant la période nécessaire à la réalisation des modifications permettant d'effectuer le travail en deux équipes.

POISSON. — C'est ce que j'ai dit.

RACAMOND. — Ce qui signifie qu'aussitôt que les boulangeries seront industrialisées, et elles le sont dans la plupart des cas, en Russie on adoptera le travail par deux équipes, alors qu'on vous demande en France le travail par trois équipes précisément dans les boulangeries industrialisées.

Il faudrait s'entendre.

Vous voyez par conséquent qu'au fur et à mesure de l'industrialisation de la boulangerie, le travail de jour s'applique plus facilement, et que c'est un paradoxe qu'il n'y ait que le Comité Central des Coopératives de France qui prétende appliquer les 24 heures de travail, justement dans les boulangeries industrialisées.

Vous aurez beau faire, camarades, nous n'arriverons pas à comprendre cela, parce que c'est en vérité une erreur.

Partout où domine le souci d'industrialisation, vous voyez organiser le travail en deux équipes de huit heures. Et c'est seulement là où l'industrialisation n'est pas encore réalisée que l'on emploie encore les trois équipes.

Par conséquent, il ressort des études mêmes du Bureau International du Travail que l'industrialisation de la boulangerie doit permettre l'application du travail de jour.

D'ailleurs, si le citoyen Albert Thomas est encore là, il peut nous donner quelques renseignements sur le vote de la Commission du Bureau International du Travail.

LE PRÉSIDENT. — La parole est à Poisson.

Déclaration de POISSON

POISSON. — Je suis très heureux d'entendre l'appel qui est fait au Directeur du Bureau International du Travail par notre ami Racamond et je regrette infiniment que notre ami Albert Thomas ne soit plus là. C'est bien la première fois que Racamond fait appel à l'autorité du Bureau International du Travail.

RACAMOND. — Je ferais appel au pape pour que les ouvriers boulangers travaillent le jour!

POISSON. — Je crois que pour l'instant ce n'est pas au pape que Racamond fait appel.

UN DÉLÉGUÉ. — Il fait appel à Poisson. C'est la même chose.

POISSON. — Non, c'est au diable... Je n'ai pas dit autre chose hier que ce que vient de dire Racamond, tout au moins dans la partie où il a fait une lecture, car c'est le même texte du Bureau International du Travail que, sans une virgule de plus ni de moins, j'ai lu au Congrès.

J'ai constaté simplement, en visant la réserve qui est au bas de la page et en la lisant que, dans la Russie des Soviets, à l'heure actuelle, le travail de nuit existe encore.

J'aurais pu ajouter qu'il n'en est plus ainsi en 1926; qu'il y a à peine trois mois nous avons reçu à Paris comme nous les recevons toujours, avec amitié et camaraderie, nos amis russes, et certains coopérateurs — je me rappelle qu'ils étaient de Kharkov — en présence de Buguet et d'autres camarades, ont exprimé l'idée que, pour leur part, quelle que soit leur volonté de travailler en accord avec les organisations syndicales, avec le prolétariat et avec le gouvernement, du point de vue coopératif, social et peut-être communiste, ils étaient pour les trois équipes dans le régime des boulangeries russes industrialisées. Et ils n'ont pas cru, à ce moment-là, mériter une exclusion quelconque ou être considérés comme complices des ennemis de la classe ouvrière.

J'ajoute que c'est cela surtout que je veux indiquer au Congrès, qu'il importe de souligner les termes de la motion qui vous est présentée.

Nous avons dit et répété que nous ne sommes pas opposés à la suppression du travail de nuit...

RACAMOND. — Non, mais vous y aboutissez tout de même.

POISSON. — ...et que nous demandons simplement que l'intérêt des organisations coopératives soit sauvegardé.

En vérité, quand vous nous parlez d'une complicité que nous assumerions ou de responsabilités que nous prendrions parce qu'une réforme sociale ne serait pas votée, je remarque que vous prenez, vous, une responsabilité — à un point de vue très légitime que je ne blâme pas — bien grave aussi, celle de la chute des organisations coopératives qui relèveront de la loi que vous défendez. Il vous suffirait, tout en restant fidèles à la suppression du travail de nuit, d'accepter nos deux amendements qui sauvegardent l'intérêt des coopératives...

MARANNE. — Et des patrons.

POISSON. — L'intérêt des patrons est souvent sauvegardé; mais on ne songe pas à l'intérêt des coopératives.

Racamond parle des pays où le travail de nuit a été supprimé. On l'a fait en accord avec les patrons et contre les boulangeries coopératives. L'exemple, le voici. En Allemagne, est-ce que ce sont les ouvriers boulangers qui ont obtenu la suppression du travail de nuit?

RACAMOND. — Ce sont les patrons boulangers.

POISSON. — Ce sont les patrons boulangers du type familial qui ont été pour la suppression du travail de nuit, pour jeter par terre les boulangeries industrielles.

Victor SERWY. — Malgré l'effort de l'organisation nationale des syndicats ouvriers d'Allemagne.

POISSON. — Malgré, comme le rappelle Serwy, les efforts des syndicats ouvriers d'Allemagne.

Et alors, quels sont donc les exemples qu'on voudrait nous citer? On voudrait nous faire croire qu'on mettra le Congrès dans cette alternative de prendre la responsabilité d'empêcher une réforme qui ne serait pas votée à cause de lui.

Eh bien! je vous le dis avec le sentiment de ma responsabilité, Bovelle, Racamond, écoutez-moi bien. Si vous voulez que la suppression du travail de nuit soit effective, la seule chance que vous ayez — même en dehors des coopératives — de voir accepter la réforme, c'est d'accepter les deux amendements que nous proposons.

Ces amendements, sans doute, ne sont pas faits uniquement pour donner satisfaction aux coopératives, mais aussi en faveur des boulangeries industrielles patronales. Mais dites-vous bien que votre proposition, en face des boulangeries industrielles, ne résistera pas à une discussion sérieuse devant le Sénat. Nous sommes dans un pays où il est difficile de faire adopter une réforme quelconque qui puisse être interprétée comme opposée au progrès économique. Et je crains, Boville et Racamond, que dans votre profession il y ait malheureusement trop d'ouvriers boulangers qui se destinent à devenir eux-mêmes un jour de petits patrons. Ce n'est pas votre faute, mais vous êtes en présence d'une corporation dont l'industrie est rétrograde et conservatrice. Ce n'est pas votre faute, ni la nôtre. C'est un fait que la production du pain s'accomplit à l'heure actuelle avec des méthodes d'un autre âge et que c'est en raison de ces méthodes surannées que très longtemps votre corporation a été l'une des plus maltraitées, sous le régime économique actuel.

Racamond. — Et vous voulez continuer à nous faire travailler la nuit.

Poisson. — Camarades, il n'y a pas que le travail de nuit. Il y a aussi les conditions dans lesquelles le travail s'accomplit, et il s'accomplit souvent encore dans des conditions d'hygiène déplorables; on commence à adopter les pétrins mécaniques; mais hier encore il n'y avait pas de profession où l'on travaillât plus longuement que dans la vôtre; ce n'était pas seulement la nuit, c'était aussi le jour qu'il fallait rester à la disposition du patron; c'était une corporation presque au service de la personne, plus au service de la personne qu'au service de l'industrie.

Tout de même, nous sommes heureux de voir qu'aujourd'hui, grâce pour une large part à l'action de vos organisations corporatives, mais pour une part aussi à l'évolution de l'industrie, que la situation des travailleurs de la boulangerie s'est tout de même améliorée. Il est incontestable que la journée de huit heures est pour elle un progrès, et l'introduction de plus en plus importante du machinisme est aussi une élévation sociale que nous sommes heureux de saluer en passant.

Mais je n'ai pas l'habitude de cacher mon opinion. Le problème de la suppression du travail de nuit avait pour votre corporation une importance beaucoup plus grande il y a quelques années, alors que ces conditions de travail et que ces conditions de progrès industriel n'étaient pas réalisées. Aujourd'hui sans doute nous voudrions faciliter encore votre travail, mais tout de même le travali de nuit n'existe pas que dans la boulangerie...

Un délégué. — Dix minutes.

Poisson. — Si vous voulez. Je suis prêt à m'asseoir.

Le Président. — Continuez.

Poisson. — Le travail de nuit existe dans un grand nombre de corporations et nous ne songeons pas, nous ne pouvons pas songer à le supprimer. Cheminots, postiers, d'autres encore travaillent la nuit.

Ce que nous avons le droit d'exiger, c'est qu'avec le travail de nuit la durée soit moins longue; ce que nous avons le droit de demander, c'est que l'exercice de la profession soit facilité. Mais nous n'avons pas le droit, au nom de l'intérêt corporatif, si noble et si légitime qu'il soit, de faire deux choses : de sacrifier d'une part l'intérêt général des consommateurs — et l'intérêt général des consommateurs, cela veut dire pour nous l'intérêt des travailleurs paysans, ouvriers ou intellectuels — de sacrifier d'autre part quelque chose qui est encore supérieur à l'intérêt d'une catégorie économique quelconque, fût-elle celle des consommateurs, c'est l'intérêt de la collectivité, c'est l'intérêt social, c'est l'intérêt de l'humanité elle-même, qui consiste à assurer le progrès.

Or, l'avenir est aux boulangeries industrielles, aussi bien dans l'intérêt des travailleurs que dans l'intérêt des consommateurs. L'avenir est à l'organisation économique de la fabrication du pain.

Nous vous demandons de vous rallier à notre proposition, et en tout cas nous demandons au Congrès, désireux de servir l'intérêt des consommateurs et l'intérêt public, de voter une motion qui n'est aucunement dirigée contre une catégorie de travailleurs, mais qui dit qu'en face de l'intérêt général les intérêts particuliers doivent s'incliner, et que si nous le réclamons aux puissants du jour, nous avons quelque droit de demander aux travailleurs eux-mêmes, pour qui nous avons de la sympathie, de ne pas penser seulement à des intérêts corporatifs, mais de penser aussi à l'intérêt collectif que représente le mouvement coopératif.

Intervention de LAVIELLE

LAVIELLE. — Je croyais de très bonne foi que la deuxième résolution serait de nature à concilier les intérêts en présence et malgré tout le Congrès doit être impressionné par ce fait que le désaccord paraît subsister.

Je crois qu'il n'est pas souhaitable, pour l'avenir, qu'au moment où se tiendront des Congrès coopératifs, se tiennent en même temps des meetings de travailleurs votant des ordres du jour pour les faire transmettre au Congrès coopératif. Cela ne servirait ni nos travaux ni notre propagande et cela ne servirait pas le mouvement social dans son ensemble.

Mais je crois tout de même que le Congrès doit faire effort, tout comme les camarades Racamond et Boville, pour comprendre qu'il faut trouver un texte donnant satisfaction aux uns et aux autres, et je ferai appel à cet esprit qui présidait aux motions proposées par Albert Thomas : quelquefois, c'est la solution moyenne qui est la plus sage.

En l'espèce, j'avais pensé d'abord qu'on pourrait substituer l'exception à la règle, c'est-à-dire prévoir des dérogations basées sur des accords entre les organisations intéressées, patronales et ouvrières d'un côté, coopératives et ouvrières de l'autre.

Les coopératives ne faisant pas partie des syndicats patronaux seraient à certains moments en difficulté pour l'application des exceptions, et je ne crois pas que nous puissions tenir un langage solide devant l'opinion publique contre des accords de cette nature.

Comme le mouvement coopératif ne peut ni ne veut se retourner contre les intérêts ouvriers, il est évident que les corporations comme celle des boulangers peuvent créer quelques soucis aux coopérateurs. Je ne crois pas que le moyen de faire disparaître ces soucis soit de rester sur des positions d'intransigeance, de quelque côté que ce soit.

Dans ces conditions, je demande à nos camarades, aussi bien à ceux qui se montrent intransigeants qu'à tout le Congrès, de bien vouloir accepter la formule basée sur les accords intervenus, dès que les accords existeront, entre organisations patronales et ouvrières d'un côté, entre organisations ouvrières et coopératives d'un autre côté. Etant bien entendu que lorsque nous parlons de travail d'équipes, il s'agit de huit heures au maximum de travail, et pour les aménagements qui correspondent aux règles du progrès et de l'hygiène, c'est-à-dire des intérêts des ouvriers.

LE PRÉSIDENT. — La parole est à Krieger.

Intervention de KRIEGER

KRIEGER. — Il y a des années qu'on travaille par équipes dans notre boulangerie de Mulhouse comme dans celle de Strasbourg; mais beaucoup d'entre vous n'ont certainement jamais vu une boulangerie vraiment industrialisée. On discute, mais on ne connait pas la vraie position de la question.

Nos camarades ouvriers qui travaillent dans nos boulangeries, au nombre de 36, ont accepté à l'unanimité de continuer la méthode de travail qui a été adoptée jusqu'à ce jour.

Comment pensez-vous qu'il leur serait possible de se rendre aux lieux de travail dans les grandes villes, à quatre heures du matin, surtout en hiver et sans aucun moyen de transport? Il y a des ouvriers qui — à pied — mettraient deux heures pour se rendre à notre boulangerie. Ils ont compris, également, qu'il ne serait pas possible de transporter le pain à nos coopérateurs, si le travail de nuit était supprimé. Nous avons des succursales qui sont à des distances de 50 et jusqu'à 75 kilomètres du magasin central. Si le pain sort de la boulangerie à midi, il n'est plus possible de le transporter le jour même dans nos succursales. Et croyez-vous que le consommateur achètera notre pain rassis, alors qu'il pourra se procurer du pain frais chez le boulanger-patron?

Outre le pain, nous vendons 14 à 15.000 petits pains par jour. Cette fabrication sera impossible si le travail de nuit est interdit dans nos boulangeries car les consommateurs achètent les petits pains pour les manger au petit déjeuner et non pour le lendemain matin.

Camarades, il faut examiner la question dans son ensemble. Est-ce que vous ne pourriez pas vous mettre d'accord, comme nous l'avons fait nous-mêmes avec nos ouvriers?

Et si vous supprimez le travail de nuit, comment vont faire les coopératives qui n'arrivent à produire utilement qu'en travaillant nuit et jour? Croyez-vous qu'elles ont les moyens de doubler leur matériel?

C'est pour cela que nous demandons au Congrès d'accepter les amendements proposés, afin que des dérogations soient accordées aux grandes boulangeries industrialisées, soit privées, soit coopératives.

RACAMOND. — Je demande la parole.

LE PRÉSIDENT. — Je suis saisi d'une demande de clôture.

RACAMOND. — Ecoutez.

LE PRÉSIDENT. — Je suis à la disposition du Congrès pour vous laisser parler; mais je ne vous accorderai pas la parole avant d'avoir consulté le Congrès.

Marcel MARTIN. — Je demande la parole pour une motion d'ordre.

LE PRÉSIDENT. — Je consulte le Congrès sur la demande de clôture. La clôture est repoussée.

Le Président. — Je prie les camarades qui veulent prendre la parole sur la question de me faire parvenir leurs noms.

Poisson. — Je propose que chacun ait cinq minutes pour s'expliquer.

Un délégué. — Je demande que les orateurs se fassent inscrire et qu'on prononce la clôture.

Le Président. — Il y a trois orateurs inscrits. Il n'y en a pas d'autres? Je mets aux voix la clôture, après les orateurs inscrits.

Le Président. — La parole est à Racamond.

Nouvelle intervention de RACAMOND

Racamond. — Poisson a déclaré que 80.000 patrons allemands...

Poisson. — Je n'ai pas indiqué de nombre.

Racamond. — Peu importe; il y en avait 80.000. Poisson a déclaré que les patrons allemands s'étaient entendus pour faire appliquer le travail de jour, en vue de briser les organisations coopératives industrielles.

Le véritable motif de leur intervention est expliqué tout au long dans le compte rendu des débats; c'est qu'ils n'arrivaient pas à supprimer entre eux la concurrence déloyale.

Mais si des patrons allemands ont dû prendre cette mesure pour supprimer la concurrence entre eux, je vous dirai, Poisson, que 313 sociétés coopératives anglaises ont demandé au Bureau International du Travail la suppression intégrale du travail de nuit.

Nous ne pouvons pas ici, Boville et moi, alors que je suis personnellement secrétaire d'une organisation syndicale et qu'il est lui-même secrétaire de la Fédération de l'alimentation, nous ne pouvons pas adopter votre position, contraire à la lutte que nous avons menée en tant que militants syndicalistes. Mais nous disons que, comme coopérateurs, s'il nous est démontré, après le vote de la loi, qu'une organisation coopérative est menacée de sombrer à cause de l'application automatique du travail de jour, nous ne nous refuserons pas à passer avec cette coopérative l'accord relatif à l'organisation du travail qui lui permettra de sortir de la situation dans laquelle elle se trouverait mise.

Mais tout de même, vous n'allez pas nous demander d'accepter un amendement qui donne aux sociétés patronales industrielles l'autorisation de travailler la nuit, alors que ces sociétés patronales, Poisson, sont pour les Sociétés coopératives une menace autrement terrible que le travail de jour demandé par les ouvriers boulangers.

Ne nous demandez pas cela... Ne nous demandez pas cela, voyez-vous!...

On doit savoir ici que nous avons le souci de la coopération: je l'ai montré pour ma part à quelques reprises; j'ai donné, après la guerre, assez de preuves de mon désir de conciliation, et Boville aussi. Mais introduire l'amendement qui nous est demandé, et l'introduire pour toutes les boulangeries, nous savons que c'est la mort du travail de jour. Nous savons que cet amendement ouvrira la porte à toutes les infractions et, pratiquement, à la continuation du travail de nuit. Et je dis, camarades — vous entendez, camarades de Strasbourg — je dis que ce n'est pas avoir beaucoup de confiance dans le prolétariat organisé, dans les deux C. G. T., que de penser qu'il se rendrait complice, sous le prétexte de refuser quelques heures de travail nocturne de la disparition d'une boulangerie coopérative, le seul refuge que nous puissions avoir, nous, les militants, boycottés par tous les patrons, pour aller exercer notre profession après avoir accompli notre mandat syndical.

Poisson. — Ma réponse à Racamond, la voici. Comment voulez-vous que j'aie confiance en ce que demande Racamond, quand, à Genève, les organisations ouvrières ont voté avec les patrons contre le premier amendement que vous acceptez aujourd'hui? Oui, à Genève, vous avez voté avec les patrons pour obtenir la loi, alors que vous saviez qu'elle était dirigée contre nous.

Racamond. — La Fédération de l'alimentation et la C. G. T. U. n'ont délégué personne à Genève.

Mais nous disons que l'amendement présenté en ce qui concerne les heures d'ouverture des boulangeries, nous l'acceptons. Sur ce point, nous sommes absolument d'accord.

Poisson. — Ah!

Racamond. — Poisson, je voudrais que vous me montriez, sous la plume de Boville ou sous la mienne, une seule ligne qui prouve que nous sommes en désaccord sur ce point.

Je dis que le commerce du pain devrait être réglementé parce que ce qui fait que nous ne pouvons pas faire appliquer le travail de jour dans les boulangeries, c'est la concurrence déloyale qui consiste à ouvrir les boutiques à 4 ou 5 heures du matin.

S'il faut que nous luttions pour que les boutiques ouvrent à 7 ou 8 heures, nous sommes d'accord là-dessus, parce que nous avons, nous aussi, administré des coopératives de boulangerie, que nous en avons une qui fonctionne et que le matin nous voyons les patrons boulangers ouvrir leur boutique à 5 heures, alors que la nôtre n'est ouverte qu'à 6 heures. C'est pourquoi nous sommes tout à fait partisans de la réglementation de l'heure d'ouverture des boutiques.

Nous le demanderons ensemble. Et si Savoye a eu une autre opinion à Genève, il aura ici l'opinion de la majorité des ouvriers boulangers de la C. G. T. U. et de la C. G. T.

Mais ne nous demandez pas d'introduire dans la loi des principes qui permettraient au travail de nuit de continuer. Faites donc un peu confiance au prolétariat qui travaille dans les coopératives. J'ai, comme Poisson, le souci de la vie des coopératives, et je termine en répétant que c'est seulement là que nous pouvons aller travailler, nous les militants.

Le Président. — La parole est à Guyot.

Intervention de GUYOT

Guyot. — La question qui se pose devant le Congrès revêt un caractère de gravité dont on n'a pas mesuré, je crois, toute l'ampleur. En effet, il s'agit pour la Fédération Nationale des Coopératives de se dresser, en quelque sorte, directement en face de l'organisation syndicale.

Ce qui est demandé n'est pas demandé par une certaine quantité de camarades plus ou moins importante. Ce qui est demandé l'est par la totalité des camarades organisés dans leurs syndicats, et je ne crois pas qu'il soit possible à la Fédération Nationale des

Coopératives de se dresser en face d'une revendication aussi légitime que celle de nos camarades boulangers.

On a fait valoir tout à l'heure certaines considérations de fait et on a dit : « Certaines boulangeries industrialisées périront. »

Je ne sache pas que, quels que soient les efforts faits par les organismes ouvriers, les améliorations obtenues par la puissance d'organisation des travailleurs aient porté un préjudice quelconque soit au capitalisme, soit au patronat, soit à une autre organisation.

Mais je vous demande si, alors qu'il s'agit d'une revendication particulièrement raisonnable et légitime de travailleurs, nous allons nous mettre en travers et dire : « La Coopération est opposée aux revendications prolétariennes ».

J'espère que les délégués ici présents se refuseront à voter l'ordre du jour qui est présenté au Congrès par la Commission.

On dit : « La Fédération Nationale déclare qu'elle n'est pas hostile. » Il ne manquerait plus que ça, qu'elle vienne se dire hostile à la journée de 8 heures ou à la suppression du travail de nuit!

Ce premier passage devrait avoir une allure plus nette; il devrait dire : « La Fédération Nationale s'affirme résolument pour la suppression du travail de nuit dans les boulangeries. » Premier point.

Et puis, il faudrait dire ensuite — et vous allez voir que je suis conciliant — que le Conseil Central essaye, si possible, de faire intervenir les deux amendements proposés, mais à la condition que ces amendements ne pourront en aucun cas être une condition contre la suppression du travail de nuit dans les boulangeries.

Voilà ce que je voulais dire.

Un autre argument que je voudrais donner en faveur de la suppression du travail de nuit, c'est que, quand on a dit ce que l'on a fait au point de vue de l'hygiène on n'a pu envisager que les boulangeries industrialisées.

Je me résume, camarades, en vous demandant de faire réaliser la suppression du travail de nuit et de faire confiance à nos camarades organisés dans leurs syndicats pour faire que les améliorations apportées dans les boulangeries industrialisées soient imposées tout de suite après, au point de vue de l'hygiène, dans toutes les boulangeries.

Intervention de BOVILLE

Je pourrais avoir un volumineux dossier, si j'avais apporté les lettres qui sont parvenues à la Fédération de l'alimentation depuis 1920. Chaque fois que nous demandions à une coopérative de mettre la loi en application et de faire travailler les ouvriers boulangers le jour, que nous répondait-on? On nous répondait : « Tant que les patrons auront le droit de travailler eux-mêmes la nuit, tant qu'ils auront dès le matin leur boutique pleine de pain chaud, si nous n'avons pas la même faculté, nous vous disons, à vous, Fédération de l'alimentation, que vous portez un préjudice considérable à la Coopération de ce pays. »

Quelle a été notre attitude? Nous avons dit à nos camarades ouvriers des coopératives : « Arrangez-vous comme vous le pourrez, ne vous faites pas prendre, mais ne mettez pas vos intérêts corporatifs au-dessus de ceux de la coopérative. »

Nous avons des lettres nombreuses. Il y a une coopérative qui a ici un représentant, c'est *L'Union*, de Saint-Etienne; elle pourrait dire que nous avons eu un échange de correspondance et que nous avons dit à nos camarades boulangers : « Si la coopérative vous promet de moderniser son outillage, attendez. »

Mais quelle a été notre surprise quand on est venu nous dire : « C'est au moment où nous serons le mieux outillés, c'est au moment où nous aurons atteint le maximum de perfection que nous serons le plus contre le travail de jour. »

Cela a été un sujet d'étonnement, non seulement pour nous, mais pour tous les militants de notre mouvement.

Pourquoi avons-nous été étonnés et pourquoi considérons-nous ce raisonnement et cette tactique comme dangereux? Ce n'est pas parce que nous sommes des ennemis du progrès. Remarquez d'ailleurs, et Racamond vous le disait tout à l'heure, que ce n'est pas vous qui les premiers avez réalisé l'industrialisation. Ce sont les gros meuniers qui sont arrivés à une concentration telle que nous pouvons dire que d'ici quelques années nous aurons en France des boulangeries industrielles qui ne seront pas des boulangeries coopératives.

C'est pour cela que nous tenons à dire que nous ne sommes pas des conservateurs et que nous sommes disposés à passer des accords avec les coopératives, à donner peut-être, probablement, certainement, parce que nous ne sommes pas inaccessibles aux raisons prolétariennes, à donner notre appui pour que les coopératives puissent rivaliser victorieusement avec les patrons boulangers.

Mais nous ne voudrions pas qu'un texte aussi confus soit voté. Le texte proposé veut dire que, d'accord ou pas d'accord, suivant qu'on aura ou non le préfet dans sa manche, on pourra ou non travailler la nuit.

Eh bien! non, nous disons que si vous acceptiez un pareil texte, cela aurait pour conséquence immédiate de réintroduire dans le projet de loi Billiet de quoi faire échec à la réforme demandée par les ouvriers boulangers. Si vous acceptiez un pareil texte, vous amèneriez de l'eau à son moulin, et c'est bien le cas de le dire, car il n'est que l'homme des grands meuniers. Ce n'est pas par accident que Billiet a été le rapporteur de la loi maintenant le travail de nuit dans les boulangeries; il sait quelles seront les conséquences de son attitude, il est payé pour cela.

Eh bien! camarades, je crois que vous prendriez une bien lourde responsabilité si vous disiez que le travail de nuit doit continuer.

Ayez plutôt confiance dans les ouvriers boulangers, et je ne dis pas seulement les coopérateurs, mais tous ceux qui sont dans les organisations ouvrières, C. G. T. et C. G. T. U., ce qui donne suffisamment de garantie, et mettez dans votre texte que ce n'est qu'après un accord entre coopératives et syndicats qu'on pourra établir les 3/8 et pas dans d'autres conditions.

Le Président. — Vous avez maintenant à vous prononcer sur la motion que vous présente la Commission des résolutions.

Je crois qu'il faut voter par mandats.

Un délégué. — Je demande la division.

Le Président. — Nous allons procéder au vote par mandats. Le secrétaire de la Fédération va faire le nécessaire pour le vote.

Maranne. — Mettez-vous aux voix l'amendement de Lavielle?

Poisson. — Non, parce qu'il n'a pas la faveur des ouvriers. J'ai accepté la proposition transactionnelle de Lavielle qui, maintenant, la combat en séance. Je lui ai dit qu'il avait très mal servi les intérêts syndicaux en nous demandant d'introduire cette partie. J'aime mieux, en effet, qu'on dise que la dérogation est de droit, mais qu'elle n'existe que pour les boulangeries industrialisées. J'ai accepté et je continue à accepter la conciliation qui a été faite; mais aller plus loin, non, parce que le danger est énorme.

Qu'est-ce que signifierait un accord?

C'est qu'il suffirait que, dans une localité on obtienne par des moyens que je ne veux pas préciser que les ouvriers boulangers fassent un accord avec la coopérative pour que le travail de nuit soit maintenu, alors qu'à 5 kilomètres de là ce soit le contraire.

Cette position n'est pas défendable un seul instant. On ne peut pas admettre qu'une coopérative avec quelques ouvriers tienne en ses mains le succès d'une réforme. Ce n'est pas faire là quelque chose de sérieux.

Maranne. — Il faut préciser dans un amendement qu'il faudra un accord des organisations centrales.

Le Président. — Nous allons procéder au vote sur la motion présentée par la Commission des résolutions. Les secrétaires vont voter, pendant que nous allons continuer l'ordre du jour.

Lavielle. — Je demande qu'on lise l'amendement pour la clarté du vote.

Poisson. — On peut accepter avec cette phrase : « Après consultation des organisations centrales. »

Marcel Brot, rapporteur. — Je relis la partie de la motion qui est en contestation. Ce texte est celui de la Commission des résolutions :

Sur la demande d'une des organisations ouvrière, patronale ou coopérative, et après qu'elles auront donné leur avis...

Je crois qu'ici Poisson suggère qu'on ajoute : « les organisations nationales ». Cela deviendrait donc :

Sur la demande d'une des organisations nationales ouvrières, patronales ou coopératives, et après qu'elles auront donné leur avis, pourra être autorisée la fabrication faite dans une entreprise de boulangerie fonctionnant par plusieurs équipes successives d'ouvriers travaillant au maximum huit heures.

Le texte que je viens de lire nous avait été proposé par notre camarade Lavielle. Il est venu ici le combattre et préconiser la modification suivante :

Après accord entre organisations ouvrières nationales et coopératives.

Berland. — Il ne faut pas oublier que dans le Congrès et dans le mouvement coopératif, il y a autre chose que des Parisiens. Les coopératives qui seront loin de l'organisation nationale ne pourront pas donner leur avis? Ce sont pourtant les organisations locales qui connaissent les conditions de travail qui peuvent être plus convenables.

Il ne faut donc pas tout ramener à l'organisation centrale.

Je n'accepte pas l'introduction du mot « nationales ».

Le Président. — Nous allons procéder au vote. Nous votons par mandats; le secrétaire de la Fédération Nationale a remis entre les mains des secrétaires des Fédérations ce qu'il faut pour voter. On vote sur la résolution présentée par la Commission des Résolutions.

Je donne la parole au rapporteur.

Marcel BROT, rapporteur. — Voici la résolution.

POISSON. — Je demande la parole.

LE PRÉSIDENT. — La parole est à Poisson.

POISSON. — Bien que nos camarades de Lille soient pressés, je demande cinq minutes et je prie tous nos camarades de s'asseoir pour qu'il n'y ait pas de confusion.

Les sociétés ne savent pas sur quoi elles votent.

Je dis que la solution la plus sage est la suivante. A l'heure actuelle, vous êtes en présence de ce fait qu'en votant le rapport du Conseil Central, vous avez approuvé la position qu'il a prise et que le mieux est, pour le surplus, de renvoyer la question au Conseil Central, sur les bases qui ont été indiquées, et sans qu'il y ait aucune faute, étant donné que la position est prise et qu'il sera tenu compte des possibilités.

Je ne refuse jamais l'accord. Racamond a dit ici qu'il était prêt, au cas où la loi serait votée, à examiner des accords par lesquels les boulangeries coopératives industrielles seraient mises en posture de pouvoir continuer leur exploitation, par dérogation. Je ne refuse jamais une offre de ce genre.

Racamond m'avouera qu'il ne peut parler qu'au nom de son syndicat, mais qu'il y en a un autre. Quoi qu'il en soit, la question mérite d'être examinée.

Le Conseil Central reste donc sur sa position, en l'état des choses. Mais en présence de la proposition faite ici solennellement par un camarade au nom de son organisation syndicale, je vous propose de donner mandat au Conseil Central d'examiner de nouveau le problème sur ces bases.

LE PRÉSIDENT. — Il n'y a pas d'opposition au renvoi au Conseil Central dans ces conditions. Le renvoi est prononcé.

Marcel BROT, rapporteur. — La dernière résolution concerne les capitaux coopératifs. Je rappelle que cette résolution est imprimée dans la brochure. Une seule divergence s'était produite à cette tribune, c'était à propos des actions privilégiées. Le texte qui a été établi en accord avec les divers orateurs est celui-ci :

Sans engager spécialement les sociétés à créer des actions supplémentaires ou de priorité, le Congrès leur indique qu'il y a dans cette formule la possibilité d'accroître les capitaux propres des sociétés.

Enfin, une motion a été déposée par notre camarade Yung, à propos de la situation exceptionnelle actuelle; elle est ainsi conçue:

Le Congrès recommande fortement aux Sociétés, pendant la période exceptionnelle de dévalorisation du franc, de porter aux réserves collectives ou individuelles le maximum possible de leurs résultats. Les coopérateurs comprendront que la situation générale impose cette mesure de prudence, dont ils se féliciteront dans l'avenir.

LE PRÉSIDENT. — Pas d'observations? Adopté.

La séance est levée à 19 heures.

ANNEXES

RAPPORTS ET DOCUMENTS

PREMIERE PARTIE

RAPPORT DU CONSEIL CENTRAL

au Congrès de Lille

Le Conseil Central de la Fédération Nationale des Coopératives de Consommation adresse cette année, comme de coutume, son rapport annuel à toutes les sociétés adhérentes. Ce rapport contient tous les renseignements utiles sur le fonctionnement et l'activité de la F. N. C. C. et de ses services; il permettra aux sociétés coopératives adhérentes d'examiner les faits qui se sont produits au cours de l'année 1925, car ce rapport en est une analyse.

Au rapport du Conseil central sont joints — dans la seconde partie — les rapports sur les questions qui figurent à l'ordre du jour du Congrès. De plus, en annexe, les sociétés trouveront un rapport sur la loi sur la taxe d'apprentissage. Enfin, une conférence sera faite le vendredi, par Paul Ramadier, sur : La loi du 3 juillet 1925.

Par l'ordre du jour même, les sociétés se rendront compte de l'importance du Congrès convoqué à Lille.

Bureau permanent de la F. N. C. C.

Dans sa séance du 20 mai 1925, tenue à Nancy, à l'issue du Congrès national, le Conseil Central a désigné Ernest Poisson et Maurice Camin comme secrétaires généraux de la F. N. C. C.

Le Bureau permanent, chargé d'assurer les services de la Fédération Nationale, a été maintenu; il est composé de M. Charles Gide et des secrétaires généraux.

Le mandat de la Commission des finances, composée de Jean Gaumont, Lebon et Peckstadt, a été renouvelé.

La Commission mixte, chargée d'examiner les questions qui intéressent les trois organisations centrales : F. N. C. C., M. D. G. et B. C. F., a été également renouvelée et comprend les secrétaires généraux de la F. N. C. C., les administrateurs délégués du M. D. G. et l'administrateur délégué de la B. C. F.

A. Daudé-Bancel a — en février 1925 — donné sa démission de secrétaire général; le Conseil Central lui a accordé une retraite et l'a autorisé a garder le titre de secrétaire général honoraire.

Les réunions du Conseil Central

Au cours de l'année 1925, le Conseil Central a tenu treize réunions — deux à Nancy, dont l'une avant et l'autre après le Congrès national. Les réunions ont eu lieu les 25 janvier, 22 février, 5 avril, 26 avril, 20 mai, 23 mai, 28 juin, 26 juillet, 23 août, 27 septembre, 25 octobre, 22 novembre, 27 décembre.

Conformément à la décision prise par le Congrès national de 1917, le Conseil Central indique ci-après les absences de ses membres aux réunions mensuelles, de janvier à décembre : Berland, 7; Bricout, 1; Marcel Brot, 1; Maurice Camin, 1; Cayol, 10; Chiousse, 3; Cleuet, 1; Cuminal, 3; Jean Gaumont, 1; Charles Gide, 3; Lamothe, 1; Lebon, 1; Gaston Lévy, 1; Lepouriel, 2; Lucas, 1; Passebosc, 6; Poisson, 2; Ponard, 4; Poulette, 5; Rielh, 4; Henri Sellier, 12; Svob, 4; Terrien, 5; Paul Thiriet, 2; Waseige, 1.

Renouvellement du tiers du Conseil Central

Conformément à l'article 9 des statuts de la F. N. C. C., le Conseil central est renouvelable par tiers chaque année. Les membres sortants sont les suivants :

1° Membres désignés par les Fédérations régionales : FOUCAUT (Fédération régionale du Nord et du Pas-de-Calais); CUMINAL (Fédération des Coopératives de la Région lyonnaise); POULETTE (Fédération régionale du Forez et du Bourbonnais); CHÈGNE (Fédération régionale des Coopératives du Centre); LAMOTHE (Fédération des Coopératives de la Région parisienne); BUGNON (Fédération régionale de Lorraine et des Ardennes);

2° Membres désignés par le Congrès : Charles GIDE, POISSON, Gaston LÉVY, PONARD.

Le Conseil Central croit devoir rappeler qu'en vertu de l'article 9 des statuts, il est ainsi composé :

1° Des délégués présentés par chacune des Fédérations régionales, à raison de un délégué pour les Fédérations dont le chiffre d'affaires est inférieur à 50 millions. Au-dessus de ce chiffre, un délégué supplémentaire par tranches complètes de 50 millions. Le montant de la tranche complète pourra être augmenté par décision du Congrès national;

2° D'un nombre de membres égal à la moitié de ceux de la première catégorie et désignés par le Congrès dans les conditions indiquées par les articles 12 et 17 des statuts.

Commission de Contrôle

Le Congrès de Lille est appelé à nommer la Commission de contrôle, qui est rééligible.

Les membres sortants, désignés en 1925, sont : DAVID, DRONEAU, DUCROCQ, PRACHE et TUTIN.

La Propagande

La Fédération Nationale s'est — ainsi que chaque année — efforcée de répondre à toutes les demandes de réunions et de conférences qui lui ont été adressées par les sociétés.

Le Conseil Central pense devoir rappeler que les sociétés peuvent s'adresser — quand besoin est — au secrétariat, qui est chargé de l'organisation de la propagande.

Les réunions des Conseils d'administration, faites en présence de Georges Thomas, délégué de la F. N. C. C., se sont poursuivies. Leur nécessité est démontrée par les faits et le Conseil Central va s'efforcer de les multiplier.

Le Conseil Central envisage la possibilité de faire une Semaine d'Adhésions cette année.

Le mouvement des Sociétés

Le nombre des sociétés adhérentes à la F. N. C. C., au 5 février 1925, était de 1.716; il est, au 31 décembre 1925, de 1.670, soit une différence en moins de 46 qui provient de 72 dissolutions et de 17 fusions.

Il y a lieu de tenir compte qu'à côté de cette diminution du nombre de sociétés, il y a un accroissement important du nombre des magasins coopératifs ouverts par les sociétés de développement.

Le mouvement des sociétés se répartit ainsi par Fédération régionale :

	Nombre de Sociétés au 31-12-25	Sociétés fusionnées	Sociétés dissoutes ou disparues
Albi	108	1	3
Algérie	8	»	2
Amiens	14	»	»
Bordeaux	122	3	5
Bourges	97	1	4
Cameroun	1	»	»
Chine	1	»	1
Constantine	9	»	»
Corse	7	»	1
Dijon-Besançon	113	»	8
Grenoble	97	1	8
Lille	136	1	4
Limoges	111	5	6
Lyon	113	»	2
Madagascar	1	»	»
Maroc	2	»	2
Marseille	118	1	8
Martinique	1	»	»
Nancy	152	2	9
Nantes	65	»	1
Nouvelle-Calédonie	1	»	»
Oranie	8	»	1
Paris	99	1	1
Roanne	137	1	2
Rouen	40	»	»
Strasbourg	25	»	»
Tonkin	1	»	»
Troyes	79	»	5
Tunisie	3	»	»

L'« Action Coopérative »

Au cours du dernier Congrès, sur la proposition de Foucaut, un vœu avait été émis demandant au Conseil central d'examiner s'il ne serait pas possible d'augmenter la périodicité de l'*Action Coopérative* et son format. Cette question a fait l'objet d'une enquête assez large auprès d'un nombre important de sociétés et le résultat de celle-ci n'a pas permis de réaliser un agrandissement de format ou la périodicité plus fréquente.

Au surplus, les conditions actuelles de publication sont devenues difficiles et le Conseil central désire appeler l'attention des Sociétés sur la situation.

Au 1er janvier 1925, les prix d'abonnements ont été légèrement augmentés; il s'en est suivi une diminution du nombre des abonnements souscrits. Or, si en janvier dernier, les prix d'édition nécessitaient l'augmentation du prix des abonnements, les prix actuels sont beaucoup plus élevés. L'impression, l'expédition et le papier coûtent très cher. Pour citer un exemple, le papier qui coûtait encore 188 francs les 100 kilogrammes en novembre vaut, à l'heure où ce rapport est écrit, 217 francs.

Malgré l'augmentation extrêmement importante des prix, le prix des abonnements a été maintenu. Mais il dépend des Sociétés de permettre son maintien. Un très grand nombre de Sociétés n'ont pas souscrit un nombre d'abonnements en rapport avec leur importance et beaucoup d'autres se contentent du service gratuit qui leur est adressé par la F. N. C. C. Il est essentiel qu'un effort très important soit fait par l'ensemble du Mouvement.

Si l'on compare ce qui existe à l'étranger et ce qui existe en France, il apparaît que notre organe a un tirage qui n'est pas en concordance avec l'importance de notre développement.

Il y a lieu d'ajouter que — dorénavant — l'*Action Coopérative*, libérée des chroniques dont il est question d'autre part, aura la collaboration d'un grand nombre de coopérateurs qui lui donneront l'attrait nécessaire.

Le « Bulletin de Renseignements » de la F. N. C. C.

Le Conseil central a décidé de publier périodiquement — et chaque fois que cela sera nécessaire — un *Bulletin de renseignements* contenant toutes les informations fiscales et juridiques antérieurement publiées ou dans l'*Action Coopérative* ou par le moyen de circulaires. Le Conseil central a voulu ainsi donner aux Sociétés des informations plus complètes et leur permettre de les conserver en classant le *Bulletin de renseignements*. Cette publication contient également des informations générales financières et commerciales qui sont données par la Banque des Coopératives de France et par le Magasin de Gros.

Le fait de n'avoir plus à publier ces divers renseignements permet à l'*Action Coopérative* d'être un organe plus vivant.

Le Conseil central pense que cette décision répond aux désirs et aux besoins des Sociétés adhérentes.

Librairie

La Fédération Nationale a édité les brochures et les livres suivants :

Le Congrès de Nancy, tiré à 1.200 exemplaires;

Lettre à Pierre et à Françoise, par G. Yung, brochure de propagande de 16 pages. Premier tirage : 10.000 exemplaires; deuxième tirage : 20.000 exemplaires;

Agendas de poche pour 1926. Vingt-trois sociétés nous ont passé commande d'un nombre total de 90.200 exemplaires.

Le service de librairie a, comme précédemment assuré l'édition et la vente des *Cours au Collège de France*, de M. Charles Gide.

Il n'est pas inutile de rappeler que la F. N. C. C. se charge de procurer aux sociétés et aux coopérateurs tous les livres dont ils ont besoin et qu'ils désirent.

Crédits du Ministère du Travail

Depuis le Congrès de Nancy, les avances ci-dessous ont été consenties aux Sociétés sur le fonds de dotation prévu par la loi du 7 mai 1917 :

Union des Coopérateurs de l'Adour, Bayonne	100.000	»
Union des Coopérateurs de l'arrondissement de Douai, Sin-le-Noble	300.000	»
Union des Coopérateurs de la Creuse, Guéret	200.000	»
Union des Coopérateurs de Lorraine, Nancy	400.000	»
L'Econome, Sens	40.000	»
L'Ouvrière de l'Avenir, Le Relecq-Kerhuon	40.000	»
*Union des Coopérat*rs *du Havre et de la région*, Le Havre	100.000	»
La Butineuse, Marseille	100.000	»
Coopérative de Coubron	6.000	»
La Solidarité Mantaise, Mantes	25.000	»
Union des Coopérateurs de l'Aude, Carcassonne	20.000	»
Union des Coopérateurs Alpins, Eygliers	50.000	»
Union des Coopérateurs du Var, Le Cannet-du-Luc	80.000	»
Brasserie Coopérative, Braux	15.000	»
Biarritz-Coopérative, Biarritz	150.000	»
Union des Coopératives des Ardennes, Charleville	200.000	»
La Revanche, Fouquières-les-Lens	40.000	»
Les Presses Universitaires, Paris	150.000	»
L'Ouvrière, Avion	100.000	»
Union des Coopérateurs de l'arrondissement de Douai, Sin-le-Noble	450.000	»

La Loi organique

Le groupe parlementaire de la Coopération s'est saisi de la question du projet de loi organique pour les diverses formes de la Coopération. Une Commission composée de juristes et de parlementaires examine le projet préalablement établi par Paul Ramadier.

Les organisations intéressées et le Conseil supérieur de la Coopération (toutes sections réunies) examineront en dernier lieu ce projet pour demander au gouvernement de le faire voter par le Parlement.

Le Service juridique

Le service juridique a été aussi fréquemment consulté cette année que les précédentes. Les consultations demandées se sont élevées au nombre de 1.243.

Elles ont principalement porté sur les questions fiscales, quoique ces questions soient devenues moins brûlantes et que les principaux points contestés aient été réglés par des arrêts du Conseil d'Etat.

Au second rang viennent les modifications aux statuts, devenus plus nombreux depuis la loi du 3 juillet 1925, qui a permis aux assemblées ordinaires d'adapter les statuts aux règles de la loi de 1917. Le maniement de cette règle est d'ailleurs assez délicat. Les difficultés que rencontre son interprétation, en même temps que le nombre des sociétés qui veulent bénéficier de ses dispositions, a singulièrement compliqué la tâche du service juridique et provoqué parfois quelques retards.

Parmi les autres questions qui ont été posées au service juridique, signalons les problèmes touchant la dissolution des sociétés, la reprise d'une société par une autre, les baux, etc.

Le Conseil juridique de la Fédération a publié dans l'*Action Coopérative* un certain nombre de chroniques juridiques touchant le cumul de la taxe de luxe sur les spiritueux et de la taxe sur le chiffre d'affaires, le calcul de la taxe de luxe, la nature juridique du contrat de gérance responsable, la loi du 3 juillet 1925, l'article 85 de la loi du 13 juillet 1925. Le Conseil central a pensé que la place de ces chroniques n'était pas dans l'*Action Coopérative* et qu'il serait préférable de les publier sous forme de « Bulletins de renseignements », qui seraient adressés aux Conseils d'administration. Le premier de ces Bulletins a été publié au mois de décembre. Il contient un commentaire de la loi fiscale du 4 décembre 1925. Cette publication sera continuée à intervalles irréguliers, chaque fois que l'utilité en apparaîtra.

Questions fiscales

Au cours de l'année 1925, la question de l'impôt sur le chiffre d'affaires a été réglée provisoirement d'une manière qui nous donne de larges satisfactions, sinon une satisfaction complète. Déjà les circulaires Clémentel des 23 juin, 19 juillet et 1er septembre 1924 avaient suspendu le recouvrement de l'impôt contre les sociétés ne vendant qu'à leurs membres. Ce régime, très précaire, a subsisté jusqu'à la loi du 13 juillet 1925, dont l'article 85 a libéré les coopératives, exemptes de l'impôt sur les bénéfices commerciaux, de l'impôt sur le chiffre d'affaires arriéré qu'elles n'auraient pas payé. C'était un coup d'éponge sur le passé.

Mais, en même temps, la Chambre avait, à trois reprises, voté un texte beaucoup plus large, qui fut soutenu par nos amis Boully, Cayrel et Ernest Lafont. Ce texte soumettait à l'impôt sur le bénéfice brut non ristourné les affaires traitées par les coopératives avec les sociétaires. Le Sénat avait refusé de le prendre en considération, mais la Chambre se disposait, le 12 juillet, à le voter une quatrième fois quand le ministre des Finances proposa de remettre la solution à plus tard et de proroger jusqu'à cette solution le régime provisoire établi par l'article 85. La remise de l'impôt aux coopératives exemptes de l'impôt sur les bénéfices commerciaux devait primitivement prendre fin le 1er juillet 1925; il fut décidé que ce délai expirerait seulement le 1er janvier 1926 et que d'ici-là le ministère proposerait une solution.

D'autres débats ont empêché cette solution d'intervenir et même le Gouvernement de faire des propositions avant la date primitivement fixée. M. Boully a repris, sous la forme d'une proposition de loi, le texte primitivement adopté par la Chambre et, en attendant, la loi du 31 décembre 1925 a prorogé jusqu'au 31 mars 1926 l'application de l'article 85.

La Fédération poursuit ses efforts, en accord avec le Groupe Parlementaire de la Coopération, pour obtenir le vote d'un régime définitif conforme au texte adopté par la Chambre. Le Conseil supérieur de la Coopération a unanimement émis le vœu que cette solution favorable intervienne dans le plus bref délai.

Les articles 62 à 65 de la loi du 13 juillet 1925, pour parer à certaines fraudes à l'impôt général sur le revenu et aux droits de succession, imposent aux sociétés civiles de faire au bureau de l'Enregistrement une déclaration d'existence et de déclarer ensuite tous les changements survenus notamment dans son personnel.

Cette formalité, imposée dans un but très particulier et en prévision de fraudes, que les coopératives ne peuvent jamais commettre, est cependant fort gênante pour elles à raison des mutations incessantes de leurs membres. La Fédération de la Coopération agricole a obtenu de l'Enregistrement qu'elle ne soit pas exigée des coopératives agricoles régies par la loi du 5 août 1920.

Nous avons demandé le même bénéfice pour les coopératives de consommation, et le Conseil supérieur a émis un vœu pour appuyer notre demande.

Office technique

Au cours de l'année, l'Office technique s'est réuni pour examiner un certain nombre de questions. Préalablement au Congrès, il s'est intéressé à la question des capitaux coopératifs.

Colonies de Vacances

Le Conseil central n'a pas pu constituer la Société des colonies de vacances qui avait été projetée en raison du fait que les concours nécessaires ont manqué.

Les fonds qui avaient été versés ont été remboursés.

Prestations en nature

En vue d'utiliser dans les conditions prévues par l'instruction ministérielle du 29 juillet, n° 1197 (Bulletin des Régions libérées du 8 août 1925, page 275), le Conseil central a décidé de convoquer, à Paris, les représentants des sociétés des régions libérées aux fins d'examiner dans quelle mesure l'entente des sociétés pouvait être nécessaire. Cette réunion a eu lieu le 7 novembre 1925. Après examen de la question elle a décidé de constituer une Union des Coopératives des régions libérées. Un Comité provisoire a été constitué. Il est composé de Cozette, René Louis, Gaston Prache, Paul Thiriet et des secrétaires de la F. N. C. C.

Un projet de statuts a été adressé à toutes les Sociétés des régions libérées. A l'heure où ce rapport est écrit, l'agrément n'a pas encore été obtenu mais, néanmoins, quelques affaires assez importantes sont en cours, notamment pour ce qui concerne le sucre.

Commission de l'Enseignement

La Commission s'est réunie les 25 octobre 1924, 13 avril et 4 juillet 1925. Elle a décidé, en raison des résultats obtenus les années précédentes, de poursuivre, avec la même méthode, l'introduction de l'enseignement de la Coopération dans les divers établissements d'enseignement public.

Enseignements organisés

Enseignement supérieur. — Nous rappelons que la Fédération Nationale a constitué en 1921 une Association pour la création de la Chaire de la Coopération au Collège de France. Notre Commission a organisé, dans les Facultés de Droit, six cours que nous indiquons ci-dessous avec les noms des professeurs et les enseignements donnés :

1° A *Aix-en-Provence*, M. Raynaud. — En 1924 : « La continuité de la vie coopérative de 1844 (fondation de la première coopérative à Rochdale) jusqu'à nos jours ». — En 1925 : « La vie coopérative dans les divers pays ».

2° A *Bordeaux*, M. Pirou. — En 1925 : « La doctrine coopérative ». — « Coopératives de production dans les usines, et Associations ouvrières de production. — Sociétés coopératives de consommation ».

3° A *Grenoble*, M. Porte. — En 1924 : « Les aspects généraux du mouvement coopératif : les faits et les idées ». — En 1925 : « Les solutions coopératives des problèmes de la vie chère. »

4° A *Lille*, M. Bernard Lavergne. — En 1924 : « Les méthodes coopératives nouvelles. Le problème du salariat et la Coopération. » — En 1925 : « La grande industrie et la Coopération : le problème des régies coopératives. »

5° A *Lyon*, M. Antonelli. — En 1924 : « La Coopération de consommation française. Principes et organisation. » — En 1925 : « L'histoire de la Coopération à Lyon. »

6° A *Nancy*. — En 1922, M. Bernard Lavergne : « Histoire de la Coopération » ; les Coopératives de Consommation. — En 1924, M. Gignoux : « La Coopération et les prix ». — En 1925, M. Bourcart : « Comparaison des législations commerciales et coopératives en France et en Allemagne ». — M. Poisson : « Les principes coopératifs ». — M. G. Lévy : « Les organisations centrales de la Coopération française ». — M. Bugnon : « La technique et l'administration des Sociétés Coopératives. » « Le rôle social de la Coopération ».

Une conférence a été faite à la Sorbonne, au Cours de Sociologie des directeurs d'Ecoles normales, en 1924, par M. Roger Picard.

Pour la création de chacun de ces cours, MM. les Recteurs et MM. les Doyens des Facultés de Droit ont été directement sollicités après avis favorable de M. le Directeur de l'Enseignement supérieur.

La Commission a pris l'engagement de maintenir le cours pendant 5 ans, et de verser, chaque année, à l'Université, une somme de 1.500 francs.

Les professeurs sont désignés par le Conseil de la Faculté. Ils sont entièrement libres dans leur enseignement. Leurs conférences sont, en général, par les soins des Sociétés coopératives locales, sténographiées, reproduites, distribuées aux auditeurs et adressées aux directeurs des écoles importantes de l'Académie, ainsi qu'aux professeurs de philosophie et d'histoire.

Outre le public habituel et les étudiants de la Faculté, ces cours sont en général suivis par les élèves des Ecoles de Commerce, des Ecoles Techniques et des Ecoles Normales.

Le cours de M. Bernard Lavergne, à Nancy (1922), a été publié chez Armand Colin.

La leçon d'ouverture de M. Antonelli a paru dans le numéro de décembre 1924 de la *Revue des Questions pratiques de Droit ouvrier.*

Le cours de M. Pirou, à Bordeaux (1925), vient de paraître aux éditions de la *Vie Coopérative.*

Enseignement secondaire

Dans son *Bulletin*, le Bureau de l'Amicale des Professeurs de Philosophie des Lycées a inséré un appel en faveur de l'enseignement de la Coopération. Cet appel a été reproduit dans l'*Action Coopérative* (24 janvier 1925). Le président, M. le professeur Beauvalon, nous écrivait le 16 novembre 1924 : « Je ne doutais pas que ma sympathie pour la cause que vous défendez, ne fût partagée par mes collègues. »

Au nom de M. le Ministre de l'Instruction Publique, le directeur de l'Enseignement secondaire, M. Vial, a adressé, d'accord avec les directeurs de l'Enseignement primaire, M. Lapie, et de l'Enseignement technique, M. Labbé, le 19 janvier 1925, une lettre-circulaire aux recteurs et aux préfets, dans laquelle il leur signalait l'intérêt que présentait l'action entreprise par la Commission de l'Enseignement de la Coopération, en vue de l'organisation de cet enseignement dans les lycées, collèges, écoles primaires supérieures et techniques, et les priait de réserver au président de cette Commission un bienveillant accueil.

Grâce à cette introduction officielle, M. Bugnon a pu réunir le personnel enseignant à : Lille, Dunkerque, Arras, Beauvais, Laon, Limoges, Bordeaux, Albi, La Rochelle, Saintes, Auxerre.

Partout où ils ont été sollicités, MM. les proviseurs et MM. les principaux nous ont apporté la plus utile collaboration.

Des cours ont été faits : 1° à l'intérieur des lycées, par des professeurs d'histoire et de philosophie, à Bordeaux, à Lille et à Laon. — 2° A l'extérieur, par des professeurs de lycées, aux élèves réunis des enseignements secondaire, primaire et technique, à Bordeaux, à Lille, à Bar-le-Duc, à Beauvais, à Commercy, à La Rochelle.

Enseignement primaire

Les *Ecoles Normales Supérieures* ont entendu : A Saint-Cloud, trois conférences de M. Bernard Lavergne; à Fontenay-aux-Roses, une conférence de M. Roger Picard.

Ecoles Normales. — Les directrices et directeurs, qui enseignent régulièrement la Coopération au Cours de Sociologie, ont permis, en plusieurs départements, que des leçons spéciales fussent faites à leurs élèves par des professeurs extérieurs ou ont donné euxmêmes à des élèves d'autres écoles des leçons sur la Coopération.

Certaines *Ecoles Primaires Supérieures* et *Cours Complémentaires* ont bénéficié dans ces conditions d'un enseignement particulier de la Coopération.

Citons les : *Ecoles Normales* d'Albertville, Beauvais, Bordeaux, Arras, Commercy, Nancy, La Rochelle, et Valence; *Ecoles Primaires Supérieures* de Lille et Commercy; *Cours Complémentaires* de Dunkerque (garçons et filles).

Dans les écoles primaires élémentaires, et dans un certain nombre d'Ecoles Normales, se sont créées des *Coopératives scolaires*. La Commission de l'Enseignement de la Coopération a décidé d'encourager, au cours de 1925-1926, ces organisations qui lui paraissent susceptibles de donner une première éducation coopérative.

Enseignement Technique

En dehors de l'Institut Agronomique, où existe une section de la Coopération agricole, l'enseignement de la Coopération n'est pas encore donné avec une précision suffisante dans les Ecoles techniques. Le mot figure cependant dans les programmes. Il suffira d'appeler l'attention des professeurs sur l'importance du mouvement coopératif pour qu'ils le fassent connaître à leurs élèves.

A l'Ecole Normale Supérieure de l'Enseignement Technique, nous avons pu, chaque année, depuis trois ans, donner une série de conférences.

Notamment en 1923, par : MM. Ch. Gide, sur « L'Histoire de la Coopération. » — G. Lévy, sur « Les Organisations centrales de la Coopération. » — E. Poisson, sur « Les Principes coopératifs. » — G. Scelle, sur « La Coopération internationale. » — E. Bugnon, sur « L'Evolution technique des Sociétés Coopératives. »

En 1924, trois leçons par M. Roger Picard, qui a donné en 1925 une conférence à l'Ecole des Hautes Etudes Commerciales.

Les années précédentes, nous avions pu faire quelques leçons aux élèves de l'Ecole Professionnelle de Nancy; tous les ans les élèves de l'Ecole de Commerce ont suivi les cours de l'Université. A Bordeaux, les élèves de l'Ecole Supérieure de Commerce ont assisté au cours de M. Pirou; à Grenoble les élèves de l'Institut Commercial ont suivi le cours de M. Porte.

⁂

Les Ecoles Pratiques de Beauvais, Bordeaux et Dunkerque ont bénéficié de cours locaux, sur l'initiative de la Commission.

Pour tous les cours d'enseignement : secondaire, primaire et technique, la Commission accorde aux professeurs une rémunération fixée à 50 francs par leçon; elle leur fournit la documentation nécessaire sous forme de fiches bibliographiques, d'abonnements à l'*Action Coopérative*, à la *Revue des Etudes Coopératives* et de dons de livres aux bibliothèques scolaires, tout en leur laissant, comme aux professeurs d'Université, la plus grande liberté dans leur enseignement.

Elle les invite à faire suivre leurs leçons de visites aux Sociétés Coopératives locales.

Concours de fin d'année

Pour encourager les élèves à suivre ces leçons nouvelles, et même pour exciter davantage leur curiosité à l'égard des questions économiques, la Commission met au concours, dans chaque école, une bourse de voyage d'une valeur de 300 à 500 francs.

Une composition sur l'un des sujets traités pendant l'année est donnée par le professeur. Le concours est entièrement libre, mais l'attrait des bourses est tel que, d'année en année, nous avons le plaisir de recevoir un nombre de plus en plus grand de copies. Le nombre des boursiers s'accroît également.

En 1922 : 6 boursiers.
En 1923 : 10 boursiers.
En 1924 : 32 boursiers.
En 1925 : 44 boursiers, plus deux promotions entières d'Ecoles Normales : à Auxerre (E. N. institutrices) et à Belfort (E. N. instituteurs).

Voici les sujets proposés aux concours de 1925 :

Sujets d'ordre général : « Les Principes Coopératifs » (Académie de Nancy). — « La Coopération de Consommation » (Académie de Bordeaux).

Sujets d'ordre social et moral : « Rôle social de la Coopérative » (Académie de Nancy). — « Valeur morale de la Coopération de consommation (Académie de Paris). — « Quelles raisons y a-t-il de désirer et d'espérer le dévelopement de la Coopération de consommation » (Académie de Paris). — « Raisons pour lesquelles la femme doit faire partie d'une Coopérative de consommation » (Académie de Bordeaux).

Sujet d'ordre historique : « Comparaison du Mouvement coopératif français (Coopératives de consommation) avec le Mouvement coopératif anglais, et dégager de cette comparaison les causes profondes de développement et de succès de la Coopération de consommation » (Académie d'Aix-en-Provence).

Sujets d'ordre technique : « Traits caractéristiques et Méthodes commerciales et administratives des Unions régionales coopératives (ou Sociétés dites de développement) » (Académie de Lille). — « Traits caractéristiques des Régies Coopératives » (Académie de Paris).

Sujets d'ordre pratique : « D'après les principes que vous avez étudiés, comment concevez-vous l'organisation d'une Coopérative moderne, et quels sont les devoirs d'un bon coopérateur » (Académie de Lille). — « Lettre à une coopératrice tiède de vos amies pour lui expliquer pourquoi un écart en plus de quelques centimes dans dans le prix d'une denrée vendue à la boutique coopérative, sur le prix courant du commerce, ne doit pas la détourner de la fréquentation du magasin coopératif. Vous lui expliquerez notamment les avantages d'une organisation coopérative intégrale. En terminant, vous lui indiquerez les renseignements et connaissances que vous comptez rapporter de votre voyage d'études dans le Nord de la France, au cas où vous obtiendriez la bourse, prix de ce concours » (Académie d'Aix-en-Provence).

***

Est-il vain d'espérer que nous aurons un jour le plaisir de trouver ces mêmes sujets aux compositions écrites, ou tout au moins aux questions orales, des examens des enseignements : secondaire, primaire et technique?

Situation financière au 30 novembre 1925

RECETTES

		Encaissées	Annoncées sur l'exercice 1925	Versées directement aux intéressés par les donateurs
Reliquat 1924		4.492 20		
Subvention F. N. C. C.		14.000 »		
Subventions régionales :				
Académie de Paris :				
Fédération	250 »			
Sociétés.	800 »	1.549 90		
Municipalités	499 90			
Département de l'Oise.			1.000 »	
Académie de Lille :				
Fédération	2.943 50			
Sociétés.	1.500 »	4.842 50	600 »	
Municipalités	399 »			
Département du Nord.			1.000 »	
Académie de Nancy				
Fédération	1.000 »	5.000 »		
Société	4.000 »			1.500 »
Académie de Lyon :				
Société	190 »	388 60		
Municipalités	198 60			1.500 »
Académie de Bordeaux :				
Société	100 »	1.099 90		
Municipalités	999 90		1.500 »	
Académie de Poitiers :				
Sociétés.	1.525 »	1.525 »		
Académie de Grenoble :				
Fédération			1.000 »	
Société	50 »	50 »	1.705 »	
Compagnie P. L. M.				1.000 »
Académie de Toulouse :				
Fédération	200 »	225 »		
Société	25 »			
TOTAL		33.173 10	6.805 »	4.000 »

DÉPENSES

	Effectuées	Restent à régler pour 1925
Appointements du Secrétariat...........	4.800 »	1.500
Achat de livres, abonnements, frais de correspondance	683 10	112
Publication de notices	325 50	
Déplacement des membres de la Commission	2.663 »	
Frais des cours	8.902 50	
Frais des bourses......................	15.247 55	
Divers		400
Total............	32.621 65	2.012

RÉCAPITULATION

Recettes de la Commission............	33.173 10	
Dépenses	32.621 65	
En caisse..........	551 45......	551 45
En tenant compte des recettes annoncées	6.805 »	
— dépenses prévues	2.012 »	
Excédent..........	4.793 »......	4.793 »
La Commission peut compter sur un reliquat de........		5.344 45

En ajoutant les subventions versées directement, on constate que l'enseignement de la Coopération :

a disposé en 1925 de............................	43.978 francs
en augmentation sur 1924 de.....................	11.902 francs

Projet de budget pour 1926

RECETTES

Reliquat	4.000 »
Subvention de la F. N. C. C............................	14.000 »
Subventions des Fédérations régionales...............	6.000 »
— des Sociétés Coopératives...............	15.000 »
— des villes, départements et divers.........	5.000 »
Total............	44.000 »

DÉPENSES

Cours	12.000 »
Boursiers	16.000 »
Secrétariat	3.000 »
Publications	1.000 »
Correspondance et documentation.....................	2.000 »
Déplacements	2.000 »
Le *Coopérateur Scolaire*	6.000 »
Total............	42.000 »

Offices cinématographiques régionaux

Le Directeur de l'Office régional d'enseignement cinématographique de Lorraine, 32, rue du Faubourg-Stanislas, à Nancy, donnera tous les renseignements utiles aux Sociétés qui voudraient provoquer la création ou collaborer à l'organisation de cinémathèques régionales.

Il existe des Offices plus importants à Lyon et à Strasbourg, mais créés avec de larges ressources qui ne peuvent être obtenues partout.

L'exemple de Lorraine semble davantage à la portée de nos Sociétés Coopératives, des autorités universitaires, des Offices agricoles, des Offices d'hygiène sociale et d'orientation professionnelle, des Services d'Enseignement technique.

Coopératives scolaires. — " Le Coopérateur scolaire "

Les Coopératives scolaires existant en France sont actuellement au nombre de 2.000. On sait qu'elles ont eu pour créateur M. Profit, inspecteur primaire, à Saint-Jean-d'Angely. Un autre inspecteur primaire, M. Cattier, à Remiremont, a créé pour les Coopératives scolaires de son département (aujourd'hui au nombre de 303) un journal : *Le Coopérateur scolaire*.

La Commission a sollicité le concours de MM. Profit et Cattier, offrant à ce dernier les moyens d'étendre sa publication à toute la France.

Le premier numéro du *Coopérateur Scolaire National* a paru fin janvier. Il sera mensuel pour un prix d'abonnement de 12 francs. Il sera édité par les Presses Universitaires de France, sous les auspices de la F. N. C. C.

Nous ne doutons pas que les autorités universitaires fassent le meilleur accueil à cette publication dont le but est d'assurer, d'une part, le lien nécessaire entre les Coopératives scolaires, et, de l'autre, entre les Coopératives scolaires et les Organisations coopppératives nationales.

Quant aux Sociétés Coopératives, sans doute voudront-elles, suivant l'exemple de l'*Union des Coopérateurs de Lorraine*, souscrire des abonnements pour toutes les Coopératives scolaires de leur région et même pour les écoles dans lesquelles ces Coopératives n'existent pas encore, mais sont susceptibles de naître.

Les Coopératives scolaires font faire aux enfants, sous une forme élémentaire, l'apprentissage de la Coopération. Les Sociétés coopératives ne sauraient trop encourager les Coopératives scolaires.

La Semaine Parlementaire de la Coopération

La Fédération Nationale a pris une part importante dans l'organisation de la *Semaine Parlementaire de la Coopération*, et cela en accord avec les autres formes de la coopération et avec le Groupe parlementaire de la Coopération. Cette manifestation, qui a eu lieu en mai, a eu un très grand retentissement et des vœux ont été votés.

Pour ce qui concerne l'enseignement de la Coopération, la résolution ci-après a obtenu l'agrément de tous les participants :

I. — Que des cours sur la Coopération soient créés en chaque Université, soit à la Faculté de Droit (Chaire d'économie politique), soit à la Faculté des Lettres (Chaire de philosophie ou d'histoire).

Qu'un certificat spécial, diplôme d'études coopératives soit créé ou qu'une mention spéciale d'études coopératives soit ajoutée aux licences de droit, de philosophie ou d'histoire.

Que cet enseignement soit donné dans toutes les grandes écoles (écoles normales supérieures, polytechnique, centrale, etc.), pour les principes, l'histoire, le rôle social et international de la Coopération.

Que l'on adjoigne à l'Ecole normale supérieure d'enseignement technique, dans ses trois sections, ainsi qu'aux écoles supérieures de commerce et d'industrie, des classes de vulgarisation de la technique coopérative, analogues à celle qui fonctionne à l'Institut agronomique.

II. — Que soit étudiée la création dans les Facultés de Droit, de chaires d'institutions sociales dont l'action pourra être complétée utilement par la création de chaires ambulantes.

III. — Que les programmes de philosophie et d'histoire de l'enseignement secondaire portent la mention « Coopération », et que des questions coopératives soient mises aux programmes des divers examens.

IV. — Que les organisations coopératives de toute nature soient signalées aux écoles techniques, aux écoles de commerce, aux écoles d'agriculture et aux écoles ménagères, comme des organisations économiques devant être visitées par les élèves avant la fin de leurs études; qu'elles soient comprises dans la liste de celles qui leur sont recommandées pour leur stage, soit facultatif, soit obligatoire.

Et que les diplômes décernés fassent mention de ces études ou stages coopératifs.

V. — Que, pour les élèves de toutes les écoles dans lesquelles l'enseignement de la Coopération sera donné, soient prévues des visites aux organisations coopératives locales, et des bourses de voyage pour la visite de certaines organisations coopératives nationales ou étrangères.

VI. — Que l'enseignement de la Coopération soit la base de l'enseignement primaire de la sociologie, qu'il soit complété par la coopérative scolaire dont l'organisation restera essentiellement libre, mais dont le développement sera facilité par la création de coopératives centrales dans chaque circonscription d'inspection primaire, dans chaque département et académie ainsi que par la création d'offices cinématographiques régionaux.

A ce sujet, la Semaine parlementaire recommande pour la centralisation de tous ces efforts matériels, l'organisation des Presses Universitaires de France, société coopérative d'édition, de librairie et de papeterie qui, dans l'esprit de ses fondateurs, et dans l'esprit des coopérateurs groupés autour d'elle, doit devenir la coopérative centrale de tous les Universitaires de France.

VII. — Que l'enseignement de la Coopération soit présenté par les autorités scolaires et par les maîtres comme l'initiation la plus complète à la connaissance des phénomènes élémentaires de la vie économique, et qu'ils cherchent à y intéresser tous ceux qui peuvent y apporter les concours matériels et moraux.

VIII. — Que l'Etat prenne à sa charge tous les frais d'enseignement, les sociétés locales et régionales tous les frais de documentation et de bourses de voyage.

IX. — Que la Commission pour l'Enseignement de la Coopération, créée à la Fédération Nationale des Coopératives de Consommation, comprenne des représentants de toutes les formes de coopération.

Que les ministres intéressés : Instruction publique, Agriculture, Commerce, Travail, y désignent des délégués.

Et qu'il soit fait officiellement appel à la collaboration de cette Commission pour l'enseignement de la Coopération à tous les degrés.

Sur « La Coopération, institution économique et sociale, et les Pouvoirs publics », le vœu ci-après a été adopté :

La « Semaine parlementaire de la Coopération » constate que le développement du mouvement coopératif dans toutes ses formes a abouti à en faire dès maintenant une des forces sociales les plus importantes du pays, et que cela soit dû aux qualités intrinsèques de l'institution coopérative, à son caractère d'association de personnes, d'entreprise collective à but désintéressé et gérée démocratiquement par les intéressés eux-mêmes, élément d'un monde économique nouveau.

La coopération n'attend point et ne demande pas aux Pouvoirs publics d'assurer sa vie et son essor par des privilèges, mais, œuvre d'intérêt public, elle doit compter sur tous les encouragements — prodigués du reste par ailleurs à toutes les institutions économiques privées — qui peuvent lui permettre d'assurer la plénitude de liberté dans ses mouvements et lui permettre également de jouer pleinement son rôle d'œuvre sociale servant l'intérêt général.

La coopération doit avoir des représentants dans toutes les institutions et organisations, comités, offices et conseils constitués par les Pouvoirs publics pour la gestion de ses services ou pour l'étude et la solution de toutes les questions d'ordre économique et social.

La coopération peut utilement aider les Pouvoirs publics et considérée comme le véritable instrument de régularisation des prix ou d'établissement de prix de revient, elle doit être employée comme le véritable moyen de rapprochement entre les consommateurs et les producteurs.

La coopération, enfin, doit être considérée sous ses différentes formes par les Pouvoirs publics et son action sera d'autant plus efficace que la coordination des services publics concourant à l'économie nationale serait unifiée et permettrait par là même une même coordination de la partie des services publics s'occupant des différentes formes de la coopération.

Sur les Economats et les Sociétés coopératives de consommation, la *Semaine* a voté le texte suivant :

La Semaine Parlementaire de la Coopération *émet les vœux suivants :*

1° *Que les Pouvoirs publics exigent l'application de la loi du* 25 *mars* 1910;

2° *Que les Pouvoirs publics, conformément à la loi du 7 décembre* 1909, *interdisent toute pratique du paiement des salaires en nature ou en jetons;*

3° *Que les lois du 7 décembre* 1909 *et du* 25 *mars* 1910 *soient rendues applicables aux trois départements recouvrés;*

4° *Que dans le prochain referendum de* 1927 *sur les Economats de chemins de fer, le personnel des réseaux soit admis à choisir entre les trois solutions suivantes :*

1° *Maintien des Economats;*

2° *Leur suppression;*

3° *Leur transformation en Coopératives de consommation.*

A propos de la loi du 7 mai 1917 qui ouvre des crédits aux Sociétés, le vœu suivant a été adopté :

Considérant que l'importance du mouvement coopératif s'est développée depuis le vote de la loi du 7 mai 1917 et tenant compte du fait que la situation actuelle nécessite des crédits en rapport avec la valeur des produits, la « Semaine Parlementaire de la Coopération » demande que le Parlement augmente de dix millions le crédit prévu par la loi.

Tenant compte du fait que les délais de remboursement des crédits accordés aux sociétés coopératives de consommation sont notoirement trop courts, la « Semaine Parlementaire de la Coopération » sollicite la revision du décret du 5 septembre 1917 portant règlement d'administration publique en ce qui concerne le délai d'amortissement des prêts et demande que ce délai soit de deux années et que la durée du crédit soit de dix ans.

Etant donné le rôle des Sociétés coopératives de consommation et tenant compte que pour des faits exceptionnels et imprévisibles, il y aurait intérêt à accorder une subvention, la « Semaine Parlementaire de la Coopération » demande qu'en dehors des fonds attribués au crédit une somme de un million soit réservée pour accorder des subventions aux Sociétés constituées conformément à la loi du 7 mai 1917 et qui auraient subi des dommages accidentels et non dus à la gestion.

Pour l'ensemble de ce vœu, la « Semaine Parlementaire de la Coopération » demande le concours du Parlement en considérant les coopératives de consommation comme des œuvres d'intérêt général.

A propos de la proposition de loi du sénateur Chanal, qui tend à permettre les unions entre les Coopératives agricoles et les Sociétés coopératives de consommation, la *Semaine* a voté le texte ci-après:

La Semaine Parlementaire de la Coopération *émet le vœu que le Parlement examine le plus rapidement possible la proposition de la loi déposée par M. Chanal, sénateur, le 29 janvier 1924, et tendant à permettre la création d'Unions coopératives agricoles de production et de Coopératives de consommation.*

Sur « la paix, la Coopération et les accords économiques internationaux », la *Semaine* a faite sienne — après un rapport et un discours d'Edgard Milhaud — la résolution votée par le Congrès national de Nancy.

A propos de « l'organisation d'une finance populaire » le vœu ci-après a été adopté :

La Semaine de la Coopération émet le vœu que le Parlement s'attache en toutes circonstances à développer les divers organismes de crédit démocratique en secondant leur action et leurs initiatives, mais en conservant à chacun d'eux son autonomie propre, de même que l'indépendance de sa gestion et de son administration, en laissant également aux organismes intéressés le soin de rechercher les moyens de se concerter entre eux, de combiner et de coordonner leurs efforts, en vue d'actions communes à entreprendre.

En dehors de ces vœux, différentes autres questions intéressant les autres formes de la Coopération ont été examinées et ont fait l'objet de votes favorables.

Les vœux du Congrès de Nancy

Le Congrès de Nancy avait émis trois vœux qui — sur la proposition de la Commission des résolutions — furent renvoyés au Conseil central.

Le premier concernait les conditions d'attribution des avances consenties par le ministère du Travail conformément à la loi du 7 mai 1917. Sur cette question, un rapport très complet a été fourni au ministère du Travail; il porte principalement sur les conditions d'attribution des avances et les conditions de remboursement. Ce rapport demande que les délais de remboursement soient plus longs et que les conditions d'attribution soient élargies. De plus le rapport signale que le ministère du Travail n'est pas informé des remboursements assez tôt par le Trésor et qu'il s'ensuit que des sommes importantes — près de 2 millions au moment de la rédaction du rapport — restent non affectées. Le rapport demande que des mesures soient prises pour éviter les retards.

Enfin, considérant la nécessité du réemploi rapide des fonds, le rapport suggère la création d'un Office autonome, créé sous la surveillance du ministère du Travail et pouvant disposer en tout temps de ses disponibilités.

Le second vœu avait trait à l'*Action Coopérative;* cette question est traitée par ailleurs.

Le troisième vœu concernait une proposition de l'*Union coopérative du Laonnois*, qui demandait la création d'un service spécial de propagande et de publicité dont la charge serait assurée par un secrétaire général. Le Conseil central a eu à examiner cette question et il a pensé qu'elle se trouvait liée à une autre proposition émanant de la Fédération du Nord et du Pas-de-Calais, qui demandait la création d'un service juridique et technique au secrétariat. Après un examen de ces deux propositions — qui furent d'ailleurs examinées par la conférence des secrétaires des Fédérations régionales — le Conseil central a pensé que, au moins quant à présent, la nécessité de cette création n'était pas établie. Les conditions dans lesquelles fonctionnent présentement les services de la F. N. C. C. permettent de donner tous les renseignements utiles aux Sociétés. Pour ce qui concerne la publicité, l'effort de centralisation sera à nouveau tenté par les soins du secrétariat.

Enfin, au cours du Congrès, l'idée d'une conférence des secrétaires des Fédérations régionales avait été émise et retenue. Elle a eu lieu le 8 novembre dernier, à Paris. Les cinq questions suivantes étaient à l'ordre du jour : 1° les relations de la F. N. C. C. avec les Fédérations régionales; 2° l'*Action Coopérative;* 3° l'application de la loi du 3 juillet 1925; 4° l'Union de revision et de contrôle; 5° la caisse fédérale des retraites.

La réunion — d'accord avec le secrétariat de la F. N. C. C. — a décidé ce qui suit : *a*) le secrétariat de la F. N. C. C. renseignera les Fédérations régionales sur les adhésions des sociétés lorsque celles-ci devront faire procéder à des modifications sérieuses des statuts. Pour le recrutement des sociétés non adhérentes, les Fédérations régionales et la F. N. C. C. devront faire un effort continu: de nombreuses sociétés sont encore en dehors du Mouvement; *b*) le secrétariat de la F. N. C. C. tiendra les secrétaires des Fédérations régionales au courant des renseignements qui peuvent leur être utiles; *c*) les Fédérations régionales adresseront à la F. N. C. C. leur rapport annuel avec tous les renseignements concernant le fonctionnement de la Fédération; *d*) pour l'organisation rationnelle de la propagande, la conférence a demandé au Conseil central — qui a accepté par la suite — qu'une réunion des secrétaires des Fédérations régionales soit convoquée chaque année trois mois après le Congrès national; elle aura pour objet d'examiner la question de la propagande et de la réalisation des décisions du Congrès en ce qui concerne celles pouvant intéresser directement les Fédérations régionales. La conférence a décidé que la F. N. C. C. pourrait, le cas échéant, demander le concours des délégués dans les régions.

Pour l'*Action Coopérative*, la conférence a émis le vœu que le journal soit davantage mis à la portée des coopérateurs et que la question financière soit résolue par la publicité.

La loi du 3 juillet 1925 et son application aux sociétés a fait l'objet d'une fort intéressante communication de Paul Ramadier.

Sur la question de l'*Union de revision et de contrôle*, Lebon a indiqué à la conférence les résultats obtenus et, sur sa proposition, le secrétariat a été transféré à la F. N. C. C.

La conférence a décidé de s'associer à la propagande nécessaire pour assurer le développement de la Caisse fédérale des retraites.

Le travail de nuit dans les boulangeries

La Chambre des députés a voté un projet de loi qui supprime dans tous les cas le travail de nuit dans les boulangeries. A ce propos, le Conseil central a été saisi d'un nombre important de réclamations émanant des Sociétés coopératives de consommation qui ont des boulangeries à type industriel et, dans sa séance du 23 août, il a voté l'ordre du jour ci-après :

Le Conseil central de la F. N. C. C., après examen du projet de loi tendant à la suppression du travail de nuit dans les boulangeries — pendant devant le Sénat — constate que ce projet ne donne aucune satisfaction aux boulangeries coopératives, de quelque catégorie qu'elles soient. Dans sa rédaction, il n'a été tenu aucun compte des observations ou desiderata présentés en leur nom, à maintes reprises, jusqu'à l'Assemblée générale du Bureau International du Travail à Genève.

Si ce projet de loi était voté tel qu'il est rédigé, il aurait pour résultat certain et immédiat d'entraîner la fermeture de toutes les grandes boulangeries, dites boulangeries coopératives industrielles, qui sont — à l'heure actuelle — les facteurs véritables de la réglementation du prix du pain dans un grand nombre de localités. Ainsi, ce serait la disparition d'institutions créées grâce à l'effort de milliers de consommateurs associés qui verraient, de ce fait, leurs propres ressources complètement anéanties.

Au surplus, ce projet favorise dans tous les cas les patrons boulangers au détriment de toutes les boulangeries coopératives qui, aujourd'hui, se comptent par milliers et groupent plus d'un million de consommateurs, dans les villes comme dans les campagnes.

Sans s'opposer au principe même de la suppression du travail de nuit dans les boulangeries, le Conseil central fait cependant remar-

quer que cette question ne présente plus le même intérêt social aujourd'hui qu'au temps où il n'y avait pas la loi de huit heures, pas de repos hebdomadaire et pas de législation relative aux conditions d'hygiène dans les fournils, lesquels sont, du reste, transformés le plus souvent par l'emploi des moyens techniques modernes de production.

Le Conseil central fait également observer que le projet actuel n'interdit pas la vente du pain frais avant une certaine heure et que, par là même, il rend inopérantes et inapplicables les dispositions concernant les heures de fermeture des fournils.

Ce projet de loi est, en fait, une prime à la régression économique et en faveur des petites boulangeries restées encore attachées à des méthodes de production fort arriérées, et cela particulièrement au détriment des grandes boulangeries coopératives, fonctionnant avec le système de trois équipes travaillant huit heures, boulangeries à grand rendement grâce à l'outillage perfectionné et à la technique mise en œuvre. Les conditions d'hygiène assurées et l'emploi de ces moyens permettent d'affirmer que le travail de nuit par roulement toutes les trois semaines ne présente pas plus d'inconvénients que dans beaucoup d'autres industries : P. T. T., chemins de fer, compagnies de transport, et beaucoup moins que dans certaines autres qui touchent à la fabrication des produits chimiques et industries à feu continu.

Les sociétés coopératives de boulangeries qui seraient atteintes par la loi sont les seules à assurer toutes les conditions d'hygiène; elles sont seules aussi permettant une très grosse économie dans la fabrication, contribuant ainsi à une baisse constante et importante du prix du pain.

Le Conseil central — ému par cette situation — décide de faire toutes démarches utiles auprès des Commissions compétentes du Sénat, ainsi qu'auprès du Ministère du Travail afin d'obtenir que le projet soit modifié en tenant compte des observations ci-dessus et afin que — en fait — la loi n'aboutisse pas à l'interdiction des procédés techniques modernes dans la fabrication du pain.

Voici les amendements que le Conseil central a proposés au projet de loi :

L'article 20 *a* de la loi prévoit des dérogations qui peuvent être fixées par arrêté préfectoral et il précise que l'arrêté « *pourra* interdire la vente et le portage avant une heure déterminée ». Ce serait insuffisant et voici le texte proposé :

L'arrêté fixera les heures où la vente et le portage à domicile seront autorisés et cela de façon à assurer la concurrence, sur un terrain d'égalité, à toutes les entreprises de panification.

Il serait juste de substituer ce texte à celui imprécis du projet de loi qui donne la faculté de réglementation au préfet mais qui ne l'y oblige pas.

Ceci étant établi, une adjonction à l'article 20 est indispensable. Cet article prévoit une exception. Il faut qu'elle en prévoit une seconde et l'adjonction suivante doit être faite :

Ni la fabrication faite dans les entreprises de boulangeries fonctionnant avec trois équipes successives d'ouvriers boulangers travaillant huit heures et assurant le travail de nuit par roulement toutes les trois semaines.

Quand on connaît les conditions d'hygiène qui existent dans les boulangeries coopératives à type industriel on est convaincu que ce ne serait pas porter atteinte à la santé des ouvriers que d'organiser le travail dans ces conditions.

L'activité générale de la F. N. C. C.

Le Conseil central se préoccupe de toutes les questions d'ordre coopératif et économique.

En décembre 1924, à propos des accords entre Etats, il a voté une résolution ainsi conçue :

Le Conseil central de la Fédération Nationale des Coopératives de consommation;

Considérant les décisions prises par l'Assemblée de la Société des Nations en ce qui concerne l'organisation juridique et politique de la paix;

Considérant les déclarations faites par plusieurs délégués sur la nécessité d'éliminer des relations économiques internationales tous les facteurs économiques de guerre et d'établir entre les peuples des relations économiques de concorde et de paix;

Rappelle que le principe de solidarité humaine a toujours été l'inspiration suprême du Mouvement coopératif dans tous les pays et émet le vœu que des mesures pratiques soient prises pour le faire pénétrer dans les relations économiques des Etats;

A cette fin, le Conseil central, rappelant l'article 23 du Traité de paix, en vertu duquel les membres de la Société des Nations s'engagent à prendre toutes les dispositions nécessaires pour assurer la garantie et le maintien des communications et du transit ainsi qu'un équitable traitement du commerce de tous les membres de la Société et déclarent que la Société des Nations doit devenir universelle et que, par suite, le principe de « l'équitable traitement » doit s'appliquer à tous les Etats;

Emet le vœu :

1° Que, conformément à ce principe, les accords économiques entre Etats, et notamment les traités de commerce entrent dans toute la mesure du possible, dans le cadre des accords-types universels;

2° Que, pour élaborer les bases de ces accords, et plus généralement pour assurer la pleine réalisation des principes de liberté, d'égalité et de coopération dans les relations des peuples, soit institué, avec le concours des grandes forces économiques organisées : industrie, agriculture, commerce, crédit, travail, consommation, un Conseil économique international, dont les cadres administratifs seront formés par le Secrétariat général de la Société des Nations et par le Bureau International du Travail.

La F. N. C. C. a pu obtenir sa représentation dans les organismes d'intérêt public. Sans doute ses représentants n'ont pas été aussi nombreux qu'il eût été désirable, mais ils se sont, en toutes circonstances, efforcés de défendre les intérêts des consommateurs avec vigueur et quelquefois avec succès.

Dans le projet de loi adopté par la Chambre et créant une Caisse d'amortissement des dettes, un représentant de la F. N. C. C. était expressément prévu. Le Conseil central avait désigné Gaston Lévy pour remplir cette fonction. A cette heure la Caisse n'est pas créée.

Malgré des démarches répétées, la F. N. C. C. n'avait point obtenu de représentation de notre mouvement au Conseil supérieur des chemins de fer. Depuis, Poisson a été nommé membre du Comité consultatif des chemins de fer qui prépare les travaux du dit Conseil. Il est membre de la Commission permanente de la section commerciale intérieure et, dans maintes circonstances, à propos des questions de tarifs pour les voyageurs et les marchandises, il s'est associé à la demande de diminution des tarifs, notamment en ce qui concerne le transport de vins, qui fut votée à une voix de majorité. Il est intervenu notamment, lors des récentes augmentations de tarif, pour protester contre le coefficient trop élevé proposé et il a présenté un amendement favorable aux abonnements de travail et des voyageurs de banlieue. Cet amendement fut ajourné par 15 voix contre 4.

A l'Office national des Pétroles et Combustibles, le représentant de la F. N. C. C. a fait mettre à l'étude la question du contrôle de la qualité des essences. Il a pris part aux travaux de la Commission et il a appuyé toutes les mesures qui tendaient à activer les recherches de sources de pétrole et découvrir un carburant aussi économique que possible.

A l'Office central des Céréales, le projet d'Office national d'importation, présenté par Poisson, a fait l'objet de longues discussions au cours de l'année dernière. Il avait, en son principe, été adopté. C'est sur l'initiative du représentant de la F. N. C. C. qu'une enquête avait été ouverte sur la prime de mouture, et qui a abouti aux derniers décrets de réglementation pour sa fixation.

La F. N. C. C. avait été appelée à participer à la Commission qui devait préparer le règlement du Conseil national Economique. Gaston Lévy et Poisson furent ses délégués. Malheureusement, les suggestions de cette Commission ont été peu retenues dans le décret définitif qui a été pris. Dans l'organisme nouveau, la consommation proprement dite a eu droit à trois représentants titulaires et six suppléants, sur quarante-cinq membres. Deux titulaires et quatre suppléants ont été choisis par la F. N. C. C. Le Conseil central a désigné Gaston Lévy et Poisson comme titulaires, Maurice Camin, Cleuet, Simiand et Ramadier, comme suppléants.

L'Union nationale des Associations de Consommateurs obtint le troisième titulaire et deux suppléants. M. Gide fut choisi comme titulaire. Roger Picard et Edgard Milhaud comme suppléants.

Lors de la constitution de la Commission permanente du Conseil national Economique, Poisson en fut élu membre. Le Conseil national Economique a d'abord abordé, comme question générale, le problème du logement. La F. N. C. C. remit, en réponse à l'enquête faite à ce sujet, un rapport de Pierre Dormoy, et Poisson soutint un programme de construction qu'il déposa devant la Commission permanente.

Le Conseil Supérieur de la Coopération

Le Conseil supérieur de la Coopération (section de la consommation), s'est réuni au ministère du Travail, les 28 et 29 décembre dernier. Il avait à son ordre du jour : 1° les lois fiscales et leur application aux coopératives de consommation; 2° la taxe d'apprentissage et la création d'une école coopérative d'apprentissage nationale; 3° les nouvelles formes d'associations des industriels pour l'alimentation (économats déguisés); 4° la loi organique pour toutes les formes de la coopération, envisagée du point de vue de la coopération de consommation; 5° revision des statuts-type des coopératives de consommation, pour les mettre en accord avec la nouvelle législation, et particulièrement avec la loi du 3 juillet 1925.

M. Henry Chéron, sénateur, a été nommé président pour un an.

Préalablement à l'examen de ces questions, le Conseil supérieur de la Coopération a pris connaissance des résultats obtenus grâce aux vœux émis lors de la dernière réunion. A propos de deux questions il a adopté des vœux nouveaux.

Ayant constaté que la loi Chanal — qui permet l'union des sociétés coopératives agricoles et des sociétés coopératives de consommation — n'était pas votée, le vœu suivant, rédigé par M. Nast, a été adopté :

Le Conseil supérieur de la Coopération (section de la Consommation) :

Considérant qu'à la suite d'un vœu émis dans sa session de 1923, tendant à la constitution d'organismes comprenant à la fois des sociétés coopératives agricoles et des sociétés coopératives de consommation, une proposition de loi ayant pour objet de faciliter la création de ces unions mixtes, a été déposé par M. Chanal, au Sénat, le 29 janvier 1924; que la commission de l'agriculture s'est déclarée favorable à cette proposition, suivant le rapport fait par M. Chauveau, le 2 décembre 1924;

Considérant que la dite proposition est demeurée depuis en instance;

Considérant, au surplus, que les atermoiements seraient dus à des objections provenant du Ministère des Finances;

Mais attendu que l'article 2 de la proposition de loi se borne à dire au point de vue financier :

« L'Office National du Crédit Agricole pourra attribuer des avances à long terme aux Unions de Coopératives agricoles constituées suivant l'article premier de la présente loi et qui auront établi leurs statuts conformément aux prescriptions de la loi du 5 août 1920, modifiée par la loi du 30 décembre 1922, de la loi du 12 juillet 1923 et de toutes autres dispositions législatives qui ont modifié les lois précitées.

« Un décret, pris sur la proposition du ministre de l'Agriculture, fixera la dotation spéciale, prélevée sur les sommes disponibles de l'Office National du Crédit Agricole, qui pourra être affectée à ces avances »;

Attendu, par conséquent :

1° Qu'il ne s'agit aucunement de demander au Parlement la création de ressources nouvelles en vue d'avantages à consentir aux dites Unions coopératives agricoles et de coopératives de consommation;

2° Que les prélèvements, purement éventuels, à effectuer sur les sommes disponibles de l'Office National du Crédit Agricole, ne pourraient, aux termes de l'article sus-rappelé, résulter que d'un décret contresigné par le ministre des Finances lui-même.

Attendu, dès lors, qu'il n'y a aucune raison valable pour retarder le vote de la proposition de loi qui aura, au moins, le mérite de fixer le régime juridique et en même temps de faciliter la constitution des Unions de coopératives agricoles et de coopératives de consommation, en vue de l'abaissement du coût de la vie;

Emet le vœu que le Gouvernement appuie et que le Parlement adopte la proposition Chanal dans le plus bref délai.

Déjà le Conseil supérieur de la Coopération avait exprimé le vœu de voir se développer le service de la statistique générale mais — pour des raisons diverses et particulièrement celles des ressources — ce vœu n'a pas reçu satisfaction. Sur la proposition de Gaston Lévy, il a été ainsi renouvelé et précisé :

Le Conseil Supérieur de la Coopération (section de consommation), émet le vœu que le service de la statistique générale de la France soit transformé en office général de la statistique et qu'il doit être doté de moyens d'action lui permettant de concentrer les éléments statistiques recueillis par les différents ministères, pour lui permettre, par des publications fréquentes, de renseigner à temps le monde de la production et du travail sur l'existence des stocks des denrées les plus importantes, sur les variations de cours, les mouvements de marchandises et de constituer ainsi le baromètre économique indispensable pour la prévision des besoins.

Le Conseil émet le vœu qu'un léger droit de statistique soit établi sur tous les stocks existants pour faciliter cette tâche et pour couvrir en partie les frais de ce service.

Le Conseil supérieur rappelle que des vœux analogues ont déjà été émis tant par lui que par d'autres organismes, tel que le Comité consultatif supérieur du commerce et de l'industrie.

Le Conseil Supérieur de la Coopération a ensuite abordé son ordre du jour.

La question des lois fiscales a fait l'objet d'un débat sur la situation présente, et le Conseil a émis les vœux ci-après :

I. — Le Conseil Supérieur de la Coopération (section de la consommation), émet le vœu que l'administration de l'Enregistrement n'exige pas des sociétés civiles coopératives de consommation, les déclarations prévues par l'article 62 de la loi du 13 juillet 1925, qui n'a pas été écrit en tenant compte des difficultés particulières d'application des sociétés à capital variable.

II. — Le Conseil Supérieur de la Coopération émet le vœu que le Gouvernement accepte et que le Parlement vote les propositions déposées par M. Boully et fixant le régime définitif des coopératives de consommation, des syndicats agricoles et des groupements d'achats en commun, à l'égard de l'impôt sur le chiffre d'affaires.

Si la discussion de ces propositions n'est pas possible immédiatement, le Conseil supérieur de la Coopération émet le vœu que les dispositions de l'article 85 de la loi du 13 juillet 1925 soient prorogées par la loi sur les douzièmes provisoires.

Saisi de la question de la taxe d'apprentissage et de la création d'une école coopérative d'apprentissage nationale, le Conseil supérieur de la Coopération a émis le vœu ci-après :

Considérant la demande faite par la Fédération Nationale des Coopératives de Consommation, tendant à la création d'une école d'apprentissage dirigée par les sociétés de consommation, sous le contrôle prévu par la loi et avec les ressources provenant de la taxe;

Tenant compte que les coopératives de consommation sont des organismes de répartition qui ont une méthode particulière de gestion directe des consommateurs associés et estimant que ces sociétés ont besoin d'un personnel pourvu des connaissances générales du commerce en même temps que de celles particulières à la coopération de consommation;

Considérant enfin que la Fédération Nationale des Coopératives de consommation se porte garante de la gestion de l'école d'apprentissage envisagée;

Emet le vœu que le gouvernement veuille bien accéder à la demande d'exonération qu'elle a faite au nom des sociétés coopératives de consommation.

Après un échange de vues le Conseil supérieur de la Coopération a adopté le vœu suivant proposé par Poisson et relatif aux économats déguisés.

Le Conseil supérieur de la Coopération émet le vœu que M. le ministre du Travail veuille bien procéder à une enquête sur les conditions d'existence et de développement, tant au point de vue juridique qu'au point de vue économique, d'institutions qui sont en fait des économats déguisés, condamnés par la loi et s'abritant cependant derrière le manteau juridique des sociétés coopératives ou même des sociétés anonymes ordinaires.

Il décide de nommer, en son sein, une commission qui s'efforcera de rechercher les règles juridiques qui permettront de les atteindre au même titre que les économats visés par la loi, et de lui présenter à une prochaine session des conclusions en ce sens.

Chiousse, Gaston Lévy, Poisson, Nast et Ramadier ont été désignés pour constituer la commission prévue par ce vœu.

Le vœu ci-après, concernant la loi organique, a été voté :

Le Conseil supérieur de la Coopération constate les lacunes graves de la loi de 1867 sur les sociétés à capital variable, qui opposent au développement des coopératives des obstacles inattendus que personne n'a voulu dresser, et qui restent difficile à abattre. La législation récente et notamment la loi du 7 mai 1917 a pu détruire certains d'entre eux; mais les dispositions ne sont pas sanctionnées et sont, à cause de cela, inefficaces contre certains dangers.

Notamment les fausses coopératives peuvent, sous le régime actuel, se créer et se développer sans être sérieusement gênées. Les armes qu'offre contre elles la législation sont d'un emploi difficile et d'un effet contestable.

Il est nécessaire de reviser le régime juridique des coopératives et de leur donner, sans distinguer leurs objets différents, une forme légale mieux adaptées à leurs besoins et qui permettra de les distinguer plus sûrement des entreprises capitalistes. Le Conseil supérieur de la Coopération demande au Gouvernement et au Parlement d'accepter un texte de loi qui donnera aux coopératives un régime juridique distinct de celui des sociétés capitalistes, mais assez souple et assez libéral pour suffire aux besoins présents ou à venir de toutes les écoles coopératives.

La loi du 3 juillet 1925 qui complète celle du 7 mai 1917 et du 14 juin 1920, entraînant à des revisions de statuts, Paul Ramadier avait rédigé un texte tenant compte de la législation nouvelle. Après un échange d'observations, le Conseil supérieur a décidé que l'organisation des sections serait — dans des conditions déterminées — introduite dans les nouveaux statuts-types.

Le projet deviendra définitif dès l'approbation du ministre du Travail.

Un certain nombre d'observations ont été formulées à propos des modifications à apporter à la loi de 1917, notamment en ce qui concerne le taux des actions devenu insuffisant.

Paul Ramadier a fait adopter un texte qui deviendrait l'article 18 de la loi et qui a pour but de prévoir et d'organiser les fusions entre les sociétés et leurs Unions.

Une commission, composée de Paul Ramadier, Gaston Lévy et Alfred Nast, est chargée de l'examen des modifications qui pourraient être apportées à la loi elle-même.

L'Alliance Coopérative Internationale

Les 5 et 6 octobre 1925, le Comité central de l'Alliance Coopérative Internationale s'est réuni à Paris. Le Conseil central a été heureux de recevoir les délégués représentant les différentes nations et cette réunion a donné lieu à une très importante manifestation au gymnase Voltaire, organisée par les soins de la Fédération de la Région Parisienne.

Sur l'initiative des délégués français la résolution suivante a été adoptée :

Le Comité central de l'Alliance Coopérative Internationale, réuni à Paris, prend acte avec satisfaction de la résolution de l'assemblée de la Société des Nations concernant la convocation d'une conférence internationale en vue de l'organisation économique de la paix, qui doit être préparée par un Comité désigné par elle.

Le Comité central voit dans une telle résolution un premier pas dans le sens de la politique économique internationale qui découle des principes mêmes du mouvement coopératif et dont l'Alliance a notamment fixé les principes en 1921, à son Congrès de Bâle.

Considérant que l'organisation de la coopération économique des peuples est la base du désarmement sous toutes ses formes, le Comité central émet le vœu que le Conseil de la Société des Nations nomme au plus tôt ce Comité qui doit représenter toutes « les grandes forces économiques du monde ».

L'A. C. I. représentant 50 millions de coopérateurs à travers le monde, accepte, par une représentation aussi large que possible, de participer à ce Comité qui doit préparer l'organisation de la conférence.

Ce vœu a été pris en considération. Mme Emmy Freudlich et Anders Oerne, membres du Comité Central de l'A. C. I., ont été désignés pour faire partie du Comité d'organisation de la Conférence.

A propos de la représentation des organisations nationales au Comité central la motion suivante a été votée :

Les différents rapports sur la question de représentation soumis au Comité central seront pris en considération par l'Exécutif qui préparera les amendements aux statuts pour le prochain Congrès, en vue d'une distribution plus équitable de la représentation des différents pays au sein du Comité central de l'A. C. I.

Entre temps, aucune nouvelle représentation ne sera accordée aux pays compris dans l'U. R. S. S.

Relativement à l'action de l'A. C. I., la recommandation ci-après a été adoptée ainsi que le rapport du secrétariat général sur la neutralité de l'Alliance Coopérative Internationale :

I. L'action collective de l'A. C. I. en faisant des représentations aux autorités nationales ou internationales, gouvernementales ou autres, au nom de l'un quelconque de ses membres qui semble être victime d'une injustice ou d'une inhabilité en tant *qu'organisation coopérative.*

II. L'acceptation par le Congrès ou par d'autres autorités de l'Alliance de déclarations et de protestations contre les conditions qui existent dans certains pays et qui combattent le développement coopératif.

III. Représentations à faire auprès des autorités nationales et internationales en faveur de mesures économiques de réforme en faveur des conditions du travail, de la taxation et de la législation coopérative.

IV. Relations avec des organisations internationales dans les limites indiquées précédemment et décidées d'une façon précise sur la base de la résolution de Gand (§ 3).

V. Sujettes aux mêmes limitations, les questions suivantes se trouvent parmi celles qui pourraient être développées conjointement avec les Fédérations Internationales Syndicales.

a) *Efforts pour la création de la paix universelle;*

b) *Conditions de travail dans les Sociétés coopératives et accords à conclure ayant pour but d'éviter les grèves;*

c) *Politique fiscale internationale (lorsque l'A. C. I. aura fixé une politique à elle);*

d) *Tous autres développements économiques d'un intérêt spécial pour les Trade-Unionistes ou dans lesquels l'intervention de ceux-ci faciliterait le développement coopératif.*

VI. Echange de délégations fraternelles aux Congrès sans que cela puisse porter préjudice.

VII. Publication mutuelle dans les journaux officiels de nouvelles économiques, syndicales et coopératives.

Puis, sur l'action de l'A. C. I., le Comité central a adopté la résolution ci-après :

Le Comité central de l'Alliance Coopérative Internationale donne mandat à son Comité exécutif :

1. *De constituer un Comité qui, avec le concours de techniciens, serait chargé de rechercher les méthodes dans lesquelles peuvent s'établir les statistiques internationales. Les organisations coopératives nationales adhérentes seraient invitées à adopter elles-mêmes ces méthodes. En accord avec le Secrétariat, ce Comité serait chargé en outre de fournir les éléments nécessaires à la publication régulière d'un annuaire coopératif international et il aurait recours à la collaboration de coopérateurs choisis dans chaque pays.*

2. *D'établir, dès que les ressources le lui permettront, une correspondance périodique destinée à la presse coopérative et fournissant une documentation sûre et une information rapide. Des correspondants seraient choisis à cet effet dans chaque nation et travailleraient en collaboration avec le Secrétariat de l'Alliance.*

3. *De rechercher les possibilités matérielles et financières de transformer le* Bulletin *en une revue périodique et d'organiser des enquêtes sur toutes les questions d'ordre coopératif — juridiques, fiscales ou économiques, intéressant chaque forme d'organisation coopérative.*

A propos des relations avec les Fédérations syndicales internationales, sur la proposition des représentants de l'Union britannique, le Comité central rappela la motion de Gand résumée, ainsi conçue :

Le Congrès approuve la continuation de la collaboration des Fédérations internationales dans toute matière spéciale qui pourrait se produire et à condition de soumettre d'avance la question au Comité central de l'A. C. I. pour approbation.

Un rapport sur la situation de la Coopération italienne fut examiné, il indiquait ce qu'avaient été les interventions de l'Alliance en faveur de la Coopération italienne et en vue de la protéger. Ce rapport exposait en même temps la tyrannie du régime fasciste.

Le Comité central a voté un ordre du jour de sympathie pour le mouvement coopératif italien et ses représentants au Comité central, en même temps qu'il a exprimé tous ses vœux pour une amélioration de la position du mouvement coopératif italien.

Le rapport du secrétaire général, qui confirmait tous les rapports précédents en condamnant les injustices et les persécutions infligées au mouvement coopératif italien par les fascistes, fut adopté à l'unanimité; de même que certaines recommandations pour venir en aide aux coopérateurs italiens.

Chaire au Collège de France

M. Charles Gide a repris ses cours au Collège de France en décembre; ils ont pour sujets : le mardi, *La Coopération à l'Etranger;* le jeudi, *L'Ecole de Nîmes.*

Les cours de 1924-1925 ont été édités en livres. Ils ont pour titre : *La Lutte contre la Cherté et la Coopération*, et *Les Associations Coopératives Agricoles.* Tous deux sont en vente à la F. N. C. C. au prix de 7 francs franco.

Ces éditions sont toujours très recherchées.

On trouvera plus loin le compte de l'Association pour l'Enseignement de la Coopération qui a été constituée pour subvenir aux frais de la Chaire.

Rapport de la Commission de Contrôle

Chers Coopérateurs,

La Commission de Contrôle vient vous rendre compte du mandat qui lui a été confié par le Congrès tenu les 21 et 22 mai dernier, à Nancy.

Nous avons procédé à la vérification des comptes, Fédération, Action Coopérative, Librairie, qui ont été reconnus exacts, ainsi que les postes détaillés du bilan.

Au lieu de 75.504 fr. 21 en 1924, l'excédent des recettes sur les dépenses pour l'année 1925 est de 106.561 fr. 45, dont le Conseil Central vous proposera le virement aux réserves constituées par les résultats antérieurs.

Nous sommes partisans de cette proposition et vous demandons d'accepter le bilan tel qu'il vous est présenté.

La Commission :
David, Droneau, Ducrocq, Prache, Tutin.

Le Rapporteur,
E. Droneau.

Bilan au 31 Décembre 1925

Actif			Passif	
		Valeurs immobilisées		
	13.703 66	Matériel et agencement.		
		Leur amortissement.	13.703 66	
	85 »	Actions de Sociétés ouvrières.		
		Leur amortissement.	85 »	
13.788 66				13.788 66
		Valeurs disponibles		
		Caisse :		
	20.049 60	Espèces en caisse.		
	3 890 45	Chèques postaux en dépôt.		
	476 480 56	Banque des Coopératives; Compte courant et spécial.		
500 420 61				
		Valeurs réalisables		
	5.000 »	Titres et valeurs.		
	1.551 95	Stock Librairie.		
	25.677 »	Stock *Action Coopérative*		
	32.948 »	Stock *Histoire générale de la Coopération.*		
65.176 95				
579.386 22	*A reporter*		*A reporter*	13.788 66

Actif			Passif	
579.386 22	*Report.*	DÉBITEURS DIVERS	*Report.*	13.788 66
	128.954 35	Débiteurs divers.		
	43.000 »	Prêt à l'Association pour l'Enseignement de la Coopération.		
171.954 35				
		VALEURS EXIGIBLES		
		Comité des régions libérées	3 631 34	
		Créditeurs divers. . . .	1.443 05	
		Frais et factures à payer.	26.301 15	
		Orphelins	95.038 15	
				126 413 69
		RÉSERVES		
		Excédents des exercices précédents.	504.576 77	
		Excédent de l'exercice. .	106.561 45	
				611.138 22
751.340 57				751.340 57

Compte d'exploitation. — Exercice 1925

Action Coopérative

RECETTES

Abonnements	289.360 65	
Vente de bouillons	1.855 »	
Publicité (forfait M. D. G.).............	7.000 »	
		298.215 65
Stocks au 31 décembre 1925		25.677 »
		323.892 65

DÉPENSES

Papier	59.561 75	
Impression et clichés	100.285 25	
Bandes (impression et confection).......	34.967 »	
Frais d'emballage et d'expédition.......	48.498 10	
Affranchissements	28.350 41	
Salaires et indemnités	11.108 60	
Impôt sur le chiffre d'affaires...........	48 60	
Frais généraux communs	3.000 »	
	285.819 71	
Pertes et profits: débiteurs irrécouvrables	647 80	
	286.467 51	
Reprise du stock au 1er janvier 1925....	36.442 »	
		322.909 51
Résultat de l'exercice : bénéfice net...............		983 14

Librairie

Stock au 1er janvier 1925		643 10
Montant des achats de l'exercice		26.060 40
Ensemble		26.703 50
A déduire, stocks au 31 décembre 1925		1.551 95
Prix de revient des marchandises vendues		25.151 55
Total des ventes de l'exercice		33.891 56
Bénéfice brut		8.740 01
Frais généraux		
Déplacements, pourboires, frais de bureau	184 05	
Frais d'expédition	958 25	
Salaires, pourcentages, comptabilité	927 35	
Total	2.069 65	
Pertes et profits : clients irrécouvrables	103 20	
		2.172 85
Bénéfice net		6.567 16

Stocks

Stocks librairie au 31 décembre 1925	1.551 95
Stocks *Action Coopérative*	25.677 »
Stocks *Histoire générale de la Coopération*	32.948 »
Total	60.176 95

Débiteurs divers

Avance à service postal *Action Coopérative*	4.000 »
Action Coopérative (abonnements dus)	92.874 20
Librairie (dû par clients)	19.666 15
Cotisations dues par diverses sociétés	12.414 »
Total	128.954 35

Cotisations

Sociétés coopératives de consommation	400.638 65
— de production	3.000 »
Cotisations des Cercles	100 »
— du Magasin de Gros	37.500 »
— de la Banque des Coopératives	5.000 »
Total	446.238 65

Créditeurs divers	1.443 05

Dépenses 1925

Art.	Désignation	Montant	Total
	Frais généraux. — Chapitre I.		
Art. 1.	— Loyer et frais accessoires....	15.593 75	
— 2.	— Assurances et contributions..	1.281 05	
— 3.	— Entretien matériel et agencement	6.983 25	
— 4.	— Salaire personnel standard...	2.850 »	
		26.708 05	
	A déduire: part de s/s-location et frais à payer par Fédération parisienne, Ecole coop., Caisse fédérale et *Action Coopérative*	6.799 25	
			19.908 80
	Frais administratifs. — Chapitre II.		
Art. 5.	— Appointements des trois secrétaires généraux	54.925 »	
	Appointements du personnel.	56.862 50	
	Indemnité de comptabilité au M. D. G.	615 »	
	Assurances accidents	796 20	
	Frais de réunion des membres du C. C.	17.094 88	
			130.293 58
	Frais de bureaux. — Chapitre III.		
Art. 6.	— Imprimés, circulaires, papeterie, registres, etc.	9.834 95	
— 7.	— Frais de postes et télégraphes.	14.255 60	
			24.090 55
	Propagande. — Chapitre IV.		
Art. 8.	— Frais de délégations du secrétariat et des membres du Conseil central, tournées, conférences	53.019 35	
— 9.	— Congrès	8.769 80	
— 10.	— Subvention à l'Ecole Coopérative (1)	» »	
— 11.	— Subvention à la Commission de l'enseignement	16.259 15	
Art. 12.	— Service de renseignements commerciaux et administratifs (abonnements)	2.087 50	
— 13.	— Service de renseignements juridiques	12.000 »	
— 14.	— Service gratuit de l'*Action Coopérative* aux Sociétés adhérentes	10.740 »	
— 15.	— Cotisations A. C. I...........	15.000 »	
— 16.	— Frais de traduction.........	20 »	
			117.895 80

(1) L'Ecole coopérative n'a pas fonctionné.

Statistiques. — Chapitre V.

Art. 17. — Appointements 1 secrétaire et librairie	12.000 »	
		12.000 »

Propagande spéciale. — Chapitre VI.

Art. 18. — Semaine parlementaire	18.650 90	
		18.650 90

Dépenses extraordinaires. — Chapitre VII.

Art. 19. — Achat de matériel, agencement pr installations nouvelles	4.024 85	
		4.024 85

Chapitre VIII.

Art. 21. — Subvention à l'Union de revision et de contrôle	3.000 »	
		3.000 »

Chapitre IX.

Art. 22. — Caisse Retraites	7.749 »	
Divers	36.000 »	
		43.749 »
		373.613 48

Résultats

	DOIT	AVOIR
Cotisations		446.238 65
Frais généraux : Chapitre I	19.908 80	
— administratifs : Chapitre II	130.293 58	
— de bureau : Chapitre III	24.090 55	
Propagande : Chapitre IV	117.895 80	
Statistiques : Chapitre V	12.000 »	
Propagande spéciale : Chapitre VI	18.650 90	
Dépenses extraordinaires : Chapitre VII	4.024 85	
Subvention Union de revision : Chap. VIII	3.000 »	
Chapitre IX	43.749 »	
Pertes et profits F. N. C. C.		26.305 13
— — Action Coopérative		983 14
— — Librairie		6.567 16
Semaine d'adhésions (1924)		80 85
	373.613 48	480.174 93
Résultat de l'exercice : excédent viré au fonds de réserve	106.561 45	
	480 174 93	480.174 93

Pertes et profits

Intérêts sur compte courant : Banque des Coopératives.		12.926 23
Exposition de Gand (solde des écritures passées en 1925)		13.378 90
Balance.	26 305 13	
	26.305 13	26.305 13

Exposition de Gand

Compte d'exploitation des exercices 1924-1925

	DOIT	AVOIR
Exercice 1924 :		
Frais.	155.809 85	
Recettes		128.258 10
Résultat : Déficit viré au compte résultats.		27.551 75
	155.809 85	155.809 85
Exercice 1925 :		
Frais.	41.542 25	
Recettes		54.921 15
Résultat viré au compte profits et pertes .	13.378 90	
	54.921 15	54.921 15

Résultats des deux exercices de la F. N. C. C.

Récapitulation : Exercice 1924 : En déficit.	27.551,75
Récapitulation : Exercice 1925 : En excédent.	13.378 90
Exposition de Gand, coût pour la F. N. C. C.	14.172 85

Comité des Régions libérées

Solde créditeur au 1er janvier 1925 (sans changement). 3.631 34

Fonds de réserve

Excédents des exercices antérieurs.	504.576 77
Excédent de l'exercice.	106.561 45
Total.	611.138 22

Association pour l'Enseignement de la Coopération

Bilan au 31 Décembre 1925

Actif			Passif	
		Valeurs disponibles		
		Caisse :		
	476 »	Espèces en caisse.		
	58.720 52	Banque des Coopératives : Compte courant.		
59.196 52				
		Valeurs réalisables		
7.381 08		Stocks (brochures au 31 décembre 1925).		
		Valeurs exigibles *à long terme*		
		Fédération Nationale des Coopératives (son prêt).		43.000 »
		Résultats		
		Résultats antérieurs . .	19.123 68	
		Résultat de l'exercice. .	4.453 92	
				23.577 60
66.577 60				66.577 60

Compte brochures 1925

Stocks au 1er janvier 1925	1.048 75
Achats de l'exercice	11.355 »
Ensemble	12.403 75
A déduire : stocks au 31 décembre 1925	7.381 08
Prix de revient des marchandises vendues	5.022 67
Total des ventes de l'exercice	5.164 19
Bénéfice brut	141 48

Pertes et profits

Intérêts sur compte courant Banque des Coopératives			2.291 76
Frais généraux :			
Impôt sur revenu sur intérêts	144 12		
Comptabilité	50 »		
Emoluments du professeur	16.800 20		
		16.994 32	
Souscription des sociétés			19.015 »
Bénéfice sur vente de brochures			141 48
Résultat de l'exercice : excédent		4.453 92	
		21.448 24	21.448 24

DEUXIEME PARTIE

Le capital propre des Sociétés Coopératives

Par Georges YUNG

I. — Insuffisance du Capital propre des sociétés

J'appelle capital propre les sommes mises à la disposition des sociétés par les versements des sociétaires sur leur compte action et les richesses collectives économisées et accumulées dans les comptes de réserve de toute nature.

Il n'est plus besoin d'insister sur la nécessité et l'urgence pour beaucoup de sociétés d'augmenter ce capital.

D'une enquête faite pour l'exercice 1924, il ressortait que chaque coopérateur coûtait à sa société, en moyenne, plus de 420 francs en immobilisations et stocks.

Or, l'effort de capital demandé à chaque sociétaire n'est pas beaucoup supérieur à celui d'avant-guerre.

Il en résulte que nos sociétés, surtout les sociétés de développement, sont au-dessous de leurs affaires.

Quand il s'agit d'une entreprise capitaliste, on arrête l'extension ou on augmente le capital. Dans la coopération, nous n'avons pas été très maîtres de nos affaires car nous avons voulu répondre à des demandes parfois pressantes; il ne reste qu'une ressource : augmenter le capital. Mais là, nous sommes arrêtés par la loi, par nos statuts et par nos habitudes. Les administrateurs ont donc une position des plus pénibles car ils sont poussés, soit par leurs sociétaires, soit par la force des choses, à faire des immobilisations qu'ils ne peuvent pas faire.

Or, en bonne règle, les immobilisations doivent être couvertes par le capital propre. Il conviendrait même de considérer à ce point de vue comme immobilisation la partie des stocks qu'il serait impossible de comprimer sans nuire gravement à la société, lorsque cette partie dépasse le crédit normal des fournisseurs. Il faut dire qu'on a été quelquefois au delà de cette règle.

Nous avons le devoir : 1° de mettre en garde les sociétés contre certains moyens employés pour parer à l'insuffisance de leurs ressources propres; 2° d'étudier les procédés qui doivent leur permettre de mettre leur actif net à la hauteur de leurs affaires.

II. — Critique des crédits utilisés en immobilisation

1° *Crédit des Fournisseurs.* — C'est sans contredit le plus mauvais procédé. Il doit être couvert et au delà par les marchandises. Il est dangereux de solliciter des crédits plus étendus que ceux normalement accordés dans le commerce. Le rôle des reviseurs de comptabilité doit être de signaler comme un péril l'utilisation du crédit de fournisseurs en immobilisations. Inévitablement, il aboutit à la gêne de trésorerie, aux difficultés d'échéances, à la restriction du crédit, à la mort de la société.

2° *Crédit des Banques privées.* — Ce sont des crédits à court terme. Grave danger s'ils sont employés en immobilisations, car les banques peuvent demander le remboursement dans un délai rapide. Il faut les employer seulement en opérations facilement réalisables. Il n'est pas rare de voir des sociétés extrêmement gênées parce qu'elles avaient utilisé un crédit bancaire qu'elles croyaient permanent.

3° *Crédit des Sociétaires.* — La société qui a des difficultés financières ne se rend pas toujours compte s'il s'agit d'une simple gêne de trésorerie due par exemple à l'accroissement momentané des stocks, ou si elle a trop immobilisé.

Elle fait appel au crédit de ses sociétaires. Elle substitue ainsi à l'avance faite par les fournisseurs l'avance faite par ses membres. Il y a là un progrès certain en ce sens qu'au lieu d'être livrée à l'arbitraire de ses fournisseurs, elle ne dépend plus que de ses sociétaires. Mais que de dangers encore! Tout a été dit à cet égard dans les Congrès nationaux, qui ont recommandé de ne pas créer de caisses d'économie particulières, et ces Congrès ont insisté vigoureusement sur le cas qui nous occupe, c'est-à-dire lorsque tout ou partie de l'épargne coopérative a été transformée en immeubles ou en matériel. Il suffit alors d'une crise locale très simple (chômage, grève, etc.) pour déterminer des demandes de remboursement. La société paie d'abord, en substituant le crédit des fournisseurs au crédit des déposants remboursés, ce qui la replace dans le premier cas que j'ai envisagé, puis, lorsque les mauvais effets se font sentir (manque de marchandises, gêne des échéances), elle recule ou restreint les remboursements, ce qui, inévitablement, accentue la crise.

4° *Crédit de la Banque des Coopératives de France.* — Soit avant cet événement, soit après, la société fait appel à la Banque des Coopératives de France.

Il faut le dire tout de suite nettement. La Banque des Coopératives n'a pas pour objet de faire des avances destinées à des immobilisations. Elle ne peut faire que des découverts à court terme, puisqu'elle-même ne reçoit que des dépôts à court terme. Ce serait de sa part la pire imprévoyance si elle consentait des prêts immobiliers dont l'amortissement est naturellement assez lent, alors que la moitié de ses dépôts peuvent lui être réclamés à vue et les autres dans un an, deux ans et, assez rarement, cinq ans.

La Banque des Coopératives, et son rôle est assez considérable sur ce point, ne peut que prêter pour investissements de courte durée : marchandises, achats saisonniers. Elle peut mettre les sociétés, jusqu'à concurrence de la moitié de leur actif net, à l'abri des fluctuations qui peuvent se produire dans les achats ou dans les ventes. Il ne faut pas lui demander des miracles. C'en serait un que de faire, dès les premières années de son existence, des opérations à longue échéance.

5° *Les obligations. — Leurs avantages. — Leurs limites.* — Quelques sociétés ont eu recours alors, pour couvrir leurs immobilisations, à des emprunts obligataires.

Ces opérations présentent déjà infiniment plus de garantie, et la Banque des Coopératives a, chaque fois, contribué puissamment à leur réussite. Dans la plupart des cas, d'ailleurs, il s'agissait non pas de trouver des ressources pour un plan d'extension, mais de revenir à un bilan sainement équilibré. C'était la consolidation de crédits à court terme, déjà employés en immobilisations, et que des administrateurs prévoyants désiraient transformer en crédits à long terme.

Les obligations, en effet, peuvent s'amortir suivant le rythme même de l'amortissement des immeubles. En incorporant les charges décroissantes à l'amortissement croissant des titres, on obtient une annuité régulière et, par conséquent, on connaît la charge exacte dont sont frappées les immobilisations.

Il est certain que le développement de nos obligations coopératives aidera beaucoup le développement de la coopération elle-même et, en particulier, lorsque la Banque sera capable de placer avantageusement des quantités considérables de ces titres, c'est-à-dire lorsqu'elle-même et ces titres jouiront de la faveur des déposants coopérateurs, les vastes programmes de production coopérative, avec l'outillage puissant et moderne qu'ils réclament, pourront être envisagés.

En attendant, il est bon, malgré les progrès certains que ces méthodes représentent sur les anciens errements d'en marquer les inconvénients et les limites.

D'abord les charges sont beaucoup plus lourdes que si la société utilise les comptes d'épargne des sociétaires. C'est ce que des administrateurs, même de grandes sociétés, opposent quelquefois soit à l'emprunt obligataire, soit même au découvert en Banque. Il est certain que plus on veut de sécurité et par conséquent de durée dans l'emprunt qu'on fait, plus on doit payer, car le banquier doit utiliser des capitaux également d'assez longue durée, et il faut qu'il les paie plus cher. Les immobilisations faites avec la caisse d'économie coûtent bon marché, mais ce sont des châteaux de sable.

Les charges obligataires sont donc lourdes. Par conséquent, sauf le cas de consolidation de dettes flottantes car alors on ne peut discuter une situation déjà acquise, il y a lieu d'étudier soigneusement si les résultats d'exploitation prévus pour les nouveaux immeubles ou le nouveau matériel compenseront les charges nouvelles. Par exemple, si un entrepôt doit être construit à l'aide d'un emprunt obligataire, il s'agit de calculer les résultats probables de son fonctionnement avec toute la prudence nécessaire. Si ces résultats permettent de couvrir largement l'annuité régulière dont j'ai parlé plus haut, l'opération peut être tentée. Sinon, c'est une opération qui, financièrement, est mauvaise.

Une deuxième limite à l'emprunt obligataire, c'est sa proportion par rapport à l'actif net. Nous ne devons pas oublier, en effet, que dans la recherche des capitaux à long terme, l'accroissement des actions augmente la garantie des tiers, mais l'accroissement des emprunts obligataires diminue cette même garantie. Les actionnaires, en effet, sont les responsables de la société. Les obligataires n'en sont que les créanciers, ils viennent augmenter la masse de ceux-ci et diminuer par conséquent la sécurité de leurs créances.

Quel est le rapport raisonnable de l'emprunt obligataire à l'actif net? Si on pouvait répondre à cette question, les affaires seraient vraiment simples et le seul examen du bilan permettrait à un commerçant de voir s'il peut livrer ou non à un client. Malheureusement, il n'en est pas ainsi, car cette proportion dépend de la nature de l'entreprise et aussi de sa valeur. Ce dernier facteur est lui-même composé d'éléments qu'il faut peser dans chaque espèce, et c'est par une longue expérience des hommes, des organisations et des affaires qu'on peut arriver à porter des jugements à peu près justes.

En tout cas, ce qui est certain, c'est que ce rapport raisonnable existe pour chaque société et qu'il est à déterminer par une étude. Si la proportion d'obligations est dépassée, il y a insécurité pour les tiers et pour les obligataires eux-mêmes.

On ne peut donc pas compter indéfiniment sur les obligations pour étendre nos entreprises coopératives. Il arrivera fatalement un moment où, saturée d'obligations par rapport à son actif net, la société devra arrêter son développement ou chercher à augmenter cet actif net.

III. — Les divers moyens employés pour augmenter le capital propre

Intérêt aux actions libérées. — Le capital propre doit régulièrement s'accroître chaque année par le jeu des réserves. Il s'accroît aussi par suite de la libération des actions et des nouvelles adhésions.

Ces divers moyens sont lents, car le montant de l'action est encore beaucoup trop faible par rapport à l'immobilisation qu'exige chaque sociétaire.

Il est certain que cette faiblesse ne fera qu'augmenter dans l'avenir, au fur et à mesure que les sociétés s'organiseront en profondeur, c'est-à-dire qu'elles passeront du détail à l'entrepôt de demi-gros, à l'achat direct, et qu'elles s'adjoindront des branches nouvelles comportant souvent de la production (charcuterie, confiturerie, chaussonnerie, vêtements, articles de ménage, boulangerie, etc., etc.). La société met à la disposition de ses membres des services qui auraient exigé le capital de plusieurs sociétés distinctes ou celui de commerçants nombreux. Et pourtant elle demande toujours l'effort unique d'une action de 100 francs.

Invinciblement les sociétés ont donc été incitées à rechercher l'augmentation de cet effort du sociétaire.

Comme il était impossible de le rendre obligatoire, on a commencé par faire aux principes une entorse qui paraît légère : on a décidé que, tant que l'action n'est pas complète, elle ne reçoit pas d'intérêts, mais que, lorsqu'elle est complète, elle reçoit un intérêt qui va jusqu'à 6 % (maximum prévu par la loi du 7 mai 1917). De cette façon, le sociétaire a intérêt, au sens strict, à compléter son action.

Voilà une première augmentation du capital, ou, plus exactement, de la proportion du capital versé par rapport au capital souscrit.

Augmentation des réserves. — Naturellement, elle dépend des bénéfices. Elle est souvent contrariée (et même les amortissements réguliers) par le désir des administrateurs de distribuer du trop-perçu aux sociétaires. C'est une grande faiblesse du mouvement coopératif que l'habitude d'un trop-perçu qui apparaît parfois comme une prime due aux acheteurs. S'il était possible d'obtenir des réserves plus importantes, même aux dépens du trop-perçu, ce serait le moyen le meilleur, le plus certain et le plus économique, d'augmenter l'actif net. Il est sûr que dans la crise actuelle, la distribution presque complète des bénéfices comptables, qui sont des bénéfices *au-dessus de la réalité*, est un grand danger pour la coopération.

Je connais les difficultés très grandes qu'éprouvent certaines sociétés. Je sais qu'elles sont placées devant un dilemme : ou bien affaiblir les réserves, ce qui est dangereux, ou bien diminuer le trop-perçu et, par conséquent, le chiffre d'affaires, ce qui est également dangereux. C'est donc une question d'espèces et il serait vain de poser une règle générale, mais nous avons le devoir d'avertir les sociétés que, *en ce moment*, les arguments en faveur de l'augmentation des réserves sont plus pressants que jamais.

Les actions supplémentaires. — On a voulu, dans certaines sociétés, augmenter l'actif net en augmentant le capital souscrit, indépendamment des adhésions nouvelles. Pour cela il a fallu faire campagne et inviter les actionnaires à souscrire volontairement non plus à une, mais au plus grand nombre d'actions possible. Cette campagne a porté ses fruits dans certaines sociétés où des actions supplémentaires nombreuses ont été souscrites. Il est certain qu'ainsi l'actif net de la société a été augmenté et que, par conséquent, son pouvoir d'extension s'est accru, soit à l'aide de cet actif, soit à l'aide des nouvelles possibilités de crédit à long terme (obligations).

Il y a lieu, toutefois, de faire sur la pratique de ces actions supplémentaires un certain nombre de remarques et d'objections.

Ces actions naturellement, selon les principes coopératifs, ne donnent pas droit à des voix supplémentaires à l'assemblée générale ordinaire, et elles reçoivent l'intérêt fixe attribué aux actions ordinaires (au maximum 6 %). On voit ainsi que l'effort particulier demandé aux sociétaires (et cette invitation réussit surtout auprès des bons sociétaires) aboutit au résultat paradoxal suivant : en cas de liquidation de la société, le bon sociétaire, qui a souscrit à plusieurs actions et a accompli ainsi tout son devoir, sera légalement plus responsable que le sociétaire médiocre à action unique.

Aura-t-il eu en contre-partie des avantages particuliers? Du tout. Il a eu droit à la ristourne sur ses achats comme s'il n'avait eu qu'une action, et il a touché un intérêt généralement moins élevé que les obligataires, puisque le maximum légal est de 6 % pour les actions, mais il n'y a pas de maximum pour les obligations.

Ajoutons à cette remarque que, dans la pratique, les coopérateurs qui souscrivent à des actions supplémentaires sont généralement des petites gens qui ne savent pas faire la différence entre une action et une obligation et, par conséquent, ne se rendent pas compte de la responsabilité supplémentaire qu'ils acceptent ainsi.

En vérité, chaque fois qu'une société a été liquidée, lorsqu'il y avait des actions supplémentaires, les liquidateurs ont été troublés et ont cherché à donner à ces actions une priorité de paiement. Mais il n'y a pas de moyen légal de le faire.

IV. — Les actions de priorité

Si, par conséquent, il est impossible de trouver immédiatement un autre moyen d'augmenter rapidement l'actif net et qu'on veuille solliciter la souscription d'actions en dehors de celle ou de celles que chaque sociétaire doit obligatoirement souscrire, il y a lieu de donner à ces actions supplémentaires, qui représentent un effort volontairement supérieur de la part du coopérateur, une forme légale qui répondrait aux préoccupations de justice dont j'ai parlé plus haut et qui diminuerait dans une certaine mesure l'inconvénient signalé.

Or, cette forme existe. Elle est indiquée par notre ami Bernard Lavergne dans son livre sur les sociétés coopératives de consommation : c'est l'action de priorité définie par les lois du 16 novembre 1903 et du 22 novembre 1913, dont texte ci-dessous :

« *Art. 34 du Code de Commerce* (Loi du 16 novembre 1903). —

Le capital social des sociétés par actions se divise en actions et même en coupons d'actions d'une valeur nominale égale.

« Toute société par actions peut, par délibération de l'Assemblée générale constituée dans les conditions prévues par l'article 31 de la loi du 24 juillet 1867, créer des actions de priorité jouissant de certains avantages sur les autres actions ou conférant des droits d'antériorité, soit sur les bénéfices, soit sur l'actif social, soit sur les deux, si les statuts n'interdisent point, par une prohibition directe ou expresse, la création d'actions de cette nature.

« Sauf dispositions contraires des statuts, les actions de priorité et les autres actions ont, dans les assemblées, un droit de vote égal.

« Dans le cas où une décision de l'assemblée générale comporterait une modification dans les droits attachés à une catégorie d'actions, cette décision ne sera définitive qu'après avoir été ratifiée par une assemblée spéciale des actionnaires de la catégorie visée.

« (Loi du 22 novembre 1913). — Cette assemblée spéciale, pour délibérer valablement, doit réunir au moins la portion du capital que représentent les actions dont il s'agit, déterminée par les paragraphes 2, 3 et 4 de l'article 31 de la loi du 24 juillet 1867.

« (Loi du 16 novembre 1903) : D. P. 1903, 4, 80. — (Loi du 22 novembre 1913) : D. P. 1914, 4, I. — Bull. Dalloz, 1914, p. 174. »

Ainsi, plutôt que de la forme action supplémentaire simple, je suis partisan de la forme action supplémentaire de priorité.

Quels devraient être les privilèges attachés aux actions supplémentaires?

1° Droit d'antériorité sur l'actif social par rapport aux autres actions. Ce droit d'antériorité ne lèse pas les tiers créanciers et il ne lèse pas non plus les actionaires, puisque, comme nous le verrons plus loin, les actionnaires de priorité seront en même temps actionnaires simples. Dans la réalité, tout le fardeau du déficit sera ainsi réparti également entre toutes les personnes actionnaires, qu'elles soient de priorité ou non. Si les actions ordinaires ne suffisent pas, les actions de priorité supportent alors la charge du surplus du déficit et, par conséquent, dans une proportion qui peut être moins considérable. Les bons sociétaires ayant apporté un effort financier particulier acceptent donc ainsi également une part de responsabilité, mais une part raisonnable, plus faible, et une fois que tout le monde, eux y compris, a équitablement partagé la charge éventuelle du déficit;

2° Droit d'antériorité sur les bénéfices. Il paraît juste que; si les bénéfices ne sont pas suffisants pour distribuer tout l'intérêt aux actions, ce soit d'abord les actions de priorité qui soient payées. Même si la justice de cette thèse était contestée, il faudrait tenir compte de la nature humaine et donner une garantie supplémentaire au sociétaire à qui on demande une responsabilité suplémentaire. Je sais bien qu'ainsi on s'éloigne des principes du début : l'égalité de tous les actionnaires. Mais on est amené à faire ces différences à partir du jour où l'on demande des apports de capital volontaires et, par conséquent, différents. La justice absolue serait évidemment de ne donner aucun intérêt à aucune action, mais nous avons besoin d'augmenter le capital dans un milieu non coopératif et qui, pour détourner ce capital vers nos adversaires, donne les avantages les plus séduisants.

D'autant plus que les deux avantages ci-dessus sont d'ordre plutôt négatif. Le souscripteur n'en fera pas état. Il en est un, au contraire, d'ordre positif, et qui doit retenir notre attention, c'est le taux du loyer de l'argent.

La loi du 7 mai 1917 limite ce taux à 6 % pour les actions coopératives et cette limitation est parfaitement juste pour les actions ordinaires, car ce qui doit faire l'intérêt de ces actions ce n'est pas le taux, c'est le droit au trop-perçu. L'intérêt de 6 % n'est qu'une sorte de prime accordée aux coopérateurs qui libèrent rapidement leur action. En ce qui concerne l'action supplémentaire, il n'en est pas de même. Le souscripteur a déjà tous les droits attachés à sa première action et il a accompli tous ses devoirs statutaires. On lui demande donc une responsabilité supplémentaire et on lui offre un placement. Il y aura toutes chances pour qu'il compare le taux de ce placement avec celui des autres qui lui sont proposés de toutes parts, soit par l'Etat, soit par des entreprises garanties par l'Etat, soit par des particuliers. Si, par conséquent, on veut faire un effort efficace, il faut que le taux de ces actions supplémentaires corresponde au taux du marché. La loi doit donc distinguer entre les actions ordinaires et les actions supplémentaires en laissant les sociétés libres de donner à celles-ci le taux d'intérêt qui correspond au cours.

Il n'est pas douteux qu'à l'heure actuelle ce cours est sensiblement supérieur à 6 %.

Il y aurait bien le subterfuge qui consisterait à émettre des actions supplémentaires à 6 %, mais à les offrir avec une prime plus ou moins forte, la loi étant muette sur ce point. Je ne pense pas que ce procédé serait digne du mouvement coopératif, et la modification de la loi serait bien préférable.

Il est certain que les actions supplémentaires de priorité, considérées comme des valeurs de placement (et il faut bien les considérer comme telles) seront un élément de plus en plus important dans les finances coopératives de l'avenir. Si l'on songe que ces placements échappent à la séduction du risque et du jeu, plus forte que l'on pense dans le cœur des hommes, et qu'ils sont déjà, par conséquent, une réaction salutaire de moralité financière, il ne faut pas ajouter à ce rigorisme obligatoire de nos principes la difficulté qui consisterait à maintenir le taux d'intérêt plus bas que celui des titres garantis ou des titres à risques plus faibles (bons, obligations, etc.) (1). Cette question est une des plus importantes du mouvement coopératif à l'heure actuelle, car la politique du capital individuel, absolument nécessaire pendant la période d'extension rapide, nous place exactement dans les conditions de nos adversaires capitalistes et, toute répartition des résultats au prorata du capital individuel venant diminuer la partie collective de ces résultats, est une brèche dans notre œuvre coopérative. Il y a donc lieu non pas de l'empêcher, car alors il faudrait arrêter le développement, mais d'aménager nos finances de façon à diminuer peu à peu dans l'avenir la proportion du capital individuel par rapport au capital collectif. Pour parler plus simplement, la grande préoccupation des coopérateurs doit être d'augmenter leurs réserves collectives pour diminuer leurs charges, mais en même temps, ils doivent payer les actions supplémentaires au taux du marché, pour continuer le développement.

Voilà les deux règles, qui semblent se contrarier, pour financer sérieusement le développement coopératif tout en évoluant de plus en plus vers la forme collective du capital.

---

(1) Cette séduction, et la possibilité de répartir les réserves, permettent à nos concurrents d'obtenir très rapidement le capital supplémentaire qui leur est nécessaire (augmentation de capital Damoy, Galeries Lafayette, obligations Nicolas, etc.).

Les actions supplémentaires de priorité auront d'autres caractéristiques.

D'abord, il semble bien que le sentiment coopératif portera à les réserver aux sociétaires. Au surplus, qui, en dehors des coopérateurs, pourrait s'intéresser à ces actions sans dividende et ne permettant aucune plus-value?

Les alinéas 4 et 5 de l'article 34 du Code de commerce recevront ainsi satisfaction très facilement. Toutefois, le quorum de la deuxième assemblée ne sera pas le même selon qu'il s'agira d'une modification aux droits des actions ordinaires ou d'une modification aux droits des actions de priorité.

Pour que la société soit assurée que les actions supplémentaires de priorité restent bien aux mains des sociétaires, il est nécessaire qu'elles soient essentiellement nominatives et transmissibles seulement par inscription sur les registres de la société.

Cette règle est de nature à contrarier un peu la besogne de négociabilité de ces titres, que nous examinerons tout à l'heure. Si, en effet, ces titres ne sont pas frappés de la taxe de 0,84 % par an sur les titres au porteur, ils doivent supporter, au moment où on veut les vendre, le droit de transfert des titres essentiellement nominatifs, soit 1,08 %, et, de plus, il est nécessaire de demander au vendeur et à l'acheteur quelques formalités : bordereaux de demande et d'acceptation de transfert. Mais ces difficultés apparaissent peu considérables lorsqu'on sait que les coopérateurs conservent généralement fort longtemps leurs titres et qu'ils ne demanderont à les négocier que dans des cas très rares.

Négociabilité des actions de priorité. — Toujours est-il qu'il m'apparaît indispensable d'assurer dans une certaine mesure la négociabilité de ces titres. Le coopérateur qui placera une partie de ses fonds en actions supplémentaires posera la question suivante : si j'ai besoin de mon argent, est-ce que je pourrai en disposer?

Cette question a réponse facile en ce qui concerne les titres ordinaires négociés en Bourse. Lorsqu'il y a trop de vendeurs, ceux-ci en sont quittes pour consentir une perte plus ou moins forte et allécher ainsi des acheteurs. Dans la coopération, nous jugerions immoral qu'un acheteur bénéficie d'une différence parce qu'un sociétaire a besoin de vendre ses titres.

Les sociétés devront donc, par leurs moyens habituels, solliciter des acheteurs, ou, plus exactement, elles solliciteront continuellement les souscripteurs d'actions supplémentaires, et pourront ainsi rembourser, dans la mesure des possibilités, les sociétaires ayant besoin de leurs fonds.

Devra-t-on procéder par transferts ou par remboursements?

Dans le premier cas, on a les formalités de transfert et le droit de transfert de 1.08 %, mais l'opération est parfaitement régulière et, de plus, il devient clair pour tout le monde que la vente des titres ne peut avoir lieu que si des acheteurs se présentent.

Dans le second cas, on évite les formalités et les frais de transfert, ainsi que l'impôt sur les opérations de bourse, mais on doit demander la démission du sociétaire pour toutes ses actions, afin de le faire souscrire à une action ordinaire nouvelle. L'inconvénient le plus grave serait l'esprit des sociétaires se figurant qu'en toutes circonstances la société est tenue au remboursement. Il y aurait ainsi des déceptions et des mécontentements.

Je penche donc pour le premier système (les ventes par transfert) malgré les quelques frais qui en résultent.

Le seul inconvénient grave qu'il pourrait présenter pour nos coopérateurs est le suivant : un actionnaire dans le besoin et qui aurait besoin d'argent au moment où il n'y a plus d'acheteurs se verrait-il impitoyablement refuser ses fonds?

L'Union des Coopérateurs de Paris a répondu à ce besoin par un procédé ingénieux. Elle a un fonds spécial qui permet au Conseil d'administration de faire une avance au sociétaire sur le montant de ses actions supplémentaires. Ainsi le but visé est atteint et, dès que le sociétaire, la crise passée, peut rembourser le prêt, ses actions redeviennent libres. Ce fonds de prêts sur actions supplémentaires permettrait en même temps d'éviter dans bien des cas un ordre de vente des titres pour le remplacer par un simple prêt, ce qui est tout au bénéfice du capital de la société. Il va sans dire que l'intérêt du prêt sera exactement celui des actions et, s'il est majoré d'une commission pour les frais comptables, ce sera toujours dans une proportion très faible.

Si la société préfère le deuxième système (les remboursements), il serait sage d'inscrire dans les statuts une clause garantissant les tiers en donnant une certaine fixité au capital. Ce pourrait être qu'en aucun cas il ne sera donné suite aux demandes de remboursement dont l'effet serait de réduire le capital au-dessous des neuf dixièmes du plus haut chiffre atteint.

Comment stimuler la souscription d'actions supplémentaires de priorité? — Il y a évidemment la propagande habituelle, primes, etc., pour stimuler les souscriptions en espèces.

Il y a aussi le moment de la distribution des bonis.

Si ceux-ci pouvaient être affectés d'office et nonobstant toute volonté contraire de sociétaire à des actions supplémentaires, jusqu'à un chiffre déterminé, par exemple 500 francs, il est certain que, cette obligation étant la même pour tous, *ces actions n'auraient pas besoin d'avoir les caractères des actions de priorité.* Mais cette obligation est-elle possible? La question sera posée tout à l'heure.

Ce qui paraît sûr, c'est que la société, par une revision de ses statuts, peut décider d'affecter à un compte « actions de priorité » tout ou partie des bonis individuels, l'intéressé gardant le droit d'empêcher par une déclaration expresse de volonté la dite souscription. Cette forme tient compte de la psychologie des coopérateurs et obtiendra des résultats. Mais le caractère facultatif de la souscription nous replace dans le cadre des actions de priorité.

Il y aurait intérêt à faire entrer dans les mœurs coopératives l'abandon du trop-perçu à un compte « actions de priorité ». Ce ne sera pas impossible si le caractère d'épargne à long terme est donné à cette souscription. Les avantages pour la société seraient très grands et les inconvénients pour les sociétaires peu considérables.

Ceux, en effet, qui voudraient toucher immédiatement n'auraient qu'à donner l'ordre de vente dès que l'action est complète. Et il est à penser que beaucoup conserveraient leurs titres dont, d'ailleurs, ils auraient la satisfaction de voir grossir le compte dans leur situation de chaque année, et sachant qu'il s'agit là d'une véritable épargne pouvant aider la famille en cas de nécessité.

Si la société pense qu'elle aura des difficultés pour faire admettre l'application d'office des bonis au compte actions, elle pourra faire de la propagande pour obtenir que ce système soit appliqué à ceux des sociétaires qui l'accepteront bénévolement. Il est possible que cette propagande obtienne assez de succès pour que ce moyen terme soit profitable au capital de la société, car les meilleurs sociétaires y souscriront, et ils représentent la plus grosse part du trop-perçu.

En résumé, lorsqu'il n'y a pas moyen de se passer d'actions supplémentaires, il est recommandable de leur donner un caractère de priorité, ce qui est le moindre mal.

V. — Augmentation du montant de l'action ordinaire

Il est évident que tous les moyens que nous avons envisagés, y compris les actions de priorité, donneront des résultats assez lents.

Le caractère facultatif des actions supplémentaires, de priorité ou non, oblige à des dépenses (propagande, primes). Elles ne donneront leur plein effet qu'après modification de la loi du 7 mai 1917, mais ce sera alors une nouvelle dépense d'intérêts. (Il y aurait lieu d'ailleurs de restreindre quand même la faculté d'élévation du taux des actions supplémentaires, par exemple à un maximum égal au taux des avances de la Banque de France.)

Le résultat serait plus rapide, moins coûteux, plus juste, s'il était possible d'obtenir une élévation du montant de l'action ordinaire.

Le premier obstacle, pour un certain nombre de sociétés, est la loi de 1917, qui limite à 100 francs la souscription à demander au sociétaire.

Le deuxième point est la validité d'une décision de l'assemblée générale augmentant les engagements des sociétaires. Si elle n'est point valable, elle n'aura que la valeur d'une pression morale comme celle que j'ai envisagée plus haut, la souscription restera malgré tout facultative. En ce cas les actions supplémentaires devraient être des actions de priorité.

Dans quelles conditions, soit législatives, soit statutaires, les sociétés pourraient-elles valablement augmenter le montant de la souscription obligatoire de chaque membre? Le Congrès ne peut trancher cette question technique. Il ne peut que la poser à l'Office technique de la F. N. C. C. en lui indiquant combien une solution favorable est désirable et même nécessaire.

Il semble qu'il est possible à beaucoup de sociétés de décider que la ristourne sera attribuée, en tout ou en partie, à un compte de « réserve individuelle », au nom de chaque sociétaire, productif d'intérêts, et remboursable dans les mêmes conditions que l'action. Pour accentuer le caractère d'épargne de cette réserve individuelle, il serait possible de créer un fonds spécial destiné à des prêts sur ce fonds dans les conditions que nous avons examinées à propos des actions supplémentaires.

Naturellement, ces comptes devraient être les mêmes pour tous, et pris sur les bonis; il ne saurait être question de leur donner un caractère de priorité, ni des intérêts très élevés. C'est peut-être la forme qui pourra donner les résultats les plus immédiats et aux moindres frais.

Il serait toutefois nécessaire, aussi bien pour les actions de priorité que pour les réserves individuelles, de soumettre les délibérations proposées à l'assemblée générale, à l'examen du Conseil juridique de la F. N. C. C.

VI. — Les bénéfices réels à distribuer

Pour terminer, il y a lieu de montrer une des causes de la dépréciation du capital de nos sociétés afin d'y apporter un remède, et n'est-ce pas par là que nous aurions dû commencer, car avant de songer à augmenter le capital, nous devons d'abord le conserver.

Dans la période actuelle de dépréciation rapide du franc, nous calculons mal nos bénéfices, et, en dehors même des observations que j'ai faites précédemment en ce qui concerne les réserves, nous distribuons généralement un trop-perçu qui n'est pas réel et qui « grignote » notre capital.

En effet, supposons d'abord une société qui a seulement à son actif un immeuble évalué 100.000 francs au 31 décembre 1924 et un capital de 100.000 francs. Cette société ne fait aucune opération dans l'année 1925 et elle sait que son immeuble vaut, le 31 décembre 1925, en raison de la dépréciation du franc, une somme de 150.000 francs dépréciés.

L'habitude est de ne pas modifier l'estimation initiale des immeubles. De ce fait, on commet dans le bilan une erreur égale à 50.000 francs dépréciés. Mais, au passif, on commet en faveur du capital une erreur équivalente puisque les 100.000 francs de capital ont comme contrepartie une valeur réelle de 150.000 francs dépréciés.

Supposons que la société fasse pour ses immeubles ce qu'elle ferait si elle avait des marchandises, c'est-à-dire qu'elle en fasse l'estimation au 31 décembre 1925. Elle porterait 150.000 francs à son actif. Aurait-elle l'idée de porter la différence comptable de 50.000 francs qui ressort de l'établissement de son bilan à ses bénéfices? Elle n'en aurait pas et, heureusement, la moindre idée. Elle porterait ces 50.000 francs à un compte réserves ou amortissements. Dans la réalité elle devrait l'incorporer au capital pour exprimer celui-ci en francs de même nature que les francs servant à évaluer l'immeuble.

Si la société n'a pas cette sagesse, si, en raison de la confusion des comptes, elle croit que ces 50.000 francs sont des bénéfices et si elle les distribue, elle aboutit au résultat suivant : son immeuble est évalué à 150.000 francs dépréciés au lieu de 100.000 francs appréciés (pas de changement), mais son capital est évalué à 100.000 francs dépréciés au lieu de 100.000 francs appréciés (perte 32 % du capital, exactement égale à la proportion de dépréciation du franc). En réalité, les 50.000 francs distribués, ce n'est pas un bénéfice, *c'est le tiers de son capital.*

Voyons maintenant les marchandises. Ce sont également des valeurs réelles qui ont comme contrepartie : 1° du capital (y compris des réserves), et 2° des créances de tiers. La société a des stocks au 31 décembre 1924, elle achète et elle vend, et elle aboutit au 31 décembre 1925 avec un stock que nous supposerons égal en tonnage.

Je dis que le bénéfice qui résulte des opérations enregistrées par la comptabilité est une erreur et qu'il « grignote » la masse passive qui lui sert de contrepartie (capital et tiers) dans les mêmes conditions que lorsqu'il s'agissait d'un immeuble.

Prenons des chiffres simples et arbitraires pour un article. La société avait 100.000 kilogs de sucre à 3 francs le 31 décembre 1924. Elle en a acheté 50.000 kilogs à 3 fr. 50. Elle en a vendu

50.000 kilogs à 3 fr. 60. Le 31 décembre 1925, elle a en stock 100.000 kilogs et, à ce moment, il vaut sur le marché 4 francs.

Premier cas. La société, lorsqu'elle fait son inventaire, évalue très honnêtement ses marchandises au prix d'achat et, même, comme elle a deux prix et qu'elle n'a pas tout écoulé l'ancien stock, elle établit son prix au 31 décembre 1925 à 3 fr. 16, ce qui est au-dessous de ce qu'il devrait être, étant donné la dépréciation du franc. Son compte s'établit alors ainsi, d'après nos procédés comptables :

Stocks au 31 décembre 1924............	300.000	»
Achats en 1925.........................	175.000	»
Total	475.000	»
Stocks au 31 décembre 1925............	316.000	»
Valeur d'achat des marchandises vendues.	159.000	»
Ventes en 1925.........................	180.000	»
Bénéfice brut	21.000	»

Examinons maintenant la réalité. Nous avions 100.000 kilogs de sucre en 1924, 100.000 kilogs en 1925. Aucun changement de valeur réelle. Tout s'est passé comme si nous avions fait uniquement l'opération suivante :

Achat de 50.000 kilogs à 3 fr. 50........	175.000	»
Vente de 50.000 kilogs à 3 fr. 60........	180.000	»
Bénéfice brut	5.000	»

La différence entre les deux méthodes est de 16.000 francs. *Dans la mesure où ces 16.000 francs sont le résultat de la dépréciation du franc, ils sont pris sur la valeur du capital et sur la valeur des créances des tiers*, par suite du même raisonnement qui nous a guidé quand nous avons examiné les immeubles.

Deuxième cas. Supposons, ce qui serait l'expression exacte de la vérité, que les inventaires sont faits *au cours*, et que la plus-value en l'année 1925 représente exactement la dévalorisation du franc (c'est-à-dire écartons les autres causes de changements de prix). En ce cas, l'exemple serait beaucoup plus typique :

Stocks au 31 décembre 1924............	300.000	»
Achats en 1925.........................	175.000	»
Total	475.000	»
Stocks au 31 décembre 1925............	400.000	»
Valeur d'achat des marchandises vendues.	75.000	»
Ventes en 1925.........................	180.000	»
Bénéfice brut	105.000	»

Ici, c'est 100.000 francs distribués en trop et qui représentent *la dépréciation du capital et des créances des tiers*. Il est clair que si nous pouvons discuter de la valeur coopérative d'une distribution de bénéfices provenant de la dépréciation de créances (déposants ou fournisseurs), il est inadmissible et dangereux *de distribuer le capital.*

Il apparaît donc qu'il serait sage de porter en une réserve spéciale, de façon à conserver sa valeur au capital, le montant de la plus-value donnée aux stocks par la dévalorisation du franc. Ce pourcentage pourrait être celui de la différence entre les indices des prix de gros (alimentation) tels qu'ils sont déterminés par la statistique générale de la France.

Il est évident aussi que cette réserve n'est absolument nécessaire que dans la mesure où la contre-partie des marchandises se trouve dans le capital et les réserves.

VII. — Résolution

Le Congrès de 1926 :

I. — 1° *Met en garde les sociétés contre le danger d'utiliser en immobilisations certains crédits à court terme (fournisseurs, caisses d'économies, banques).*

2° *Leur recommande, dans la période de dévalorisation rapide du franc, de calculer les bénéfices en tenant compte de ce changement de valeur et en créant une réserve nouvelle destinée à conserver au capital propre sa valeur ancienne.*

3° *Pour la même raison, leur recommande de doter largement leurs amortissements, ceux-ci étant faits à l'heure actuelle en francs dépréciés.*

II. — 1° *Approuve la Fédération Nationale dans son action à l'effet de faire modifier la loi du 7 mai 1917 pour faire disparaître la limitation à 100 francs de l'engagement des sociétaires; lui demande également modification à l'effet d'autoriser un intérêt plus élevé aux actions supplémentaires, mais sans dépasser le taux des avances de la Banque de France.*

2° *Sans engager spécialement les sociétés à créer des actions supplémentaires, leur recommande, lorsqu'elles en ont, de leur donner le caractère d'actions de priorité, en spécifiant la nature de la priorité.*

3° *Indique aux sociétés que le versement de tout ou partie du trop-perçu à des comptes de réserve individuelle leur permettrait d'augmenter sensiblement leur actif net.*

La Question des Retraites et les Sociétés Coopératives

Rapporteurs : Jacques DREYFUS et Émile BUGNON

Le Congrès national tenu au Tréport en 1924 avait demandé au Conseil Central d'examiner les conditions dans lesquelles pourraient être assurées, d'une part, aux mandataires des organisations centrales, de l'autre, aux administrateurs, directeurs, employés et ouvriers des sociétés coopératives, des situations leur permettant de continuer, en toute liberté d'esprit, « leur œuvre d'émancipation », et des « retraites convenables » mettant leur vieillesse à l'abri du besoin.

Une Commission, composée de MM. Bugnon, Cahen-Salvador, Camin, Carré, Colson, Jacques Dreyfus, Foucaut, Fouladoux, Gaumont, Gaston Lévy, Lucas, Peckstadt, Poisson, Ramadier, a été désignée par le Comité Central pour cette étude.

Après avoir réglé, d'accord avec le Comité Central, la situation des mandataires centraux, cette Commission a examiné les modalités d'une organisation de retraites pouvant donner satisfaction à toutes les sociétés.

D'une enquête faite auprès de 26 Sociétés choisies parmi les plus importantes, il résulte que 6 ont des caisses de retraites particulières ou sont affiliées à des caisses diverses.

Le nombre total des salariés constituant le personnel de 12 de ces Sociétés qui ont fourni des renseignements plus complets, est de 1.141, bénéficiaires de la loi (salaires de moins de 12.000) et de 230 non bénéficiaires de la loi (salaires de plus de 12.000).

Aucun des non-bénéficiaires ne participe à la constitution de retraites sous une forme quelconque, sauf à l'*Union des Coopérateurs* de la région parisienne, au Magasin de Gros et à la Banque des Coopératives.

Quant aux bénéficiaires, certains versent aux retraites ouvrières, à des Caisses locales ou à la Caisse Nationale; 5 Sociétés versent à la Caisse Fédérale.

Leurs versements sont des versements normaux, mais, dans la plupart des Coopératives, la Société prend ces versements à sa charge ou leur ajoute des bonifications.

Les Sociétés consultées désirent toutes constituer des retraites à leur personnel, et il semble que si la Caisse fédérale pouvait être utilisée pour un service complet de retraites, elle devrait recueillir dans ces seules Sociétés plusieurs milliers de bénéficiaires et au moins un millier de non-bénéficiaires. N'ont été, en effet, signalés dans les questionnaires que les agents du siège social; les gérants et leur personnel ont été négligés.

On sait qu'en 1913, la Fédération Nationale des Coopératives de Consommation a constitué une *Société Mutuelle de Retraites et de Prévoyance* sous le régime de la loi du 1er avril 1898.

Sous le titre de : « Caisse Fédérale des Coopératives de France », elle recrute des sociétaires par l'intermédiaire des Coopératives fédérées.

Cette Société avait pour but de faciliter à ses adhérents la constitution de pensions de retraite, soit sous le régime de la loi du 20 juillet 1886, soit sous le régime de la loi du 5 avril 1910. Elle pouvait organiser accessoirement, et à titre facultatif, pour ses adhérents, des services d'assurances en cas d'invalidité et en cas de décès, et tous services autorisés par la loi.

Elle a été autorisée, le 16 mai 1914, à assurer directement, pour ses sociétaires, les retraites prévues par la loi du 5 avril 1910, retraites ouvrières et paysannes.

En fait, elle n'a jamais servi qu'aux retraites ouvrières et paysannes. Mais à ce seul point de vue, elle a déjà donné des résultats appréciables.

Grâce à son état financier prospère, son taux de capitalisation est légèrement supérieur à celui des Caisses similaires : à ce point de vue, l'attention des Sociétés doit être appelée sur les avantages de la Caisse Fédérale.

Quelques exemples sont particulièrement intéressants à citer.

Assurés :

Numéro de la carte	Age de l'assuré	Total des versements	Nombre de versements	Moyenne annuelle des versements	Retraite acquise	Capitaux réservés
15/ 7.571	44	3.137 95	8	392 »	1.224 04	3.112 20
15/235.076	38	1.598 10	6	266 »	934 18	1.579 35
16/627.574	38	5.727 45	5	1.145 »	3.134 77	5.727 45
14/576.338	36	1.858 »	5	371 »	1.505 47	
16/919.744	35	1.975 01	2	987 50	1.718 26	
16/383.351	34	2.357 50	4	584 »	1.980 43	

A remarquer qu'avec un versement supplémentaire de 0 fr. 50 par jour, les assurés peuvent se constituer une pension qui s'élèvera environ, en commençant leurs versements à l'âge de :

20 ans : à 3.590 francs à 60 ans et à 6.430 francs à 65 ans.
30 ans : à 1.890 francs à 60 ans et à 3.560 francs à 65 ans.

Avec un versement supplémentaire de 1 franc par jour, on obtient des pensions pour des versements commencés à l'âge de :

20 ans : à 6.750 francs à 60 ans et à 12.130 francs à 65 ans.
30 ans : à 3.530 francs à 60 ans et à 6.460 francs à 65 ans.

Aux recettes ordinaires (5 % de l'employé, 5 % de la Société) s'ajoutent, en quelques Sociétés, et notamment à l'*Union des Coopérateurs de la Région parisienne* — dont le règlement peut servir de modèle — des versements supplémentaires par les employés et par la Société : les premiers sont facultatifs; pour les seconds, on tient compte des résultats de l'année, des années d'ancienneté, et des majorations volontaires.

Une somme, mise chaque année à la disposition du Conseil d'administration par l'Assemblée générale, est divisée en deux parts égales constituant :

1° La masse des primes de majoration des versements personnels;

2° La masse des primes d'ancienneté.

La première est répartie entre tous les employés ayant au moins un an de service à la Société, au prorata des versements supplémentaires effectués par chacun d'eux dans l'année écoulée, sans que la part attribuée puisse dépasser un pourcentage déterminé des sommes supplémentaires versées par l'employé. Le reliquat, s'il y a lieu, est versé à la caisse d'ancienneté.

Pour chaque employé, entrent en ligne de compte les versements supplémentaires effectués à la Caisse Fédérale des retraites, jusqu'à concurrence d'un maximum de x francs.

La masse des primes d'ancienneté est répartie entre tous les employés ayant au moins trois ans de service, au prorata de leurs années de service.

On sait que la retraite est normale à 60 ans, anticipée à 55 ans; sauf en cas d'invalidité où elle peut être liquidée à tout âge.

La Commission a recherché d'abord si, par une extension des services de la Caisse Fédérale (le texte des statuts art. 3 permettant cette extension), il ne serait pas possible d'arriver à une organisation satisfaisante de retraites.

La Direction de la Mutualité ayant été consultée, M. Jacques Dreyfus avait rédigé le texte suivant, pour compléter l'article 3. Ce texte aurait été soumis au Congrès, puis à l'Assemblée générale de la Caisse Fédérale :

« A partir du 1er janvier 1926, il est constitué une section spéciale destinée à accorder des allocations annuelles prises sur les ressources disponibles en faveur des adhérents à la Caisse Fédérale, administrateurs, fonctionnaires et salariés des Sociétés coopératives qui se trouvent en dehors du champ d'application de la loi du 5 avril 1910, et qui auront effectué des versements pendant trois ans au moins et éventuellement en faveur de leur femme.

« Cette section sera alimentée par les versements des adhérents susvisés, et des Sociétés employeuses.

« Les versements seront calculés d'après les taux actuellement appliqués par la Caisse Fédérale aux retraites ouvrières.

« Le montant des allocations sera fixé chaque année par l'Assemblée générale d'après les ressources disponibles en s'inspirant des tarifs appliqués par la Caisse Fédérale dans la liquidation des retraites ouvrières. »

Mais ce texte lui-même n'offre aux adhérents de la Caisse Fédérale aucune garantie pour un chiffre déterminé de retraite, à un âge déterminé.

La loi ne donne aux Mutuelles que la faculté d'accorder « des allocations annuelles prises sur les ressources disponibles ». Même la formule du quatrième paragraphe « en s'inspirant..... ouvrières » ne peut limiter les pouvoirs de l'Assemblée générale, maîtresse souveraine de sa répartition.

La Commission, en sa première séance, le 5 décembre, et le Conseil Central en sa réunion du 27 décembre, ont dû reconnaître que l'application de ce texte, en raison même de l'insuffisance de garanties que présente la Mutuelle, ne pouvait être recommandée aux Sociétés.

⁂

Pour aboutir rapidement à la constitution de retraites à capital garanti, un seul moyen s'offre donc, c'est celui qu'ont déjà adopté l'*Union des Coopérateurs de la Région parisienne*, le Magasin de Gros et la B. C. F., c'est l'ouverture de comptes individuels avec livrets de retraite de la Caisse Nationale.

Les versements des intéressés et les versements des Sociétés employeuses sont inscrits à ces comptes et la pension liquidée dans les conditions habituelles de la Caisse Nationale.

Au cas où le fonctionnaire quitte son organisation, il emporte avec avec lui son livret et peut continuer ses versements à son gré, les limiter, les cesser même : sa pension est toujours liquidée à l'âge fixé, et au taux déterminé par les versements.

Même si la législation ne devait pas être modifiée par le vote, que l'on peut espérer proche, des assurances sociales, la Caisse Fédérale continuerait à jouer son rôle utile :

1° En recevant les versements faits par et pour les bénéficiaires de la loi sur les retraites ouvrières, en bonifiant le taux de la capitalisation pour leurs retraites, et en assurant les paiements aux retraités, ce qui est son rôle actuel;

2° En servant d'intermédiaire pour les versements faits par et pour les non-bénéficiaires, versements qu'elle ferait porter sur leurs livrets individuels à la Caisse Nationale des Retraites.

Mais ce rôle deviendrait plus important si toutes les Sociétés coopératives inscrivaient la totalité de leurs fonctionnaires sur ses contrôles : les bénéficiaires qu'elles retireraient à leurs caisses locales ou départementales, ou qu'elles inscriraient d'office; les non-bénéficiaires, en leur imposant l'obligation de la constitution de retraites par le contrat de travail.

Les versements seraient faits pour les uns et les autres, par des versements égaux des intéressés et de leurs Sociétés, versements dont le taux est déterminé par la loi pour les assujettis, dont le taux serait déterminé par des conventions pour les non-assujettis.

Ces versements pourraient être bonifiés dans les conditions indiquées plus, haut, page .

***

On sait que le projet de loi sur les assurances sociales prévoit l'institution de divers organismes de gestion dont le rôle sera particulièrement important.

Donner à leur Caisse Fédérale le nombre d'adhérents nécessaires pour prendre dans l'organisation des assurances sociales une place importante : tel est le devoir immédiat des Sociétés coopératives.

Par l'inscription immédiate au nombre de ses adhérents de tout le personnel des Sociétés, la Caisse Fédérale, qui est déjà en mesure de recevoir les coopérateurs eux-mêmes, deviendrait ainsi l'une des plus nombreuses et des plus puissantes des caisses primaires prévues par le projet de loi et pourrait prendre une large influence dans les groupements départementaux et nationaux.

Si le Congrès acceptait ces principes, la Commision des retraites de la Fédération Nationale préparerait une circulaire aux Sociétés précisant tous les détails d'application.

Dès le vote de la loi sur les assurances sociales, la Commission compléterait ses instructions par des circulaires nouvelles, en plein accord avec le Conseil d'administration de la Caisse Fédérale.

Documents manquants (pages, cahiers...)

NF Z 43-120-13

Le Fonctionnement de la Caisse Fédérale des Coopératives

La date à laquelle le présent rapport nous est demandé pour être inséré dans le rapport de la F. N. N. C. C. ne nous permet pas de présenter la situation financière de notre Caisse Fédérale au 31 décembre 1925 : les services de contrôle du ministère du Travail n'ayant pas encore effectué le pointage de nos opérations durant l'année écoulée; le bilan de la Caisse Fédérale sera néanmoins communiqué aux congressistes à Lille et tenu, au siège, à la disposition de tous nos adhérents.

Ce que nous pouvons dire aujourd'hui, c'est que, durant l'année 1925, la Caisse Fédérale des Coopératives a poursuivi son lent mais constant développement.

Elle compte aujourd'hui plus de 7.500 assurés inscrits. Elle assure le paiement des retraites à 350 sociétaires; le premier million de son capital est maintenant dépassé. La progression dépasse 200.000 francs sur l'exercice précédent.

Au cours de l'année 1925, une décision importante a été prise par le Conseil d'Administration : alors que la Caisse Nationale maintenait son taux de capitalisation à 5 %, la Caisse Fédérale portait ce taux, en faveur de ses adhérents, à 5,30 %, ce qui leur assurera une retraite plus élevée pour des versements équivalents.

Un effort particulier de propagande a été engagé, à la fin de 1925 en faveur de la Caisse Fédérale : une affiche a été éditée; des appels ont été lancés aux plus importantes Coopératives de Consommation ainsi qu'à nos camarades secrétaires des Fédérations afin de les inciter, les premiers, à recruter de nouveaux assurés parmi leurs sociétaires et leurs employés; les seconds, pour leur demander de faire connaître la Caisse de Retraite Coopérative au cours de leurs réunions de propagande. Nous avons demandé également l'appui de municipalités, dans la banlieue parisienne et dans quelques grandes villes, en leur faisant connaître les avantages offerts par notre Caisse.

Il faut, en effet, que la Caisse Fédérale des Coopératives se prépare et prépare ses cadres, en vue du fonctionnement, que nous espérons prochain, de la loi sur les Assurances sociales.

Si les militants coopérateurs le veulent et ils seront appelés à formuler leur avis sur ce point, au prochain Congrès National, la Caisse Fédérale des Coopératives vivra, se développera ou disparaîtra.

La deuxième éventualité ne pourrait être envisagée que si nous n'avions pas confiance dans l'avenir de notre mouvement coopératif. Ce n'est pas le cas, nous avons pu, il est vrai, craindre, un moment, que le projet de loi sur les Assurances sociales, tel qu'il est soumis au Sénat, ne permette le fonctionnement d'une Caisse qui, comme la nôtre, rayonne sur tout le pays. Le rapport déposé par M. Chauveau, sénateur, et notamment l'article 26 du projet de loi, nous donnent à ce sujet tous apaisements.

Demain, la Caisse des Assurances sociales de la Coopération Française recevra de tous les coopérateurs, de tous les employés de la Coopération, la part de cotisation afférente à la retraite. Ce sont des millions de francs qui, chaque année, viendront accroître le capital de notre organisation. Or, le projet de loi d'Assurances sociales, dans son article 31, prévoit une utilisation sociale de ces fonds beaucoup plus libérale que la loi des Retraites Ouvrières.

La moitié des capitaux ainsi recueillis pourra être employée, soit à des prêts aux communes ou à des organismes d'habitations à bon marché, soit même à des prêts hypothécaires pouvant atteindre 50 % de la valeur des immeubles donnés en gage. Il est possible par là d'entrevoir l'importance que revêt pour les coopérateurs et pour nos Sociétés, l'utilisation de notre Caisse des retraites lors de l'application de la loi sur les Assurances sociales.

La Caisse Fédérale des Coopératives a donné dans le passé la preuve qu'elle pouvait gérer les fonds qui lui sont confiés au mieux des intérêts de ses adhérents. Elle pourra, si les coopérateurs le veulent, remplir un rôle social important, dans le cadre de la loi prochaine, si les militants veulent la faire connaître et lui recruter de nouveaux membres dans leur milieu.

TABLE DES MATIÈRES

ANNEXES

RAPPORTS ET DOCUMENTS

PREMIÈRE PARTIE

DEUXIEME PARTIE

:: L'ÉMANCIPATRICE ::
IMPRIMERIE COOPÉRATIVE
3, RUE DE PONDICHÉRY,
PARIS (XVe) — 8494-6-26.

www.ingramcontent.com/pod-product-compliance
Ingram Content Group UK Ltd.
Pitfield, Milton Keynes, MK11 3LW, UK
UKHW022021170726
13837UKWH00001B/333

9 782329 201818